高等职业教育“十三五”规划教材

外贸单证项目化教程

主　编　缪华昌　张龙枝

副主编　吴　雷　杨振方

　　　　蒋海芹　罗佳乐

中国轻工业出版社

图书在版编目（CIP）数据

外贸单证项目化教程/缪华昌，张龙枝主编．—北京：中国轻工业出版社，2018.8

高等职业教育“十三五”规划教材

ISBN 978－7－5184－1969－2

Ⅰ.①外…　Ⅱ.①缪…②张…　Ⅲ.①进出口贸易—原始凭证—教材　Ⅳ.①F740.44

中国版本图书馆 CIP 数据核字（2018）第 152523 号

责任编辑：张文佳　　责任终审：劳国强　　封面设计：锋尚设计
版式设计：硕祥志远　　责任校对：晋　洁　　责任监印：张　可

出版发行：中国轻工业出版社（北京东长安街 6 号，邮编：100740）
印　　刷：三河市国英印务有限公司
经　　销：各地新华书店
版　　次：2018 年 8 月第 1 版第 1 次印刷
开　　本：787×1092　1/16　印张：14.75
字　　数：350 千字
书　　号：ISBN 978－7－5184－1969－2　定价：39.80 元
邮购电话：010－65241695
发行电话：010－85119835　传真：85113293
网　　址：http://www.chlip.com.cn
Email：club@chlip.com.cn
如发现图书残缺请与我社邮购联系调换
180439J2X101ZBW

前言 ‖ Preface

为贯彻高等职业教育改革精神，培养新时期经济转型所需要的“创新型”高技能职业人才，使专业教材能够与时俱进地体现高职教育教学理念和课改新趋势，编者在总结高职高专系列教材建设已取得成果的基础上，编写了本书。同时，本教材结合外贸发展的新趋势、国际惯例、国际规则的新要求，加入了最新的2010通则及《UCP 600》修订内容，力求紧跟行业发展的趋势。

本书以“工学结合、任务驱动、项目导向、技能本位”原则为导向，在内容上，以单证员岗位职业标准及能力为依据，进出口业务操作为主线，确定教学项目，讲述信用证结算方式下贸易合同签订和出口单据的缮制、进出口收汇核销、出口退税单证的缮制、进口开证申请书缮制等专业理论知识及相关业务操作技能。本书内容全面、重点突出，理论结合实际、通俗易懂，并与全国国际商务单证员资格证书考试的要求相对接，具有较强的实用性和可操作性，可作为经贸类专业外贸单证课程的教材，还可作为全国国际商务单证员考试和全国外贸单证员考试参考用书，也可作为外贸从业人员的参考用书。

本书基于外贸业务工作过程编写，共13个大项目，33个任务，内容全面实用，理论与技能操作相结合，在编写过程中强调以实例为引导、以实践运用为手段、以实操技能为目的，充分体现了概念清晰、结构合理、内容新颖、通俗易懂、操作性强的特点，符合高职高专及应用技能型职业发展教学的需要。本书编排内容的选取，以适用为原则，根据外贸业务中实际单证操作确定项目，每个项目规定具体任务；在每个任务中，制定学习目标，设定任务情境，链接相关知识，让学生能够完整地掌握任务情境下的学习内容，最后辅以能力技能训练和实训操作，巩固所学知识点，具有系统性、实用性。

本书具有如下特点：

（1）能力本位。以项目为载体，理论结合技能操作；以学生为主体，易于学生理解和掌握；以教师为主导，教授其学习框架。

（2）内容创新。本书设置“学习目标”“任务情境”“知识链接”和“能力训练”各教学与实训环节，内容选取机动、灵活，体现自我教改成果，又吸收他人先进经验。

（3）精选案例。案例选取恰当，能佐证知识内容；结合示范操作，易于学生掌握理解。

（4）双证融合。结合外贸单证员考试要求，鼓励学生考取证书，兼顾了“工学结合型”教育所要求的“双证沟通”与“互补”。

本书由苏州托普信息职业技术学院缪华昌、江苏省无锡交通高等职业技术学校张龙枝任主编，苏州经贸职业技术学院吴雷、江苏旅游职业技术学院杨振方、苏州托普信息职业技术学院蒋海芹、罗佳乐任副主编。另外，苏州托普信息职业技术学院的鲁庆尧、仉守玉、康春晶也参加了部分内容的编写。全书由缪华昌负责框架设计和统稿工作。

本书在编写过程中参阅了大量的资料及网络信息，同时也借鉴了国内专家学者的研究成果，限于篇幅未能逐一说明，在此一并表示真挚的谢意。

限于编者水平，本书不足与疏漏在所难免，敬请广大同仁和读者批评指正。

编者

2018 年 6 月

目录 Contents

项目一　外贸单证基础

任务一　交易磋商与买卖合同

学习目标

1. 了解交易磋商的主要环节
2. 掌握发盘与接受的有关惯例
3. 掌握合同有效成立的条件

任务情境

李莉从网上找到一家德国进口商在该客商自己的网站上发布的寻找葡萄罐头的信息，她希望可以与客户建立业务联系，并根据客户的需求介绍自己的产品。在发出建交函后，李莉收到了德国客户的询盘函。根据询盘和工厂的报价，李莉向客户寄送一些样品，并附上了参考价格，供买方研究卖方的价格水平和做工情况。之后，李莉根据买方的询盘报葡萄罐头价格。客户在收到李莉发送的样品和邮件后，对样品非常满意。但是认为价格偏高，希望卖方在价格上作出让步，将价格下调8%。2016年9月到10月，经过多次磋商，双方就价格下降5%、交货期提前到2016年11月达成一致。

工作任务：

1. 向新客户发送建交函，针对客户的询盘向供货商询价和索样。
2. 撰写发盘函、还盘函、接受函。

知识链接

一、交易磋商的形式

交易磋商又称为业务谈判（Business Negotiation），是指交易双方就买卖商品的有关条件进行协商，以期达成协议的过程。交易磋商是以订立合同为目的，一旦双方对各项交易条件协商一致，买卖合同即告成立。交易磋商的过程也就是合同成立的过程。磋商是合同的根据，合同是磋商的结果。交易磋商决定交易的成败和合同质量的高低，它直接关系到外贸企业的经济利益。

交易磋商的形式主要有口头和书面两种。

1. 口头磋商

口头磋商主要是指面对面的谈判，如广交会、华交会上的洽谈会。通过电话洽谈，也属口头磋商形式。

2. 书面磋商

书面磋商是指贸易双方通过信函、传真和电子邮件等方式来进行洽谈。由于现代通信技术的发展，大多数企业使用传真和电子邮件等电子形式进行磋商，这已成为国际贸易磋商的主要方式，但这两种方式也有其局限性，其法律性质在国际范围内也有待明确。因此，如通过传真和电子邮件达成交易，有关当事人必须以信函补寄正本文件或另行签订合同书，以掌握合同成立的可靠证据。

二、交易磋商的内容

交易磋商的内容涉及多项条款，其包括货物的品质、数量、包装、价格、装运、支付条件、保险、检验、索赔、仲裁和不可抗力等内容。通常前6项为合同的主要交易条件，交易双方欲达成交易，订立合同，必须就这6项交易条件的磋商取得一致意见。因为，这6项条件是成立买卖合同所不可缺少的交易条件。

至于其他交易条件，特别是检验、索赔、不可抗力和仲裁等虽非成立合同所不可缺少的内容，但是为了提高合同质量，防止、减少和便于解决可能发生的争议，交易双方在贸易磋商时也应给予充分的重视。

三、交易磋商的程序

交易磋商的一般程序分为询盘、发盘、还盘和接受4个环节。在实际业务中，交易磋商有不同的环节，但是发盘与接受是两个必经的环节。

1. 询盘

询盘（Inquiry），通常是买方在准备购买某种商品时向卖方发出的一种询问，是邀请对方发盘的表示，在法律上称为“要约邀请”。询盘的内容可涉及价格、规格、品质、数量、包装、装运及索取样品等，而多数只是询问价格，所以，业务上常把询盘称作询价。

在国际贸易业务中，询盘是交易的起点，对交易双方均无约束力，也不是贸易磋商的必要过程。有时一方发出的询盘表达了与对方进行交易的愿望，希望对方接到询盘后及时发出有效的发盘，以便考虑接受与否。也有的询盘只是想探询一下市价，询问的对象也不限于一个，发出询盘的一方希望对方开出估价单。这种估价单不具备发盘的条件，所报出的价格也仅供参考。

询盘通常用下列一些词句：

对……有兴趣请……Interested in... please...

请告……Please advise...

请报价……Please quote...

请发盘……Please offer...

2. 发盘

发盘（Offer）在法律上称为“要约”，是指交易一方向对方提出各项交易条件，并表示愿意按照这些条件达成交易的意思。

在国际贸易实务中，发盘也称报盘、发价、报价。发盘可以是应对方询盘的要求发出，也可以是在没有询盘的情况下，直接向对方发出。发盘一般是由卖方发出的，但也可以由买方发出，称为“递盘”。发盘常用这几种术语：报价（Quote）、供应（Supply）、订货（Order）。

（1）规范的发盘函包括的主要内容。

①阐明各项主要交易条件，如品名、规格、价格、数量、包装、装运和支付等内容。

②规定发盘的有效期及其他约束条件，如：“This offer is valid for ten days.”“This offer is subject to our final confirmation.”

③明确表示商品质量的完好，如：“Any offer your place will be processed promptly.”

发盘对发盘人具有约束力，在其有效期内，发盘人不能随意修改或撤销发盘，只要受盘人无条件接受，发盘人必须按发盘条件与受盘人订立合同。

（2）构成发盘的四个要素。《联合国国际货物销售合同公约》（以下简称《公约》）第14条第1款对发盘的解释为：“向一个或一个以上特定的人提出的订立合同的建议，如果十分确定并且表明发盘人在得到接受时随约束的意旨，即构成发盘。一条建议如果写明货物并且明示或暗示地规定数量和价格或规定如何确定数量和价格，即为十分确定。”

根据该解释，可以看出一个发盘的构成必须具备下列4个条件：

①向一个或一个以上的特定的人提出。发盘必须指定可以表示接受的受盘人。受盘人可以是一个，也可以指定多个。不指定受盘人的发盘，仅应视为发盘的邀请，或称邀请做出发盘。

②表明订立合同的意思。发盘必须表明严肃的订约意思，即发盘应该表明发盘人在得到接受时，将按发盘条件承担与受盘人订立合同的法律责任。这种意思可以用“发盘”“递盘”等术语加以表明，也可以不使用上述或类似上述术语和语句，而按照当时的谈判情形，或当事人之间以往的业务交往情况或双方已经确立的习惯做法来确定。

③发盘内容必须十分确定。发盘内容的确定性体现在发盘中所列条件是否是完整的、明确的和终局的。

④送达受盘人。发盘在送达受盘人时生效。

（3）发盘的撤回和撤销。《公约》第15条对发盘生效时间作了明确规定：“发盘在送达受盘人时生效。”那么，在发盘未送达受盘人之前，如发盘人改变主意，或情况发生变化，这就必然会产生发盘的撤回和撤销的问题。

在法律上，“撤回”和“撤销”属于两个不同的概念。撤回是指在发盘尚未生效时，发盘人采取行动阻止它生效。而撤销是指发盘生效后，发盘人以一定方式解除发盘的效力。

《公约》第15条第2款规定：“一个发盘，即使是不可撤销的，也可以撤回，如果撤回的通知在发盘到达受盘人之前或同时到达受盘人。”

根据《公约》的规定，发盘可以撤销，其条件是：发盘人撤销的通知必须在受盘人发出接受通知之前传达到受盘人。但是，在下列情况下，发盘不能再撤销：

①发盘中注明了有效期，或以其他方式表示发盘是不可撤销的。

②受盘人有理由信赖该发盘是不可撤销的，并且已本着对该发盘的信赖行事。

该条款规定了不可撤销的两种情况：一是发盘人规定了有效期，即在有效期内不能撤销。如果没有规定有效期，但以其他方式表示了发盘不可撤销，如在发盘中使用了“不可撤销”字样，那么在合理时间内也不能撤销。二是受盘人有理由信赖该发盘是不可撤销的，并采取了一定的行动。

关于发盘失效问题，《公约》第17条规定：“一个发盘，即使是不可撤销的，于拒绝通知送达发盘人时终止。”这就是说，当受盘人不接受发盘的内容，并将拒绝通知送到发盘人手中时，原发盘就失去了效力，发盘人就不再受其约束。

此外，在贸易实务中还有以下3种情况将造成发盘的失效：

①发盘人在受盘人接受之前撤销该发盘。

②发盘中规定的有效期届满。

③其他方面的问题造成发盘失效。这包括政府发布禁令或限制措施造成发盘失效。另外，还包括发盘人死亡、法人破产等特殊情况。

3. 还盘

还盘（Counter Offer）是指交易一方对另一方的发盘的内容不完全同意，为了进一步磋商，对发盘提出修改意见，用口头或书面形式做出的表示。

还盘的形式可有不同，有的明确使用“还盘”字样，有的则不使用，在内容中表示出对发盘的修改也构成还盘。还盘是对发盘的拒绝。还盘一经做出，原发盘即失去效力，发盘人不再受其约束。

4. 接受

接受（Acceptance）在法律上称为“承诺”，是指交易一方对另一方提出的各项交易条件表示赞同，愿意按这些交易条件与对方达成交易、订立合同的一种肯定的表示。一方的发盘被另一方接受，交易即告达成，合同即告成立，双方就应分别履行其所应承担的合同义务。

表示接受，一般用接受（Accept）、同意（Agree）或确认（Confirm）等术语。

（1）有效接受应具备的条件。《公约》第18条第1款对接受的解释为：“受盘人声明或做出其他行为表示同意一个发盘，即是接受。”根据这个定义及《公约》第18条第2款、第3款和第19条的规定，构成有效的接受要具备以下4个条件：

①接受必须是由受盘人做出，其他人对发盘表示同意，不能构成接受。这一条件与发盘的第一个条件是相呼应的。发盘必须向特定的人发出，即表示发盘人愿意按发盘的条件与受盘人订立合同，但并不表示他愿意按这些条件与任何人订立合同。因此，接受也只能由受盘人做出才具有效力。

②受盘人表示接受，要采取声明的方式，即以口头或书面的声明向发盘人明确表示出来。另外，还可以用行为表示接受。

③接受的内容要与发盘的内容相符。接受应是无条件的。如果在业务中，受盘人在答复中使用了接受的字眼，但对发盘的内容做了增加、限制或修改，这在法律上称为有条件的接受，不能成为有效的接受，而属于还盘。

④接受的通知要在发盘的有效期内送达发盘人才能生效。

（2）逾期接受。发盘中通常都规定了有效期，这一期限有双重意义：一方面，它约束发盘人，使发盘人承担义务，在有效期内不能任意撤销或修改发盘的内容，过期则不再受其约束；另一方面，发盘人规定有效期，也是约束受盘人，只有在有效期内做出接受，才有法律效力。

在国际贸易中，由于各种原因，导致受盘人的接受通知有时晚于发盘人规定的有效期送达，这在法律上称为“逾期接受”。对于逾期接受，发盘人不受其约束，不具法律效力。但也有例外的情况，《公约》第21条规定逾期接受在下列两种情况下仍具有效力：

①如果发盘人毫不迟延地用口头或书面的形式将此种意思通知受盘人。

②如果载有逾期接受的信件或其他书面文件表明，它在传递正常的情况下是能够及时送达发盘人的，那么这项逾期接受仍具有接受的效力，除非发盘人毫不迟延地用口头或书面方式通知受盘人，他认为发盘已经失效。

四、合同的订立

经过交易磋商，一方的发盘或还盘被对方有效接受后，双方之间就确立了合同关系。但在实际业务中，按照惯例，买卖双方还应通过签订书面合同或确认书的形式，将双方的责任、权利、义务及各项交易条件加以明确，从而更有效地约束交易各方。

1. 合同有效成立的条件

一份合法有效的合同必须具备下列条件：

（1）当事人必须具有订立合同的行为能力。

（2）合同必须有对价和合法的约因，即合同当事人之间相互给付、互为补偿。

（3）合同的标的和内容必须合法。

（4）合同的形式必须符合法律规定的要求。

2. 国际货物买卖合同的形式

在国际贸易中，交易双方订立合同有书面形式、口头形式和其他形式。书面形式可以采用正式的合同（Contract）、确认书（Confirmation）、协议（Agreement）、备忘录（Memorandum）和订单（Order）等。

（1）合同。合同是交易中一种正式的货物买卖协议。它的条款较完备，内容较全面，可以分为销售合同（Sales Contract）和购买合同（Purchase Contract）。它适合大宗商品或成交金额较大的交易。合同有正本和副本之分。

（2）确认书。确认书是合同的简化形式。它所包括的条款比合同简单，一般仅就主要交易条件做出规定，但与合同在法律上具有同等效力。它可分为销售确认书（Sales Confirmation）和购买确认书（Purchase Confirmation）。它适合成交金额不大、批数较多的商品，或已订有代理、包销等长期协议的交易。

（3）协议。在法律上，协议一般与合同同义，对买卖双方具有法律约束力。

示范操作

磋商邀约函：

李莉给德国公司发了一封欲建立业务联系的电子邮件，内容包括公司介绍、产品介绍，并另寄产品目录表，表达了想与对方建立业务联系的愿望。

Dear Mr. Mars,

From your website we know you are looking for suppliers for Canned Grapes. We note with pleasure the items of your demand just fall within the scope of our business line. First of all, we avail ourselves of this opportunity to introduce our company in order to be acquainted with you.

Our firm is a Chinese exporter of Canned Grapes and has been exporting to Europe and America for years. We have a medium size of food processing factory and good relations with about 10 food processing factories for both production and marketing Canned Grapes. We highly hope to establish business relations with your esteemed company on the basis of mutual benefits in an earlier date. We are sending a catalogue and price list under separate cover for your reference. If you want to see our quality of Canned Grapes, we can arrange to send you some samples which we export to European market.

We are looking forward to receiving your good news.

Your faithfully,

KUNSHAN FLY FOOD IMPORT & EXPORT CORP.

Lily.

2016 年 9 月，李莉收到客户对产品的询盘邮件。

Dear Miss Lily,

Re: Canned Grapes,

We are pleased to note from your E－mail of Sep. 20, 2016 that as exporters of Canned Grapes, you are interested in establishing business relations with us, which is also our desire. Please arrange to send us samples of Canned Grapes for our study.

At present, we want to buy some canned grapes of 1000 cartons. Please see the attachments of this E－mail.

We shall be glad to receive your best quotation FOB Shanghai with indications of packing, shipment and other terms.

We look forward to receiving your early reply.

Your faithfully,

Mars.

李莉在收到德国公司的询盘邮件后，就产品的价格和寄送样品一事向巴城食品加工厂发出传真，询问商品信息。信函内容如下：

尊敬的王厂长：

您好！经我公司赵经理的介绍，得知贵厂专门生产葡萄罐头，我们很感兴趣，愿与贵厂建立长期业务关系。

我公司现有一德国客户需要一批高质量的葡萄罐头，我看到贵公司货号为 T06 的产品基本符合该客户的需要。我们希望贵厂能够在两天内提供有关的样品并报含税价，同时要注明包装方式、包装尺寸、毛净重、付款方式和最低起订量等详细信息。

盼复。

李莉

2016 年 9 月 26 日

巴城食品加工厂回复如下：

李莉小姐：

您好！接到你的传真后，我马上与厂里的生产部门的同志研究了一下生产方案，并对原材料的供应情况作了进一步的了解。贵公司询问的产品是我公司的主打产品，销量很好，国外不少客户都来询问、订货，市场看好，希望能有较好的结果。

现就贵公司所关心的情况介绍如下：

1. 商品信息（葡萄罐头基本情况）

（1）货名及货号：葡萄罐头 CANNED　GRAPES、T06；

（2）规格：450G×12 TINS/CARTON　每箱 12 罐，每罐 450 克；

（3）包装：GW：5.96 KGS/CARTON　NW：5.45 KGS/CARTON　MEAS：0.1140 CBM/ CARTON；

（4）购销价格——每箱 70 元；

（5）交货期——2016 年 11 月 30 日以前。

2. 上述样品 3 日内交到，交货期：收到订单后 30 天交货；最低起订数量：1000 箱；支付方式为预付 30%，交货后支付余下货款。

此致

敬礼！

王仪

2016 年 9 月 28 日

李莉发给客户的发盘函：

Dear Mr. Mars,

Re：Quotation of canned grapes.

According to your request we have sent you 1 set of canned grapes together with our reference prices.

We quote you the prices according to your request.

SHIPPING MARK	DESCRIPTIONS OF GOODS	QTY	UNIT PRICE	AMOUNT
	CANNED GRAPES 450g×12 TINS/ CARTON	1000CARTONS	CIF HAMBURG EUR14/CARTON	EUR14000.00
TOTAL	1000CARTONS			EUR14000.00

General price terms for both above：CIF HAMBURG，shipment by container，payment by irrevocable Letter of Credit available by draft at sight.

Wait for your reply.

Best regards,

Lily

客户发给李莉的还盘函:

Dear Miss Lily,

We have received your quotation and have studied it carefully. However, the price level in your quotation is too high for this market. If you are prepared to grant us a discount of 8% for a quantity of 5000 sets, we would agree with your offer. You should note that some price cut will justify itself by an increase in business. We hope to hear from you soon.

Yours truly,

Mars

经过多次交易磋商后，客户发给李莉的接受函:

Dear Miss Lily,

Re: Canned Grapes.

We have received your samples, studied and found your workmanship is ok.

We think the details are quite clear and we shall not send you our official order sheet this time. Please make your contract and fax to us for signing.

Kind regards,

Mars

最终双方订立销售确认书，销售确认书样本如图 1-1 所示。

昆山飞扬食品进出口公司
KUNSHAN FLY FOOD IMPORT & EXPORT CORP.
NO. 18, HUBIN ROAD, KUNSHAN, CHINA

TEL: 86-512-69952810　　P/I NO:

FAX: 86-512-69952813　　S/C NO: SC009616

DATE: OCT. 16, 2016

SALES CONTRACT

TO: SKY OVERSEAS TRADING CO. LTD.
100 RHINE ROAD HAMBURG GERMANY

Dears Sirs:

We hereby confirm having sold to you the following goods on terms and conditions as specified below:

图 1-1　销售确认书

SHIPPING MARK	DESCRIPTIONS OF GOODS	QTY	UNIT PRICE	AMOUNT
SKY SC009616 GERMANY NO. 1 – 1000	CANNED GRAPES 450g × 12 TINS/ CARTON	1000CARTONS	CIF HAMBURG EUR14/CARTON	EUR14000. 00
TOTAL		1000CARTONS		EUR14000. 00

TOTAL VALUE：SAY EURO FOURTEEN THOUSAND ONLY

SHIPMENT：NOT LATER THAN NOV. 30，2016 FROM SHANGHAI TO HAMBURG BY SEA WITH PARTIAL SHIPMENT NOT ALLOWED，TRANSSHIPMENT NOT ALLOWED.

PAYMENT：BY IRREVOCABLE L/C AT SIGHT（THE L/C MUST REACH THE SELLER 15 DAYS BEFORE THE TIME OF SHIPMENT）

PACKING：450g × 12 TINS /CARTON

MARKS & NOS.：AT SELLER's OPTION

INSURANCE：TO BE COVERED BY SELLER，AGAINST ALL RISKS AND WAR RISK.

买方　　　　　　　　　　　　　　　　　　　　卖方
THE BUYER　　　　　　　　　　　　　　　　　THE SELLER

图1-1　销售确认书（续）

任务二　合同条款

学习目标

1. 掌握国际货物买卖合同的基本条款及有关内容
2. 掌握《联合国国际货物销售合同公约》及我国《合同法》中对合同各条款的规定
3. 了解预防及解决争议的方法
4. 能根据背景材料熟练缮制国际贸易合同

任务情境

昆山飞扬食品进出口公司为了促成贸易，向一日本客商邮寄一货物样品并报价。所寄样品未声明参考样品，亦未留复样。随后，该公司与日商反复磋商，终于达成贸易协议。协议规定货物的含水率不超过10%，杂质率不超过3.8%。双方签约后，昆山飞扬食品公司按合同要求组织货源，日商也按时间开来信用证。后来日商来电询问装船情况，并希望能按照样品质量交货。该公司认为货已备妥，并无质量问题，遂回电表示“货物与样品相似”，然后将货发出。

货到日本后，日商来电声称货物与样品质量不符，并寄来有关品质检验证书。寄来的品质检验证书证实所交货物的含水率和杂货率分别为9.7%和3.6%，而样品的含水率和杂质率分别为9.4%和3.4%。日商以货物未达到样品质量标准为由要求索赔2万美元。该公司认为所交货物的含水率和杂质率均未超过合同规定的最高限10%和3.8%，不存在交货质量问题。双方争执不下，遂提交仲裁。

仲裁庭认定，该公司所寄的样品并未声明是参考样品，并且签约后又通知买方“货物与样品相似”，故裁定这笔交易为既凭样品买卖。由于该公司交货品质未达到样品要求，最后裁定该公司向日商赔偿2万美元。

工作任务：

1. 能明确分析判断买卖双方在交易中必须明确的商品的品名、品质、数量和包装等内容条款问题。

2. 会撰写合同及合同条款。

知识链接

一、国际贸易合同的含义及作用

国际贸易合同又称外贸合同或进出口贸易合同，即营业地处于不同国家或地区的当事人根据买卖双方都接受的国际贸易惯例或国家法律的规定，通过友好协商，按照一定交易条件买卖某种商品所达成的协议。

国际贸易合同一经签订便受法律保护和管辖，对签约各方都具有同等约束力，是解决贸易纠纷，进行调解、仲裁与诉讼的法律依据。国际贸易合同是外贸各项工作环节的基础单据，买卖双方在签署外贸合同之后，必须严格履行合同，否则将要承担相应的违约责任。

二、国际贸易合同的种类

国际贸易合同根据不同的方式分类主要有以下几种。

1. 按合同的制作人不同

国际贸易合同分为销售合同和购货合同。

由卖方制作的，称为“销售合同”（Sale Contract）；由买方制作的，称为“购货合同”（Purchase Contract）。

2. 按合同的内容繁简不同

国际贸易合同分为销售合同和销售确认书。

销售合同（Sales Contract）主要适用于大宗业务，其内容较为详细，条款全面、完整，合同中除了列明商品的品名、品质、数量、包装、价格、装运、保险、支付等主要交易条款之外，通常还包括商检、索赔、不可抗力、仲裁等条款。出口时一般使用销售（或售货）合同（Sale Contract），进口时一般使用购货（或购买）合同（Purchase Contract）。

销售确认书（Sales Confirmation）主要适用于小批量业务，其内容较合同书简略，通常只包括交易的主要条件，比如：品名、品质、数量、包装、价格、装运、保险、支付等。出口时一般使用售货（或销售）确认书（Sales Confirmation），进口时一般使用购货（或购买）确认书（Purchase Confirmation）。

3. 按合同中使用的价格术语不同

国际贸易合同分为 FOB 合同、CIF 合同及货物到达合同（Arrival Contract）等。

此外，国际贸易合同还包括成套设备进出口合同、包销合同、委托代理合同、寄售合同、易货贸易合同、补偿贸易合同等多种形式，外贸业务人员在实务操作过程中应根据具体情况选择合适的合同类型。

三、国际贸易合同的内容条款

国际贸易合同的内容主要包括：约首、正文、约尾三大部分，其中约首由合同名称、合同号码、合同日期、合同当事人双方的信息（名称、地址）构成，约尾部分包括合同的份数及归属和签约双方的签字确认等内容，正文是合同的主体部分，一般包括以下内容：

（1）品质条款（Quality），包括货号、商品名称及规格。

（2）数量条款（Quantity），包括数量和计量单位。

（3）价格条款（Price），包括单价、价格术语、合同金额的大写和小写。

（4）包装条款（Packing），包括包装的种类、包装方式、包装的总件数。

（5）装运条款（Shipment），包括启运港、目的港、装运日期及对分装及转运的规定。

（6）支付条款（Payment），包括开证银行、信用证种类、信用证金额、到证时间、到期日。

（7）保险条款（Insurance），包括投保人、保险金额、保险的险别、保险条款及生效日。

（8）检验及索赔（Inspection and Claims），检验条款通常包含有关检验权的规定、检验或复检的时间及地点、检验机构、检验证书等内容；索赔条款一般包含索赔依据、索赔期限等内容。

（9）不可抗力（Force Majeure），包括不可抗力时间的范围、对不可抗力事件的处理原则和方法、不可抗力事件发生后通知对方的期限和方式、出具证明文件的机构等内容。

（10）争议的解决（Dispute Resolution），包括争议的解决方式、提请仲裁的仲裁地点、仲裁机构、仲裁规则、裁决效力等。

四、国际贸易合同签订注意事项

国际贸易合同签订得好坏对顺利履行合同关系极大，所以外贸企业应当严肃认真地对待。以出口合同为例，我国出口企业在与国外客户签订外销合同时应重点注意以下几种问题。

1. 合同条款要体现我国的对外政策

（1）成交对象和交货目的港要贯彻我国的对外政策。政策不允许的不能成交，也不能将货物发往政策不允许的地区。

（2）对我国香港、澳门地区出口合同的装运口岸不能写中国口岸或中国上海，必须写具体港口名称，如上海。不能将港澳与中国并列。有的外贸公司在出口合同格式的装运口岸栏里已铅印了 CHINESE PORTS 字样的，在制作合同时更应引起注意。

（3）对那些明确规定需在国内办理投保的国家，不要强制对方接受 CIF 条件。

2. 合同条款内容要一致

（1）成交条件与保险条款要一致，CIF 条件成交的应当是我方保险，FOB 或 C&F 条件成交的应当是对方保险。

（2）成交条件与交货港口要一致，CIF 或 C&F 条件要附带一个目的港即卸货港，FOB 条件要有装运港。

（3）单价和总值要保持一致，在币别的使用上也要一致。

（4）包装条件和刷唛标记要一致，散装货不能有刷唛的要求。

（5）付款方式与装运期限要一致。

（6）合同总数量与分批装运的数量要一致。

（7）交货期与信用证开到日期要一致。

（8）有的格式合同对某些条款是填写内容和供选择的，在制作合同时要正确填写或删除，不删除或删错了都会造成条款内容不一致。

3. 合同条款的内容要明确

（1）对交货目的港不要只写国名或地区名称，如美国港口等，因一个国家有很多港口，只写国名不利于船舶的安排；对重名港口名称后要写上国名，如维多利亚港，加拿大、几内亚等国家都有叫维多利亚的港口；如果是对方派船合同，装货港必须明确，卸货港则可按买方要求办理。

（2）在合同的交货期、信用证开到日期等的书写上，应写明年月，不能只写月，不写年。

（3）对包装条件的规定要明确，应列明用什么东西包装及每件（包）的重量。

（4）必须明确保险由谁办理，并须明确保险险别及适用条款。

（5）一般均应确定溢短装比例，散装大宗货一般为 5% ~10%，一般件杂货为 1% ~5%。

（6）在合同中必须明确支付方式，对信用证必须明确是不可撤销的，并须明确开到地点和时间、到期地点以及受益人名称；开到地点、到期时间和到期地点一般均应在中国境内，对信用证的有效期至少掌握在装船期后 15 天。

（7）对合同中唛头标记，应争取按国际通常做法制作，即横式，共为 4 行，每行不超过 17 个字母，具体是：第一行为收货人缩写，第二行为合同号码，第三行为目的港名称，第四行为箱号或件数。

（8）对整船出运的货物，往往会涉及滞期/速遣条款。我方派船合同一般发生在国外目的港，对方派船合同发生在国内装港。因此，应根据不同情况，分别在合同上附上一份运输条款。

4. 加强审核，尽量避免差错

（1）合同签订后，要对合同号、买方地址、电挂、电传、传真、成交方式、单价、币制、包装重量、溢短比例、装卸港、保险、信用证开到地点等条款一一进行审核，防止漏打、错打。

（2）要防止英文拼写错误，特别是对品名、价格条款、目的港等更要认真审核，防止打印上的错误，尽量减少和避免差错。

示范操作

国际货物买卖合同没有统一的格式，但主要内容差别不大，下面以一份已经订立的购货合同为例（图1－2），说明合同的主要条款和订立相关条款的注意事项。

<table>
<tr><td colspan="4">购货合同
PURCHASE CONTRACT</td></tr>
<tr><td>合同编号：
Contract No.：OR110702</td><td>签订日期：
Date：JUNE 2，2015.</td><td colspan="2">签订地点：
Signed at：SHENZHEN</td></tr>
<tr><td colspan="4">1. 买方：
The Buyers：SHENZHEN FADA FOOD CO.，LTD.
地址：
Address：6/F，OCDA BLDG，KEYUAN RD.，SHENZHEN，CHINA.
电话（Tel）：086－0755－2626189　　传真（Tel）：086－0755－2626190</td></tr>
<tr><td colspan="4">2. 卖方：
The Sellers：ASTAK FOOD，INC.
地址：
Address：5－18 ISUKI－CHOHAKI，TOKYO，JAPAN.
电话（Tel）：81－355－282828　　传真（Tel）：81－355－282829</td></tr>
<tr><td colspan="4">经买卖双方确认根据下列条款订立本合同：
The undersigned Sellers and Buyers have confirmed this contract is accordance with the terms and conditions stipulated below：</td></tr>
<tr><td>3. 商品名称及规格
Name of Commodity & Specification</td><td>4. 数量
Quantity</td><td>5. 单价
Unit Price</td><td>6. 总金额
Amount</td></tr>
<tr><td>CANNED PINEAPPLE
12 TINS×500GRAMS</td><td>1000CARTONS</td><td>CFR
SHENZHEN
USD12/CTN</td><td>USD12 000.00</td></tr>
</table>

图1－2　购货合同

Total	1000CARTONS		USD12 000. 00

7. 总值（大写）

Total Value (in words): SAY U. S. DOLLARS TWELVE THOUSAND ONLY.

8. 允许溢短__________%

__10__ % more or less in quantity and value allowed.

9. 成交价格术语：

Terms:

⍰FOB ☑ CFR ⍰CIF ⍰DDU

10. 包装

Packing: EXPORT WORTHY CARTON

11. 运输唛头

Shipping Mark: N/M

12. 运输起讫：由__________（装运港）到__________（目的港）。

Shipment from __TOKYO__ (Port of Shipment) to __SHENZHEN, CHINA__ (Port of Destination)

13. 转运：⍰允许 ☑不允许 分批：⍰允许 ☑不允许

Tran shipment: ⍰allowed ☑ not allowed

Partial shipment: ⍰allowed ☑ not allowed

运输时间：

Shipment Time: WITHIN 30 DAYS AFTER RECEIPT OF IRREVOCABLE SIGHT L/C.

14. 保险：由__________方按发票金额的__________%投保__________，加保__________从__________到__________。

Insurance: to be covered by the __BUYER__ for __110__ % of the invoice value covering __Institute Cargo Clauses (A) 1/1/82__ additional __Institute War and Strikes Clauses – Cargo 1/1/82 from TOKYO to SHENZHEN__ .

15. 付款条件： Terms of Payment:

⍰买方应不迟于______年______月______日前将100%货款用即期汇票/电汇支付给卖方。

The buyers shall pay 100% of the sales proceeds through sight (demand) draft/by T/T remittance to the sellers not later than ______/______.

☑买方应于______年______月______日前通过________银行开立以卖方为受益人的____天不可撤销信用证，有效期至装运后____天在中国议付，并注明合同号。

The buyers shall issue an irrevocable L/C at __90 days__ sight through __BANK__ in favour of the sellers prior to __JUNE 6, 2015__ indicating L/C shall be valid in __CHINA__ though negotiation within __21 days__ after the shipment effected, the L/C must mention the Contract Number.

⍰付款交单：买方应凭卖方开立给买方的______期跟单汇款付款，付款时交单。

Documents against payment (D/P): the buyers shall dully make the payment against documentary draft made out to the buyers at ____/____ days by the sellers.

图1-2 购货合同（续）

16. 装运通知：一旦装运完毕，卖方应立即电告买方合同号、品名、已装载数量、发票总金额、毛重、运输工具名称及启运日期等。　Shipping advice：the sellers shall immediately，upon the completion of the loading of the goods advise the buyers of the Contract No. names of commodity，loaded quantity，invoice value，gross weight，names of vessel and shipment date by TLX/FAX.
17. 检验与索赔： Inspection and Claims： ①卖方在发货前由______检验机构对货物的品质、规格和数量进行检验，并出具检验证明。 The buyer shall have the qualities，specifications，quantities of the goods carefully inspected by the ___/___ Inspection Authority，which shall issue Inspection Certificate before shipment. ②货物到达目的口岸后，买方可委托当地的商品检验机构对货物进行复检。如果发现货物有损坏、残缺或规格、数量与合同规定不符，买方须于货物到达目的口岸的____天内凭________检验机构出具的检验证明书向卖方索赔。 The buyers have right to have the goods inspected by the local commodity inspection authority after the arrival of the goods at the port of destination. If the goods are found damaged/short/their specifications and quantities not in compliance with that specified in the contract，the buyers shall lodge claims against the sellers based on the Inspection Certification issued by the Commodity Inspection Authority within ___/___ days after the goods arrival at the destination. ③如买方提出索赔，凡属品质异议须于货物到达目的口岸之日起____天内提出；凡属数量异议须于货物到达目的口岸之日起____天内提出。对所装货物所提任何异议应由保险公司、运输公司或邮递机构负责的，卖方不负任何责任。 The claims，if any regarding to the quality of the goods，shall be lodged within ____ days after arrival of the goods at the destination，if any regarding to the quantities of the goods，shall be lodged within ______ days after arrival of the goods at the destination. The sellers shall not take my responsibility if any claims concerning the shipping goods in up to responsibility of Insurance Company/Transportation Company/Post office.
18. 不可抗力：如因人力不可抗拒的原因造成本合同全部或部分不能履约，卖方概不负责，但卖方应将上述发生的情况及时通知买方。 Force Majeure：the sellers shall not hold any responsibility for partial or total non－performance of this contract due to Force Majeure. But the sellers shall advise the buyers on time of such occurrence.
19. 争议的解决方式：任何因本合同而发生或与本合同有关的争议，应提交中国国际经济贸易仲裁委员会，按该会的规则进行仲裁。仲裁裁决是终局的，对双方均有约束力。 Disputes settlement：All disputes arising out of the contract or in connection with the contract，shall be submitted to the China International Economic and Trade Arbitration Commission for arbitration in accordance with its Rules of Arbitration. The arbitral award is final and binding upon both parties.
20. 法律适用：本合同的签订地或发生争议时货物所在地在中华人民共和国境内或被诉人为中国法人的，适用于中华人民共和国法律，除此规定外，适用《联合国国际货物销售合同公约》。 Law applications：it will be governed by the law of the People' s Republic of China under the circumstances that the contract is signed or the goods while the disputes arising are in the People' s Republic of China or the defendant is Chinese legal person，otherwise it is governed by United Nations Convention on Contract for the International Sale of Goods. 本合同使用的 FOB、CFR、CIF、DDU 术语系根据国际商会《INCOTERMS1990》。The terms in the contract based on INCOTERMS 1990 of the International Chamber of Commerce.

图 1－2　购货合同（续）

21. 文字：本合同中英文两种文字具有同等法律效力，在文字解释上，若有异议，以中文解释为准。 Versions: This contract is made out in both Chinese and English of which version is equally effective. Conflicts between these two languages arising therefrom, if any, shall be subject to Chinese version.	
22. 附加条款：（本合同上述条款与本附加条款有抵触时，以本附加条款为准） Additional Clauses: (conflicts between contract clause here above and this additional clause, if any, it is subject to this additional clause)	
23. 本合同共______份，自双方代表签字/盖章之日起生效。 This contract is in __2__ copies, effective since being signed/sealed by both parties.	
买方代表人： Representative of the buyers: 签字： Authorized signature: （买方公司盖章）	卖方代表人： Representative of thesellers: 签字： Authorized signature: （卖方公司盖章）

图 1-2 购货合同（续）

任务三 国际结算

学习目标

1. 了解合同中的结算票据的种类、国际货款的支付方式
2. 熟悉国际结算的国际惯例，尤其是《UCP 600》的规定
3. 掌握各种支付方式的含义、种类、相应业务流程等

任务情境

某年3月，昆山飞扬食品进出口公司与美国一家公司签订了一笔8万美元的食品出口合同，价格条件为FOB上海，支付条件为D/P at sight，出口货运代理为买方指定的德美公司。由于在此之前飞扬公司与该客户采用L/C支付方式通过该货代公司曾做过两票单子，所以飞扬公司没有对该货代公司的信用产生疑问。飞扬公司将货物发出后，将包括三份正本货代提单在内的全套货运单据通过中国银行交到对方指定的代收行收款，但在规定的时间内没有收到货款。

在此后的一个多月内，对方一会儿说没见到单据，一会儿说正在和银行商量赎单，一会儿又传来一份真假难辨的银行付款底单。在忍无可忍的情况下，飞扬公司只好指示

代收行将全套单据转让给公司在美国的分公司，让其先代收货物然后再与买方交涉，以避免港口滞港费的损失。当美国的分公司拿着正本提单去提货时，发现货已被买方提走。公司一边和买方交涉，但对方既不回传真，也不接电话；一边派法律顾问带人赶往上海，准备对货代公司采取行动。

法律顾问赶到上海时，德美公司已人去楼空，再到工商部门一调查，才发现该公司根本没有货代资质，仅为一家运输咨询公司。在万般无奈的情况下，飞扬公司只好采取委托授权的方式，通过美国的分公司请美国律师起诉进口方，但得知该客户已申请破产保护。按美国的法律，该公司只能参加破产清理，经计算如参加破产清理，其所得可能还不够支付律师费用，公司只好撤诉。此案历时半年之久，不仅全部货款血本无归，并且浪费了大量人力和其他额外的费用，损失巨大，其教训也十分深刻!

事后该公司经过总结，得出以下经验：

如果可能的话，争取按先结后出的 T/T 方式或 L/C 方式进行交易。安全主动的支付方式可以在一定程度上消除或降低 FOB 价格条款所带来的风险。先收钱后给货的付款方式应该是无风险可言，但仍要记住落袋为安，不要仅凭所谓的银行付款单的传真件就将货物交付，最起码也要通过银行核实货款确实在你的账户上；L/C 支付条件下要严把单据质量关，杜绝单据不符的地方。

上述案例中采用的结算方式为 D/P at sight，除此之外，文中还提到 T/T、L/C 等，这些都是国际贸易中常用的付款方式，本单元将主要学习国际贸易结算的主要方式。

工作任务：

1. 掌握国际贸易中常用的支付方式。
2. 分析在国际贸易业务实际应用中的注意事项。

知识链接

一、汇付

1. 汇付的含义

汇付（Remittance）又称汇款，是指付款人委托所在国银行，将款项以某种方式付给收款人的结算方式。在汇付方式下，结算工具（委托通知或汇票）的传送方向与资金的流动方向相同，因此称为顺汇。

2. 外贸单证在汇付方式中的应用

汇付有电汇、信汇和票汇三种类型。利用汇付方式结算货款，银行只提供服务，不提供信用，货款能否结清完全取决于买方的信用。在实际业务中，汇付主要用于预付货款、货到付款及货款尾数、佣金、运费的结算，在采用分期付款和延期付款的交易中也较多采用汇付方式。

采用汇付方式结算货款时，无论是预付货款还是货到付款，出口商的有关货运单据都要通过快递或其他方式寄送给进口商，而进口商则通过银行将货款汇付给出口商。对银行而言，只涉及一笔汇款业务，并不处理单据。

尽管在汇付方式下，外贸单据与进口商是否付款的关联性不大，但出口商仍然要以合同为依据，认真缮制单据，保证单据的正确、完整、及时、简洁、清晰，方便进口商提货、核对货物及办理进口手续。

二、托收

1. 托收的含义

托收（Collection）是出口人委托银行向进口人收款的一种支付方式。卖方发货后，将装运单证和汇票通过卖方的代理行送交进口商，进口商履行了付款条件，银行才交付单证。由于托收项下汇票的传递方向与资金的流向相反，所以称为逆汇。托收方式主要涉及四个当事人，即委托人（出口商）、托收行（出口地银行）、代收行（进口地银行）、付款人（进口商）。

2. 托收的特点

托收的基本特征是商业信用，其可靠性一般低于银行信用，实务中往往需有条件地使用。

卖方风险大。托收业务中，银行仅提供服务，不提供任何信用和担保，银行在传递单据、收取款项的过程中，既不保证付款人一定付款，也不负责审查单据的合规性。货抵目的地后，如遇进口人拒绝付款赎单、无人提货等情形，除非事先征得银行同意，银行不负照管货物之责。托收项下，卖方需承担较大的风险。

卖方资金承担大。跟单托收项下，卖方需垫付资金备货、装运，然后通过银行收款，能否收回货款全凭买方的信用。承兑交单项下，买方只需做出承兑即可获得单据并凭以提货，以售货所得款项向银行付款，等于获得了卖方给予的全额资金融通。

虽然托收费用相对汇付高、手续也更烦琐，但受到进口人的欢迎，容易调动进口人的经营积极性、提高出口竞争能力。据此，托收常被看作成是一种非价格的竞争手段。但使用时应严格注意风险防范。

3. 使用托收收款时应注意的问题

（1）调查了解进口人的资信情况、经营能力和经营作风。根据具体情况确定授信额度、成交金额与交货进度，避免买方借资金紧张延期付款。国外代收行的选择要经过托收行的同意，才能确定。尽量不使用承兑交单。

（2）争取采用 CIF 或 CIP 价格成交。托收采用 CIF 或 CIP 价格术语，提货前货物如果受损，买方借故拒付，卖方可凭保险单向保险公司索赔；如果限于进口国的规定必须由买方办理保险，则出口商除应在货物装运后及时通知对方投保外，还可以投保“卖方利益险”，以防万一货物遇险，买方未投保又不付款赎单时，可由卖方向保险公司索赔。

（3）明确付款到期日。北欧和拉美许多国家习惯把“单到”付款或承兑，视为“货到”付款或承兑，这样可以拖延付款时间，对我方不利，因此，必须明确作出规定。

（4）了解进口国有关的规定。欧洲一些国家不做远期 D/P，拉美国家则把远期 D/P 当成 D/A 处理。另外，有时货到而单据未到，需要存仓、保险。一些国家的海关规定货进仓 60 天内无人提货即公开拍卖。因此，应了解代收行是否做远期 D/P 业务，以及货物存仓管理办法等。

（5）明确责任。要注意了解国际商会《托收统一规则》（《URC 522》）的主要内容，以便掌握托收当事人的权利、义务和责任。

（6）拒付前后的措施。及时了解拒付的原因及货物状况，尽快联系客户或新的买家；在 D/P 条件下，货物被提走，应追究代收行责任；如果货物到港拒不赎单，出口人应及时处理货物或组织回运，以减少损失。

4. 外贸单证在托收方式中的应用

采用托收方式结算货款时，出口商装运货物后，应根据贸易合同和《URC 522》的规定及时制单，将全套单据备齐，并开出汇票，连同明确的托收指示书向出口地银行办理托收。

托收指示书是由银行提供的固定格式的交单凭证，主要内容包括托收方式、交单条件、付款人的详细地址、代收行的具体名称和地址等内容。

出口商交付单据后，托收行没有检验单据的义务，仅核实收到的单据在表面上是否与托收指示书所列一致，如果发现任何遗漏，则立即通知交单的出口商。然后根据托收指示书制作寄单面函寄交代收行，代收行可以由出口商提供，也可以由银行根据情况代为选择异地的有一定权威的代理行作为代收行，并提供相应的收款路线。

代收行收到单据后，向进口商提示汇票，如果是付款交单，无论是即期付款交单还是远期付款交单，代收行都必须在买方付清货款后方能交出单据。如果买方拒绝付款或拒绝承兑，代收行必须毫不迟延地向托收行送交拒绝付款或拒绝承兑的通知。托收行在收到此项通知时，必须对单据如何处理给予相应的指示。代收行若在发出上述通知后 60 天内仍未收到指示，可将单据寄回托收行而不负责任。如果是承兑交单，代收行在买方承兑汇票后交出单据，待付款规定时间到期时向买方收款。若买方到期拒绝付款，代收行不承担责任。

托收方式下，卖方通过银行向买方交付的单据通常包括发票、装箱单、运输单据（如提单等）、保险单据（CIF 或 CIP 条件下）、汇票及买方要求的其他单据等。卖方要以合同为依据，认真缮制单据，保证单据的正确、完整、及时、简洁、清晰，方便进口商提货、核对货物及办理进口手续。

三、信用证

1. 信用证的含义及当事人

根据《UCP 600》的规定，信用证（Letter of Credit，L/C）是指一项约定，无论其如何命名或描述，该约定不可撤销并因此构成开证行对相符提示予以兑付的确定承诺。（Credit means any arrangement，however named or described，that is irrevocable and thereby constitutes a definite undertaking of the issuing bank to honor a complying presentation.）其实质是银行代表其客户（买方）向受益人（卖方）开立的有条件地承担付款责任的凭证。

信用证的基本当事人有三个：开证申请人、开证行、受益人。此外还有其他关系人：通知行、议付行、付款行、偿付行、保兑行和转让行等。

（1）开证申请人（Applicant）：又称开证人（Opener），是指申请开证的人，一般指贸易合同的买方。它要在规定的时间内开证，交开证押金并及时付款赎单。

（2）开证行（Opening Bank，Issuing Bank）：开立信用证的银行，一般是进口地银行。开证行有权收取开证手续费，正确及时开证，负第一付款责任，无追索权，但也有例外：在凭索汇电报和偿付行仅凭汇票对外付款时，开证行有权追索。

（3）受益人（Beneficiary）：有权使用信用证的人，一般为贸易合同的卖方。它拥有按时交货、提交符合信用证要求的单据、索取货款的权利和义务，又有对其后的持票人保证汇票被承兑和付款的责任。

（4）通知行（Advising Bank，Notifying Bank）：受开证行委托，将信用证传递（通知）给受益人的银行，一般是出口地银行。它通常是开证行的代理行（Correspondent Bank）。卖方通常指定自己的开户行作为通知行，通知行应合理审慎地鉴别信用证的表面真实性，如果无法鉴别又想通知受益人，则应告诉受益人它未能鉴别该证的表面真实性。

（5）议付行（Negotiating Bank）：根据开证行的授权买入或贴现受益人提交的符合信用证规定的票据的银行。如遭拒付，它有权向受益人追索垫款。

（6）付款行（Paying Bank，Drawee Bank）：开证行的付款代理，代开证行验收单据，一旦验单付款后，付款行无权向受益人追索。

（7）偿付行（Reimbursement Bank）：也是开证行的付款代理，它不负责审单，只是代替开证行偿还议付行垫款的第三国银行。偿付行的付款不能视为开证行的付款。当开证行收到单据发现单据不符而拒绝付款时，仍可向索偿行（一般是议付行）追索。

（8）保兑行（Confirming Bank）：应开证行请求在信用证上加具保兑的银行，具有与开证行相同的责任和地位。它对受益人独立负责，在付款或议付后，不论开证行发生什么变化，都不能向受益人追索。在实际业务中通常由通知行兼任，也可由其他银行加具保兑。

（9）转让行（Transferring Bank）：应受益人的委托，将信用证转让给信用证的受让人即第二受益人的银行，一般为通知行、议付行、付款行或保兑行。

2. 信用证的种类

（1）跟单信用证和光票信用证。跟单信用证（Documentary Credit）：开证行凭跟单汇票或仅凭单据付款的信用证。在实际业务中，绝大多数情况下使用跟单信用证。

光票信用证（Clean Credit）：开证行仅凭不附单据的汇票（光票）付款的信用证，常用于预付货款。

（2）保兑信用证和不保兑信用证。保兑信用证（Confirmed Credit）：开出的信用证由另一家银行保证对符合信用证条款规定的单据履行付款义务。保兑行是指开证行以外的银行保证对信用证承担付款责任的银行。

不保兑信用证（Unconfirmed Credit）：开证行开出的信用证没有经另一家银行保兑。

（3）即期付款信用证、延期付款信用证、承兑信用证、议付信用证。《UCP 600》第6条（b）款规定：信用证必须规定是否适用于即期付款、延期付款、承兑抑或议付。

即期付款信用证（Sight Credit）：开证行、保兑行或被指定付款行在收到符合信用证条款的汇票和/或单据时，立即履行付款义务的信用证。

延期付款信用证（Deferred Payment Credit）：远期付款但不需汇票的信用证。如信用证中规定："This credit is available with issuing bank by deferred payment." 这种信用证是为了减轻印花税负担，但对受益人来说风险较大，受益人应要求自己所在地的付款行对信用证加具保兑，以保证日后安全收汇。

承兑信用证（Acceptance L/C）：开证行或付款行在收到符合信用证条款的单据及远期汇票时予以承兑，凭汇票到期时再行付款的信用证。承兑信用证中一般规定："Credit is available with × × × bank by acceptance." 银行承兑信用证又分为卖方远期信用证和买方远期信用证。卖方远期信用证又称真远期信用证，此信用证要求卖方开立远期汇票，开证行于见票时先予以承兑，到期付款。买方远期信用证又称假远期信用证，通常在信用证中规定："The usance drafts are payable on a sight – basis, discount charges and acceptance commission are for buyer's account."（远期汇票即期支付，贴现利息和承兑费用由买方支付。）

议付信用证（Negotiation Credit）：如果开证行在信用证中邀请第三方银行以议付行的身份买入受益人的汇票和单据，则该信用证即为议付信用证。通常在信用证中规定："Credit is available by negotiation."（议付行有向受益人追索的权利，但如果由保兑行议付，则无追索权。）

（4）可转让信用证和不可转让信用证。可转让信用证（Transferable Credit）：开证行授权有关银行在受益人的要求下，可将信用证的全部或一部分金额转让给第三方使用的信用证。可转让信用证只能转让一次。如信用证允许分批装运，在总和不超过信用证金额的前提下，可分别转让给几个第二受益人。如信用证不准分批，则限转让给一个受益人。可转让信用证主要用于中间贸易。

不可转让信用证（Non – transferable Credit）：受益人无权转让给其他人使用的信用证。

（5）循环信用证。循环信用证（Revolving Credit）：信用证被全部或部分使用后，其金额又恢复到原金额，可再次使用，直至规定的次数或规定的总金额用完为止的信用证。循环信用证的使用可免去买方多次开证的麻烦，节省开证费用，同时简化了卖方审证、改证等手续，有利于合同的履行。这种信用证通常在分批均匀交货的情况下采用。循环信用证又可分为按时间循环信用证和按金额循环信用证两种。

（6）其他信用证。除上述信用证外，还有一些其他种类的信用证。对开信用证（Reciprocal Credit）：交易的双方都对其进口部分以对方为受益人所开立的信用证，常应用于加工贸易等贸易方式。

对背信用证（Back to Back Credit）：信用证的受益人要求通知行或其他银行以原证为基础另开一张内容近似的新证给实际供货人，这种另开的新证称为对背信用证。

预支信用证（Anticipatory Credit）：开证行授权代付行（通常是通知行）向受益人预支信用证金额的全部或一部分，由开证行偿还并负担利息。

一般信用证是卖方先发货交单，开证行收单后付款，而预支信用证是银行先代买方付款，卖方预支货款后交单。等日后受益人交单时扣除预支的货款及利息，适用于货源紧缺的商品。

3. 跟单信用证的一般业务流程

跟单信用证的业务流程如图1－3所示。

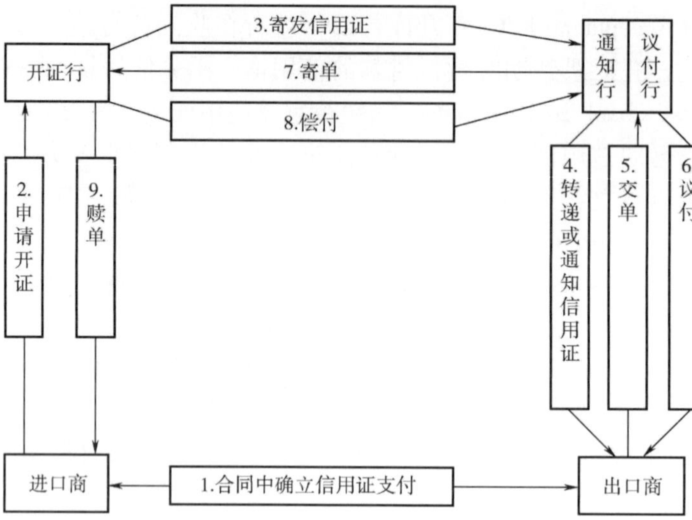

图1－3　跟单信用证的业务流程

4. 外贸单证在信用证方式中的应用

国际贸易采用信用证方式支付时，对外贸制单的要求尤其严格。信用证方式下，付款行处理的是单据，而不是单据涉及的货物、服务或其他履约行为。出口商在货物运出后，必须按照信用证条款制单，做到“单证相符、单单相符”才能收回货款。否则开证行或其指定的银行有权拒付货款。

出口商在货物运出后，除了要按照信用证的要求缮制单据，还应在信用证规定的交单期（Presentation Period）内，将单据交到信用证指定的银行（通常是议付行），议付行收到单据后，应在《UCP 600》规定的五个银行工作日内完成单据的审核。审核无误后，议付行将货款付给出口商，随后议付行会附上自有格式的寄单面函，即BP通知书（Bill of Purchase），按照信用证规定的寄单路线，向开证行寄单索偿。

开证行收到议付行寄来的单据后，在五个银行工作日内审核完毕，同时按照议付行BP面函的付款指示办理付款或开出拒付通知。开证行付款之后，立即开出赎单通知，即AB单（Accepted Bill），向开证申请人要求付款赎单。

能力训练

一、选择题

1. 根据《联合国国际货物销售合同公约》，合同成立的必要程序是（　　）。

A. 询盘、发盘、还盘和接受　　B. 询盘、发盘、还盘、接受和签约

C. 发盘接受和签约　　D. 发盘和接受

2. “××公司：你方10日传真收悉。你方条件我方接受，但请降价10%，可否即

复。(签章)”这份传真是（　　）。

A. 询盘　　B. 发盘　　C. 还盘　　D. 接受

3. 为邀请对方向自己定货而发出的商品目录单、报价单以及一般的商业广告，是（　　）。

A. 发盘　　B. 还盘　　C. 发盘邀请　　D. 新的发盘

4. 我某进出口公司于2018年1月15日用电报向外国一公司发盘，要求在20日复到我公司有效。1月18日上午9：00，我公司同时收到外国公司表示接受和撤回接受的电传。根据《联合国国际货物销售合同公约》的规定，此接受（　　）。

A. 可以撤回

B. 不可以撤回，必须与我公司签订合同

C. 经我公司同意方可撤回

D. 视为撤销

5. 我某出口公司于3月5日对外商发盘，限10日复到有效。外商于8日发出接受通知，我出口公司于11日才收到接受通知，事后我出口公司也未表态。那么，（　　）。

A. 除非发盘人及时提出异议，该逾期接受仍构成接受

B. 该逾期接受无效，合同未成立

C. 只有发盘人毫不迟延地表示确认，该逾期接受才构成有效接受

D. 经电信部门出具有关证明后方可认定是否有效

6. 以下国际贸易货物检验方法中比较公平合理的是（　　）。

A. 在出口国产地检验　　B. 在装运地检验

C. 在目的地检验　　D. 在装运地检验，在目的地复验

7. 以下能体现公平合理的确定商检机构的办法是（　　）。

A. 以出口国商检机构的检验结果为准

B. 以进口国商检机构的检验结果为准

C. 出口国商检机构初步检验，进口国商检机构复验

D. 出口时的初步检验和进口后的复验，均由交易双方约定的商检机构来进行

8. 在国际贸易的纠纷解决过程中，如果买卖双方在合同中订有仲裁协议，则他们（　　）。

A. 只能通过仲裁机构解决纠纷

B. 只能通过法院解决纠纷

C. 既可以到法院，也可以到仲裁机构去解决纠纷

D. 应该先到仲裁机构去，如果一方不服裁决，可再到法院上诉

9. 在国际贸易中，合同的数量条款通常涉及如下几个方面的内容：（　　）。

A. 按重量计算和按个数计算

B. 毛重；净重；公量；理论重量；法定重量

C. 规定机动幅度的方法；具体规定增减幅度

D. 数量的确定；重量的计算方法；数量的机动幅度及其增减价内容

10. 按《联合国国际货物销售合同公约》规定，如果卖方交货数量大于约定的数量，

买方（　　）。

A. 可以拒收约定的和多交的全部货物

B. 只能拒收多交部分中的一部分货物

C. 只能拒收多交的全部货物

D. 可以拒收多交中的部分或者全部，也可以接受多交中的部分或者全部货物

二、判断题

1. 国际货物买卖合同必须采用书面形式。（　　）

2. 《联合国国际货物销售合同公约》规定，在非根本性违约的情况下，受损方可以请求损害赔偿，但是不得解除合同。（　　）

3. 根据《联合国国际货物销售合同公约》，规定了有效期的发盘一旦到达受盘人，在有效期限内发盘人不得撤销该发盘。（　　）

4. 为邀请对方向自己订货而发出的报价单、商品目录以及一般商业广告也是发盘。（　　）

5. 根据《联合国国际货物销售合同公约》的规定，一项发盘必须明确规定货物的品质、数量、包装、价格、交货和货款的支付六项主要交易条件，缺一不可。（　　）

三、制单操作题

请根据以下背景材料，以业务员王明的身份缮制一份销售合同（合同号码为××-SY2443，日期为2017年12月25日）。

1. 背景材料

上海希望贸易有限公司（SHANGHAI XIWANG TRADING CO.，LTD，1002 PUDONG SOUTH ROAD，SHANGHAI，CHINA.）与香港星星贸易有限公司（XINGXING TRADING CO.，LTD，250 QUEEN ROAD，HONGKONG）相互建立贸易关系。港方业务员张欣对上海的BEAUTY牌tableloth很感兴趣，产品信息如下。

货号	数量	规格	包装方式	单价（CIFC3 H. K）
GWAS01	1000件	红色	20件/纸箱	18.00美元/件
GWAS02	800件	蓝色	16件/纸箱	12.50美元/件

经过双方磋商，达成协议如下：

装运：2017年2月底前装运至香港，允许分批装运和转运；

付款：即期信用证，2017年1月中旬前开到卖方；

保险：按照全额发票价值另加10%投保协会货物A险。

2. 缮制销售合同

Sales Contract

S/C No.：　　　　　　　　　　　　　　　　Date：

Seller：

Buyer：

Art. No.	Commodity & Specifications	Quantity	Unit price	Amount
	Total			

Total contract value:

Packing:

Shipment:

Terms of payment:

Insurance:

Confirmed by:

The seller　　　　　　　　　　　　　　　　　　The buyer

项目二　公务单证

任务一　进口许可证

学习目标

1. 掌握进口许可证的规定及申领程序
2. 掌握进口许可证申请表的填制方法

任务情境

2016 年 3 月 15 日，苏州商贸有限公司以一般贸易方式向苏州工业园区海关申请进口青储收割机（旧）产品一批，货物总值 52000 美元，园区海关经审查发现，该批产品属于国家限制类进口商品，需凭有关许可证件办理进口报关手续，但苏州商贸有限公司申报时并没有提供相关许可证件，属于无证进口，最终作出罚款并对涉案货物不予放行的处罚决定。

工作任务：单证员根据任务情境、合同及相关资料向地方主管部门办理进口许可证申请。

知识链接

一、进出口许可证管理

进出口许可证管理是指由商务部或由商务部会同国务院其他部门，依法制定并调整进出口许可证管理目录，以签发进出口许可证的方式对列入进出口许可目录的商品实行的行政许可管理。进出口许可证制度是我国实行对外贸易管理的一种行政保护手段，属于国家限制进出口管理范畴。

进出口货物许可证是国家管理货物进出境的法律凭证，不得买卖、转让、伪造和变卖。企业应该在进出口前按规定向指定的发证机构申领进出口许可证，海关凭进出口许可证接受和办理货物通关手续，因此企业必须严格按照许可证规定的品名、数量、贸易方式等内容进出口特定货物。

1. 进出口许可证的主管部门及发证机构

进出口许可证由商务部统一管理并指导全国各发证机构进行进出口许可证的签发工作。全国发证机构主要有商务部配额许可证事务局、商务部驻各地特派员办事处和商务部授权的地方主管部门发证机构。各发证机构在授权范围内签发“中华人民共和国进口许可证”（简称“进口许可证”）或“中华人民共和国出口许可证”（简称“出口许可证”）。

2. 进口许可证管理的商品范围

2017 年实施进口许可证管理的货物有重点旧机电产品和消耗臭氧层物质。许可证局负责签发重点旧机电产品的进口许可证；地方发证机构负责签发消耗臭氧层物质进口许可证；在京中央企业的进口许可证由许可证局签发。

3. 进口许可证的办理程序

（1）消耗臭氧层物质进口许可证的申领。申领消耗臭氧层物质进口许可证有网上申领和书面申领两种形式。

（2）重点旧机电产品进口许可证的申领。申领重点旧机电产品进口许可证的企业应具备从事重点旧机电产品翻新（含再制造）的资质，有网上申领和书面申领两种形式。

4. 进口许可证的报关规范

（1）进口许可证的有效期为 1 年，当年有效。

（2）进口许可证一经签发，不得擅自更改证面内容。

（3）进口许可证实行“一证一关”管理。

（4）对实行“一证一关”管理的大宗、散装货物，溢装数量按国际贸易惯例办理。

二、自动进口许可证管理

自动进口许可管理是指在任何正常情况下对进口申请一律予以批准的进口许可制度。它是一种在进口前自动登记性质的许可制度，便于国家统计和监督。

1. 自动进口许可证管理的商品范围

2017 年实施自动进口许可管理的货物有非机电类货物（有关地方商务主管部门或者商务部签发）和机电类货物（含商务部签发自动进口许可证的货物及有关地方、部门机电产品进出口办公室签发自动进口许可证的货物）。

2. 免交自动进口许可证的情形

（1）加工贸易项下进口并复出口的（原油、成品油除外）。

（2）外商投资企业作为投资进口或者投资额内生产自用的（旧机电产品除外）。

（3）货样广告品、实验品进口，每批次价值不超过 5000 元人民币的。

（4）暂时进口的海关监管货物。

（5）进入我国保税区、出口加工区等海关监管区域及进入保税仓库、保税物流中心的属于自动进口许可证管理的货物。

（6）加工贸易项下进口的不作价设备监管期满后留在原企业的。

（7）国家法律法规规定其他免领自动进口许可证的。

3. 报关规范

（1）自动进口许可证有效期为 6 个月，但仅限在公历年度内有效。

（2）自动进口许可证项下货物原则上实行“一批一证”管理，对部分货物也可以实行“非一批一证”管理。对实行“非一批一证”管理的货物，在有效期内可以分批次累计报关使用，但累计次数不得超过6次。每次报关时，海关在许可证原件“海关验放签注”栏内批注后，留存复印件，最后一次使用后，海关留存正本。同一合同项下，收货人可以申领多份自动进口许可证。

（3）对实行“一批一证”的自动进口许可证管理的大宗、散装货物，其溢装数量在货物总量3%以内的原油、成品油、化肥、钢材4种大宗、散装货物予以免证，其他货物5%以内免证；对实行“非一批一证”管理的大宗、散装货物，每批货物进口时，按其实际数量核扣自动进口许可证额度数量，最后一批货物进口时，应按该证实际剩余数量的允许溢装上限，即5%（原油、成品油、化肥、钢材溢装上限为3%）以内免证数额。

三、进口许可证申领

1. 提出申请，填写进口许可证申请表，并加盖企业印章

进口许可证申请表一式两联，第一联（正本）由签证机构存档，第二联（副本）作为企业取证凭证。

进口企业属书面申请的，可以从配额许可证事务局网站下载《进口许可证申请表》，按要求如实填写，与规定的其他材料一并递交商务部行政事务服务中心。属网上申请的，进口企业应先申领用于企业身份认证的电子钥匙。申请时登录配额许可证事务局网站，参考“办证指南”下的申领流程。

2. 申报材料

（1）首次申领者，需要提交企业法人登记营业执照和对外贸易经营者备案登记表；经营者为外商投资企业的，还应提交外商投资企业批准证书。

（2）进口许可证申请表。

（3）货物进口合同（正本复印件）。

（4）属于委托代理进口的，应提交委托代理进口协议（正本复印件）。

（5）对法律法规有特定规定的货物，应当提交进口货物用途或者最终用户符合国家规定的证明材料。

（6）针对不同商品在进出口许可目录中列明的应当提交的材料。

（7）商务部规定的其他应提交的材料。

3. 进口许可证更改、延期、丢失等相关手续办理

进出口企业领取进口许可证后，因故需要更改进口许可证，应在有效期内进行，并按要求填写进口许可证更改申请表，连同原许可证第一、二联交原发证机关；如需更改进口商、收货单位、商品名称、规格和数量等内容，须重新申领进口许可证。

进口许可证有效期需要延期，申领单位一般应在有效期内提出申请并提供进口合同。如确实签订了进口合同，发证机关可视情况给予延期，延期后不得再展期；如在有效期内未签订合同，不得申请。

申领单位如丢失许可证，应及时向发证机关和该证的报关口岸海关挂失。由发证机关审查确属丢失后按规定办理。

四、进口许可证申领表填制

1. 进口商

此栏应填写经外经贸部批准或核定的进出口企业名称及编码。接受赠送、无偿捐赠、援助进口的货物，不论接受赠送的单位是外贸公司还是机关、企事业单位，在该项内部都填写“赠送”，代码为“0000000000001”。其他贸易方式项下凭外经贸部和主管部门批准的资格审定证书填写13位代码编号。对于无进出口经营权的企业，企业代码应填写“9999” + “九位组织机构代码”。

2. 收货人

此栏应填写实际被批准进口的用货单位，应与批准的配额证明和批件一致。

3. 进口许可证号

此栏不用申请人填写，由发证机关编排。

4. 进口许可证有效截止日期

一般为一年（另有规定者除外），由发证机构填写。

5. 贸易方式

根据实际贸易方式填写，如一般贸易、进料加工、来料加工、易货贸易、补偿贸易、外资企业进口、国际租赁、国际援助、国际招标、国际展销、国际拍卖、捐赠、赠送、协定贸易、边境贸易、许可贸易等，此栏填写的内容应与报关单保持一致。

6. 外汇来源

此栏的内容可以填写：银行购汇、外资、贷款、赠送、索赔、无偿援助、劳务等。其中外商投资企业进口、租赁等填写“外资”；对外承包工程调回设备和驻外机构调回的进口许可证管理商品、公用物品，应填写“劳务”。

7. 报关口岸

应填写进口货物到达口岸。

8. 出口国（地区）

填写出口商所在地的国别（地区）名称。

9. 原产地国

应填写商品进行实质性加工的国别（地区）。

10. 商品用途

根据实际情况填写，如自用、生产用、内销、维修、样品等，只限填写其中一种。

11. 商品名称和编码

应按商务部公布的进口许可证管理商品目录填写，只准填写一种商品名称和编码。

12. 规格、型号

根据商品的实际规格、型号填写，不同规格应分行表示。对非进口许可证管理商品，涉及申领进口许可证时，该项填写“非限制进口商品”，编码为99990000，在第12项中列出具体商品名称及型号。

13. 单位

指计量单位，由商务部统一规定，不得任意变动。合同中使用的计量单位与规定的计量单位不一致时，应换算成统一计量单位。非限制进口商品，此栏以“套”为计量单位。

14. 数量

应按外经贸部规定的计量单位填写，允许保留一位小数。应与发票的相关内容一致。

15. 单价（币种）

应填写成交时用的价格或估计价格并与计量单位一致。

16. 总值

填写合同成交的总金额和币种，应与发票总金额一致。

17. 总值折美元

填写按当日外汇牌价折算为美元的金额。

18. 总计

分别填写各栏的总计数。

19. 备注

填写申请单位的联系人、联系电话、申请进口许可证的日期。

20. 签证机构审批意见

发证机关审核之后，签署是否同意发证的意见。

示范操作

中华人民共和国进口许可证申请表

<table>
<tr><td colspan="2">1. 进口商：
苏州商贸有限公司</td><td>代　码：</td><td colspan="3">3. 进口许可证号：（注发证机构填写）</td></tr>
<tr><td colspan="2">2. 收货人：
苏州商贸有限公司</td><td></td><td colspan="3">4. 进口许可证有效截止日期：（注发证机构填写）
年　　月　　日</td></tr>
<tr><td colspan="3">5. 贸易方式：一般贸易</td><td colspan="3">8. 出口国（地区）：德国</td></tr>
<tr><td colspan="3">6. 外汇来源：银行购汇</td><td colspan="3">9. 原产地国（地区）：德国</td></tr>
<tr><td colspan="3">7. 报关口岸：苏州工业园区海关</td><td colspan="3">10. 商品用途：其他</td></tr>
<tr><td colspan="3">11. 商品名称：青储收割机（旧）</td><td colspan="3">商品编码：8433599001</td></tr>
<tr><td>12. 规格、型号</td><td>13. 单　位</td><td>14. 数　量</td><td>15. 单价（币别）</td><td>16. 总值（币别）</td><td>17. 总值折美元</td></tr>
<tr><td>青储收割机（旧）</td><td>台</td><td>10</td><td>USD5200. 00</td><td>USD52000. 00</td><td>USD52000. 00</td></tr>
<tr><td></td><td></td><td></td><td></td><td></td><td></td></tr>
<tr><td></td><td></td><td></td><td></td><td></td><td></td></tr>
<tr><td></td><td></td><td></td><td></td><td></td><td></td></tr>
</table>

图 2－1　进口许可证申请表

18. 总　计：		10		USD52000.00	USD52000.00
19. 领证人姓名： 联系电话： 申请日期： 下次联系日期：		20. 签证机构审批（初审）： 终审：			

中华人民共和国商务部监制　　　　第一联（正本）签证机构存档

图 2-1　进口许可证申请表（续）

任务二　配额与许可证

学习目标

1. 掌握配额与许可证的规定及申领程序
2. 掌握出口许可证申请表的填制方法

任务情境

昆山飞扬食品进出口公司与德国天空海外贸易公司就出口一批葡萄罐头达成协议并签订合同，当收到对方开来的信用证并审核无误后，此时需要向相关部门办理出口许可证等事宜。

工作任务：单证员根据任务情境、合同及相关资料向昆山主管部门办理出口许可证申请。

知识链接

一、配额与许可证管理

1. 配额与配额管理

配额是指一国政府在一定时期内对某些敏感商品的进口或出口进行数量或金额上的控制，其目的旨在调整国际收支和保护国内工农业生产，是非关税壁垒措施之一。长期以来，配额管理与许可证管理是世界上大部分国家采用的两种主要的贸易管制手段，我国也采取配额与许可证相结合的做法，有力地保证了对限制进出口货物的管制。随着我国加入WTO后，对限制进出口货物的管理方式也在不断调整，自2005年3月起，我国取消了限制进口货物的数量限制。目前，我国的配额管理主要针对部分限制出口货物。

配额可分为进口配额和出口配额两大类，进口配额按照管理方式可分为绝对配额和关税配额。绝对配额是指在一定时期内，对某些商品规定一个最高进口数量或金额，一旦达到这个最高数额就不准进口。关税配额不绝对限制商品的进口数量，而是在一定时期内对一定数量的进口商品，给予低税、减税或免税的待遇，对超过此配额的进口商品，则征收较高的关税或附加税和罚款。我国现在还有数十种机电产品和一般商品实行进口配额管理。

出口配额可以分为“自动”出口配额（被动配额）和主动配额。其中“自动”出口配额又称自动出口限额制。它是出口国家或地区在进口国的压力和要求下，“自动”规定某一时期内，某些商品对该国的出口限制，在限定的数额内自行控制出口，超过限额即禁止出口。主动配额是指出口国家或地区根据境内外市场上的容量和其他一些情况而对部分出口商品实行的配额出口。

我国现在实行主动配额管理的商品，相当一部分是在国际市场的优势出口商品或垄断商品，盈利空间较大，且大多涉及出口主导行业。实行被动配额管理的商品主要是纺织品。

2. 许可证管理

出口许可证（Export License）是国家对实行出口许可证管理的商品批准其出口的法律文件，是海关监管验放出口货物的依据。凡实行出口许可证管理的商品（规定免领的除外），各类出口企业应在商品出口前按规定在指定的发证机关申领出口许可证，海关凭出口许可证接受申报。

出口配额许可证管理是指国家对部分商品的出口，在一定时期内（一般是1年）规定数量总额，经国家批准获得配额的允许出口，否则不准出口的配额管理措施。配额许可证管理即实行配额与许可证配合使用，出口企业在取得配额后再申请出口许可证。

根据《2017年出口许可证管理货物目录》，列入目录的货物有44种，分别属于出口配额或出口许可证管理。

（1）实行出口配额管理的货物有活牛（对港澳出口）、活猪（对港澳出口）、活鸡（对港澳出口）、小麦、玉米、大米、小麦粉、玉米粉、大米粉、甘草及甘草制品、蔺草及蔺草制品、磷矿石、煤炭、原油、成品油（不含润滑油、润滑脂、润滑油基础油）、锯材、棉花、白银。出口上述货物的，需按规定申请取得配额（全球配额或国别、地区配额），凭配额证明文件申领出口许可证。其中，出口甘草及甘草制品、蔺草及蔺草制品的，需凭配额招标中标证明文件申领出口许可证。

（2）属于出口许可证管理的货物为：活牛（对港澳以外市场）、活猪（对港澳以外市场）、活鸡（对港澳以外市场）、牛肉、猪肉、鸡肉、天然砂（含标准砂）、矾土、镁砂、滑石块（粉）、氟石（萤石）、稀土、锡及锡制品、钨及钨制品、钼及钼制品、锑及锑制品、焦炭、成品油（润滑油、润滑脂、润滑油基础油）、石蜡、部分金属及制品、硫酸二钠、碳化硅、消耗臭氧层物质、柠檬酸、维生素C、青霉素工业盐、铂金（以加工贸易方式出口)、铟及铟制品、摩托车（含全地形车）及其发动机和车架、汽车（包括成套散件）及其底盘等。其中，对向港、澳、台地区出口的天然砂实行出口许可证管理，对标准砂实行全球出口许可证管理。

消耗臭氧层物质的货样广告品需凭出口许可证出口。企业以一般贸易、加工贸易、边境贸易和捐赠贸易方式出口汽车、摩托车产品，需申领出口许可证；以工程承包方式出口汽车、摩托车产品，需凭中标文件等相关证明材料申领出口许可证；企业以上述贸易方式出口非原产于中国的汽车、摩托车产品，需凭进口海关单据和货物出口合同申领出口许可证；其他贸易方式出口汽车、摩托车产品免予申领出口许可证。

(3) 以边境小额贸易方式出口以招标方式分配出口配额的货物和属于出口许可证管理的消耗臭氧层物质、摩托车（含全地形车）及其发动机和车架、汽车（包括成套散件）及其底盘等货物的，需按规定申领出口许可证。以边境小额贸易方式出口属于出口配额管理的货物的，由有关地方商务主管部门（省级）根据商务部下达的边境小额贸易配额和要求签发出口许可证。以边境小额贸易方式出口本款上述以外的列入目录的货物，免于申领出口许可证。

(4) 铈及铈合金（颗粒 $<500\mu m$）、钨及钨合金（颗粒 $<500\mu m$）、锆、铍的出口免于申领出口许可证，但需按规定申领两用物项和技术出口许可证。

(5) 我国政府对外援助项下提供的目录内货物不纳入出口配额和出口许可证管理。

对上述商品实行出口许可证管理制度是我国维护国家整体利益，保证出口贸易健康有序发展的重要手段。根据我国出口许可证管理制度规定，出口企业出口许可证管理范围内商品，必须在货物出口前向出口许可管理部门取得货物出口许可，在货物出口报关时向海关提供出口许可证，否则海关拒绝其报关。

二、出口许可证申领

出口单位出口许可证管理范围内商品时，必须按规定于货物出口报关前申请取得货物出口许可证。企业申请时首先明确该合同商品是否确实属于出口许可证管理范围内商品以及该商品属于哪个发证机关发证。其次认真填写出口许可证申请表，于货物出口报关前向有权签发该商品出口许可的发证机关办理出口许可证申请手续。实行网上申领的，应当如实地在线填写电子申请表并传送给相应的发证机构。

企业申领出口许可证一般须提交下列文件、资料：

(1) 加盖申请办证企业公章的出口许可证申请表。

(2) 出口合同的复印件一式两份。其中，一份由发证机关留存，一份加盖出口许可证专用章后退回申领单位，作为出口许可证的一部分，报关时交海关验核。

(3) 有关出口货物配额或者其他有关批准文件。

(4) 第一次申领许可证的企业，提交加盖对外贸易经营者备案登记专用章的《对外贸易经营者备案登记表》或《中华人民共和国进出口企业资格证书》或《外商投资企业批准证书》（复印件）。

发证机关审核出口单位申请，经审核，如认为手续完备且符合有关规定，一般于3个工作日内签发许可证。已领取的出口许可证如遗失，经营者应当立即向许可证证面注明的出口口岸地海关及相关发证机构书面报告，并在全国性经济类报刊中登载“遗失声明”，发证机构凭遗失声明，并经核实该证确未通关后，可注销该证，并核发新证。

三、出口许可证申请表及出口许可证的缮制

出口单位申请出口许可证，须向发证机关填写出口许可证申请表，提出书面申请。发证机关根据出口许可证申请表内容签发出口许可证。由于出口许可证与出口许可证申请表的项目、结构、内容基本相同，发证机关发证时往往要求出口企业填写出口许可证申请表时将出口许可证部分内容事先填好，待其审核通过时签字盖章即可。出口许可证与出口许可证申请表用中文填写，方法如下：

（1）领证和发货单位名称及编码。这两栏一般填写出口及出口合同履约单位的名称及其编码。填写时除应注意填写上述单位全称外，须将单位编码写在规定的方格内（每格一个数字）。

（2）出口许可证编号。出口许可证编号及出口许可证申请表中的“初审意见”“处领导意见”栏由发证机关填写。

（3）出口许可证有效期。出口许可证有效期按是否实行“一批一证”分两种情况，实行“一批一证”的，出口许可证有效期为 3 个月；不实行“一批一证”的，出口许可证有效期为6 个月。注意：①出口配额和许可证有效期将与自然年度保持一致。根据新办法第三十条，出口许可证的有效期最长不得超过 6 个月，有效期截止时间不得超过当年 12 月 31 日，而旧办法规定出口许可证有效期可延长至次年 2 月底。②发证机构可自当年 12 月 10 日起，签发下一年度出口许可证，有效期自下一年度 1 月 1 日起。③退换出口许可证必须在许可证有效期内办理，出口许可证逾期自行失效，该出口许可证货物数量视为配额持有者自动放弃。

（4）其他，即贸易方式、进口国或地区、合同号、支付方式、报关口岸、运输方式、商品名称及编码、规格等级、单位、数量、单价、总值、折美元、总计。上述内容均按合同和实际情况填写，并与报关单内容保持一致。

示范操作

中华人民共和国出口许可证申请表

<table>
<tr><td>1. 出口商：
昆山飞扬食品进出口公司
领证人姓名：李莉</td><td>代码：

电话：</td><td>3. 出口许可证号：</td></tr>
<tr><td>2. 发货人：
昆山飞扬食品进出口公司</td><td>代码：</td><td>4. 出口许可证有效截止日期：

2016 年 12 月 31 日</td></tr>
<tr><td colspan="2">5. 贸易方式：一般贸易</td><td>8. 进口国（地区）：德国</td></tr>
</table>

图 2－2　出口许可证申请表

6. 合同号：SC009616			9. 付款方式：即期信用证		
7. 报关口岸：吴淞海关			10. 运输方式：海运		
11. 商品名称：葡萄罐头			商品编码：2008999090		
12. 规格、等级	13. 单位	14. 数量	15. 单价（币别）	16. 总值（币别）	17. 总值折美元
450 克×12 罐/纸箱	纸箱	1000	EUR 14.00	EUR14000.00	USD15062.51
18. 总　计		1000		EUR14000.00	USD15062.51
19. 备　注 申请单位盖章			20. 签证机构审批（初审）： 经办人：		
申领日期：			终审：		

填表说明：1. 本表应用正楷逐项填写清楚，不得涂改、遗漏，否则无效；

2. 本表内容需打印多份许可证的，请在备注栏内注明。

备注：1 欧元＝7.4298 人民币元　1 美元＝6.9057 人民币元

图 2－2　出口许可证申请表（续）

任务三　原产地证

学习目标

1. 掌握原产地证的相关内容
2. 掌握一般原产地证及普惠制产地证书填制方法

任务情境

昆山飞扬食品进出口公司与德国天空海外贸易公司就出口一批葡萄罐头达成协议并签订合同，对方开来的信用证要求提供普惠制原产地证书，昆山飞扬食品进出口公司备好货准备去商检机构办理普惠制原产地证书。

工作任务：单证员根据任务情境、合同及相关资料向主管部门申请原产地证。

知识链接

一、原产地证

原产地证书是出口国政府主管部门的授权机构、商会或出口商及制造商根据相关的原产地规则签发的证明货物原产地或制造地的一种具有法律效力的证明文件。原产地证也是进口国对货物确定税率待遇，进行贸易统计，实行数量限制和控制从特定国家进口的主要依据之一。我国与很多国家签署了贸易协定，达成了很多关税减免和优惠安排，因此企业应掌握原产地证相关知识，了解税收相关优惠政策，便于企业顺利开展进出口业务。

原产地证书按作用不同，分为一般原产地证书和普惠制原产地证书。一般原产地证书（Certificate of Origin）是出口国的特定机构出具的证明其货物为该国（地区）原产的一种证明文件，也是进口国为根据进口产品的不同来源进行贸易统计，实行数量限制和控制从特定国家进口及实行差别关税待遇。外贸企业出口商品到非给惠国（或出口非给惠商品到给惠国），可向出入境检验检疫局或中国国际贸易促进委员会（CCPIT）申请签发一般原产地证书。

普惠制原产地证书（Generalized System of Preferences Certificate of Origin）是依据给惠国要求而出具的能证明出口货物原产自受惠国的证明文件，并能使出口货物在给惠国享受普惠制优惠关税待遇。普惠制原产地证书格式使用最广泛的是格式 A（FORM A）。我国普惠制原产地证书由国家出入境检验检疫局统一管理，由各地的进出口商品检验局及其分支机构负责签发，其证书所列明商品必须符合给惠国原产地规则。

二、一般原产地证申领和缮制

1. 一般原产地证明书的签发程序及基本材料

出口企业根据合同或信用证填写一般原产地证书及其申请书；并在货物出运（报关）前 3 天持填好的相关资料到出入境检验检疫局或贸促会办理一般原产地证书签发手续，出入境检验检疫局或贸促会按出口企业的申请，对其提交的一般原产地证书、一般原产地证书申请书以及其他资料进行审核，如无误，在一般原产地证书上第 12 栏签字盖章。签证机构只签发原产地证正本一份，副本三份，其中一正二副交申请企业。另一副本、申请书、商业发票等有关文件，由签证机构存档。

提交材料具体如下：

（1）《中华人民共和国出口货物原产地证明书/加工装配证明书申请书》一份；

（2）《中华人民共和国出口货物原产地证明书》一式四份（一正三副）；

（3）正式出口商业发票正本一份，如发票内容不全，另附装箱单（盖章，不得涂改）。

2. 一般原产地证的缮制

（1）第一栏：Exporter（出口商名称、地址、国别）。此栏出口商名称必须是经检验检疫局登记注册，必须填明在中国境内的出口商详细地址、国名（CHINA，本栏不得留空）。

（2）第二栏：Consignee（收货人名称、地址、国别）。此栏应填写最终收货人名称，即提单通知人或信用证上特别声明的收货人，如最终收货人不明确或为中间商时可填“TO ORDER”字样。

（3）第三栏：Means of transport and route（运输方式和路线）。填明装货港、目的港名称及运输方式（海运、空运或陆运）。经转运的，应注明转运地。

（4）第四栏：Country/region of destination（目的地国家/地区）。本栏填写货物最终运抵港，一般应与最终收货人或最终目的港国别一致，不能填写中间商国家名称。

（5）第五栏：For certifying authority use only（签证机构用栏）。此栏留空，通常是在签发重发/补发证书或加注其他声明时使用。

（6）第六栏：Marks and numbers（运输标志/唛头）。此栏应与出口发票上唛头一致，不可简单地填写“AS PER INVOICE NO. …”（按照发票）或者“AS PER B/L NO. …”（按照提单）；唛头不得出现中国以外的地区和国家制造的字样，也不能出现香港、澳门、台湾原产地字样（例如：MADE IN TAIWAN，HONG KONG PRODUCTS 等）；如货物无唛头应填“N/M”或“NO MARK”。如唛头过多，此栏不够填则打上（SEE THE ATTACHMENT）。

（7）第七栏：Number and kind of packages；description of goods（商品名称、包装数量及种类）。此栏应填明商品具体名称，在商品名称后须加上大写的英文数字并用括号加上阿拉伯数字及包装种类或度量单位，如：SIX HUNDRED AND FIFTY（650）CARTONS OF CANNED GRAPES。同批货物有不同品种必须注明总包装箱数，最后加上截止线，以防止伪造内容。国外信用证有时要求填具合同、信用证号码等，可加在截止线下方空白处。

（8）第八栏：H. S Code（商品编码）

此栏要求填写四位、六位或八位数的 HS 编码，与报关单一致。若同一证书包含有几种商品，则应将商品和相应的税目号对应填写。此栏不得留空。

（9）第九栏：Quantity（数量和重量）。填写出口货物的计量单位。如以重量计量，应加注毛重缩写“G. W”或净重缩写“N. W”。

（10）第十栏：Number and date of invoices（发票号码及日期）。此栏不得留空。月份一律用英文（可用缩写）表示，此栏的日期必须按照正式商业发票填具，发票日期不得迟于出货日期。例如：FS32006 MAR. 01，2016。

（11）第十一栏：Declaration by the exporter（出口方声明）。该栏由申领单位已在签证机构注册的人员签字并加盖企业中英文的印章，并填写申领地点和日期，该栏日期不得早于发票日期（第十栏），最早为同一天。

（12）第十二栏：Certification（签证机构证明）。申请单位在此栏填写签证日期和地点，由签证机构已授权的签证人签名、盖章。日期不得早于发票日期，不得晚于当前日期，可与第十一栏同一天。

三、普惠制原产地证书申领和缮制

1. 普惠制原产地证书的签证条件

符合下列条件的出口商品，可以申请签发普惠制产地证书：

（1）出口到正式通知对我国实行普惠制待遇的给惠国家。

（2）该商品是给惠国给惠方案中给予我国普惠制待遇的商品。

（3）该商品是“完全原产产品”或虽含有进口成分，但符合原产地规则中的“加工标准”或“百分比标准”等有关规定。

（4）申请单位必须预先在出入境检验检疫局办理注册登记手续。

2. 申领程序及提交材料

出口企业根据合同或信用证填写普惠制原产地证书（FORM A）及其申请书，并且应在货物出运（报关）前5天持相关资料到出入境检验检疫局办理普惠制原产地证书签发手续，出入境检验检疫局对出口企业所提交的签证资料进行审核，如无误，即在普惠制原产地证书上第十一栏签字盖章，将其退给出口企业。

提交材料具体如下：

（1）普惠制原产地证明书申请书一份；

（2）缮制正确、清楚，并经申请单位手签人员手签并加盖公章的《普惠制原产地证明书（FORM A）》一套（一正二副）；

（3）正式出口商业发票正本一份，须加盖出口企业专用章并不得涂改，如发票内容不全，另附装箱单；

（4）对以来料加工，进料加工贸易方式下的出口商品，还应提交有关的来料凭证。

（5）出口含有进口成分的产品时还需要提供“产品成本明细单”。

（6）出口合同、信用证等（商检机构认为必要时提供）。

3. 普惠制原产地证书的缮制

普惠制产地证书采用联合国贸易和发展会议统一规定的证书格式，一正两副。证书用英文或法文填写，共有12栏，格式和各栏的填制要求如下：

（1）第一栏：GOODS CONSIGNED FROM（出口商名称、地址、国家）。此栏带有强制性，出口商名称必须经商检局登记注册，必须填明在中国境内出口商的详细地址、国名。

（2）第二栏：GOODS CONSIGNED TO（收货人名称、地址、国家）。该栏应填给惠国最终收货人名称，即信用证上规定的提单通知人或特别声明的受货人，如最终收货人不明确，可填发票抬头人，但不可填中间转口商的名称。

欧盟、挪威对此栏是非强制性要求，如果商品直接运往上述给惠国，而且进口商要求将此栏留空时，则可以不填。

（3）第三栏：MEANS OF TRANSPORT AND ROUTE（运输工具及线路）

本栏一般填写三项内容：提单或其他运输单据的签发日期（可省略）；运输方式（如海运、陆运、空运）；启运地，转运地，目的地。

例如：（ON/AFTER APR. 21，2016）FORM SHANGHAI，CHINA TO LONDON，U. K. VIA（W/T）HONG KONG BY SEA。

（4）第四栏：FOR OFFICIAL USE（供官方使用）。此栏由签证机构填写，申请人不用填写。

（5）第五栏：ITEM NUMBER（商品顺序号）。如同批出口货物有不同品种，则按不同品种、发票号等分列“1”“2”“3”……以此类推。单项商品，此栏填“1”。

（6）第六栏：MARKS AND NUMBERS OF PACKAGES（唛头及包装号码）。此栏应与

出口发票上唛头一致，不可简单地填写“AS PER INVOICE NO. …”（按照发票）或者“AS PER B/L NO. …”（按照提单）；唛头不得出现中国以外的地区和国家制造的字样，也不能出现香港、澳门、台湾原产地字样（例如：MADE IN TAIWAN，HONG KONG PRODUCTS 等）；如货物无唛头应填“N/M”或“NO MARK”。如唛头过多，此栏不够填则打上（SEE THE ATTACHMENT）。

（7）第七栏：NUMBER AND KIND OF PACKAGES；DESCRIPTION OF GOODS（包装件数、种类及商品名称）。此栏填写应注意：

①包件数量必须用英文和阿拉伯数字同时表示，如 ONE HUNDRED AND FIFTY（150）CARTONS OF DOOR LOCKS。

②数量、品名要求在一页内打完，如果内容过长，则可以合并包装箱数，品名合并。例如：ONE HUNDRED AND FIFTY（150）CARTONS OF GLOVE，SCARF，TIE，CAP。

③包装必须填写具体的包装种类（例如：POLYWOVEN BAG，DRUM，PALLET，WOODEN CASE 等），不能只填写“PACKAGE”。如果没有包装，应填写“NUDE CARGO”（裸装货），“IN BULK”（散装货），“HANGING GARMENTS”（挂装）。

④商品名称必须具体填明（具体到能找到相对应的 4 位 HS 编码），不能笼统填“MACHINE”（机器）、“GARMENT”（服装）等。对一些商品，例如：玩具电扇应注明为“TOYS：ELECTRIC FANS”，不能只列“ELECTRIC FANS”（电扇）。

⑤商品的商标、牌名（BRAND）及货号（ARTICLE NUMBER）一般可以不填。

⑥商品名称等项列完后，应在下一行加上表示结束的符号，以防止加填伪造内容。国外信用证有时要求填写合同、信用证号码等，可加填在此栏空白处。例如：

SIX HUNDRED AND FIFTY（650）CARTONS OF CANNED GRAPES

L/C NO. AME200135T

S/C NO. SC2016024

****

（8）第八栏：ORIGIN CRITERION（原产地标准）。

①完全原产品，不含任何进口成分，出口到所有给惠国，填“P”。

②含有进口成分的产品，出口到欧盟、挪威、瑞士、日本、土耳其，填“W”，其后加上出口产品的 HS 品目号，如“W”85. 13。条件：产品列入了上述给惠国的“加工清单”符合其加工条件；产品未列入“加工清单”，但产品生产过程中使用的进口原材料和零部件要经过充分的加工，产品的 HS 品目号不同于所用的原材料或零部件的 HS 品目号。

③含有进口成分的产品，出口到加拿大，填“F”。条件：进口成分的价值未超过产品出厂价的 40%。

④含有进口成分的产品，出口到俄罗斯、乌克兰、白俄罗斯、哈萨克斯坦等，填“Y”，其后加上进口成分价值占该产品离岸价格的百分比，如“Y”38%。条件：进口成分的价值未超过产品离岸价的 50%。

⑤输往澳大利亚、新西兰的商品，此栏可以留空。

（9）第九栏：GROSS WEIGHT OR OTHER QUANTITY（毛重或其他数量）。此栏应以商品的正常计量单位填，如“只”“件”“双”“台”“打”等。例：560 DOZ 或 620 KG；

以重量计算的则填毛重，只有净重的，填净重亦可，但要标上 N. W. （NET WEIGHT）。

（10）第十栏：NUMBER AND DATE OF INVOICES（发票号码及日期）。此栏不得留空。月份一律用英文（可用缩写）表示，此栏的日期必须按照正式商业发票填具，发票日期不得迟于出货日期。例如：FS32006 MAR. 01，2016。

（11）第十一栏：CERTIFICATION（签证当局证明）。此栏填打检验检疫局的签证地点、日期。例如：HANGZHOU CHINA，MAR. 06，2016。

出入境检验检疫局签证人经审核后在此栏（正本）签名，盖签证印章。本栏签发日期不得早于第 10 栏发票日期和第 12 栏申报日期，而且应早于货物的出运日期（第 3 栏）。

（12）第十二栏：DECLARATION BY THE EXPORTER（出口商声明）。在生产国横线上填英文的“中国”（CHINA）。进口国横线上填最终进口国，进口国必须与第三栏目的港的国别一致。凡货物运往欧盟十五国范围内，进口国不明确时，进口国可填 EU。

另外，申请单位应授权专人在此栏手签，标上申报地点、日期，并加盖申请单位中英文印章。手签人手迹必须在检验检疫局注册备案，并保持相对稳定。例如：HANGZHOU CHINA，MAR. 05，2016。

注：此栏日期不得早于发票日期（第 10 栏），最早是同日。盖章时应避免覆盖进口国名称和手签人姓名。本证书一律不得涂改，证书不得加盖校对章。

示范操作

普惠制原产地证

<table>
<tr><td colspan="3">1. Goods consigned from （Exporter’s business name，address，country）*
KUNSHAN FLY FOOD IMPORT & EXPORT CORP.
NO. 18，HUBIN ROAD，KUNSHAN，CHINA</td><td colspan="3" rowspan="2">Reference No.
GENERALIZED SYSTEM OF PREFERENCE
CERTIFICATE OF ORIGIN
（Combined declaration and certificate）
FORM A
Issued in THE PEOPOE’s REPUBLIC OF CHINA
（Country）

See Noted Overleaf</td></tr>
<tr><td colspan="3">2. Goods consigned to （Consignee’s name，address，country）
SKY OVERSEAS TRADING CO. LTD.
100 RHINE ROAD HAMBURG，GERMANY</td></tr>
<tr><td colspan="3">3. Means of transport and route （as far as known）
FROM SHANGHAI TO HAMBURG BY SEA</td><td colspan="3">4. For official use</td></tr>
<tr><td>5. Item Number</td><td>6. Marks and numbers of packages *</td><td>7. Number and kind of packages；description of goods *</td><td>8. Origin criterion （see Notes overleaf）</td><td>9. Gross weight or other quantity</td><td>10. Number and date of Invoices</td></tr>
<tr><td>1</td><td>SKY
SC009616
GERMANY
NO. 1 - 1000</td><td>ONETHOUSAND （1000） CARTONS OF CANNED GRAPES
************************</td><td>“P”</td><td>5960 KGS</td><td>INV007524
OCT. 26，2016</td></tr>
</table>

图 2-3　普惠制原产地证

11. Certification It is hereby certified, on the basis of control carried out, the declaration by the exporter is correct. -- Place and date. signature and stamp of certifying authority	12. Declaration by the exporter The undersigned hereby declares that the above detail and statements are correct that the goods were produced in CHINA -- and that they comply with the original requirements specified for those goods in the Generaliderl System of Preferences for goods exported to GERMANY -- (import country) -- Place and date, signature of authorized signatory

图 2－3　普惠制原产地证（续）

能力训练

一、选择题

1. 我国对小麦进口实行（　　）管理，对小麦出口实行（　　）管理。

A. 配额许可证，配额许可证　　B. 关税配额，关税配额

C. 配额许可证，关税配额　　D. 关税配额，配额许可证

2. 进口许可证有效期为（　　）。

A. 1 年　　B. 6 个月　　C. 3 个月　　D. 9 个月

3. 下列列入自动进口许可管理货物目录的货物，可免交自动进口许可证的是（　　）。

A. 用于在北京开展的 3G 手机研讨会使用的从国外进口的仪器、设备

B. 用于加工贸易项下进口并复出口的原油

C. 外商投资企业作为投资进口的旧机电产品

D. 每批次价值超过 5000 元人民币的进口货样广告品

4. 出口商在申请出口许可证时，要填明出口商品的（　　）。

A. 数量　　B. 价格　　C. 币种　　D. 以上都是

5. 2017 年实行出口许可证管理的商品有出口配额许可证、出口配额招标和出口许可证管理，其中实行出口配额许可证管理的商品是（　　）。

A. 大米　　B. 牛肉　　C. 矾土　　D. 镁砂

6. 2017 年实行出口许可证管理的商品有出口配额许可证、出口配额招标和出口许可证管理，其中实行出口许可证管理的商品是（　　）。

A. 大米　　B. 棉花　　C. 猪肉　　D. 原油

7. 原产地的判断标准（　　）。

A. 完全在一个国家（地区）获得的货物，以该国（地区）为原产地

B. 两个以上国家（地区）参与生产的情况下完成的，以第一个参与的国家/地区为原产地

C. 两个以上国家（地区）参与生产的情况下完成的，以第二个参与的国家/地区为原产地

D. 两个以上国家（地区）参与生产的情况下完成的，两个国家/地区都为原产地

8. 遗失、损毁或货物出运后申请签发的产地证，申请日期和签发日期应填打（　　）。

A. 客户要求的申请日期和签发日期

B. 实际的申请日期和签发日期

C. 按货物实际出运日期

D. 按原签发产地证的申请日期和签发日期

9. 在办理改证重发时，如果原证已经贸促会签字盖章，则下列描述正确的有（　　）。

A. 仅将 1 个正本退回即可

B. 须退回 1 个正本，2 个副本

C. 须退回已经签发的 1 个正本和所有副本

D. 无需退回原已经签发的产地证原件

10. 在产地证网上申领系统中，申请地点及签署地点，填写内容正确的有（　　）。

A. 申请地点：NAJING　　签署地点：CHINA

B. 申请地点：NANJING，CHINA　　签署地点：JIANGSU，CHINA

C. 申请地点：NANJING，CHINA　　签署地点：NANJING，CHINA

D. 申请地点：本公司　　签署地点：南京贸促会

二、判断题

1. 出口许可证的有效期最长不得超过 6 个月。跨年度使用时，有效期截止时间不得超过次年的 3 月 31 日。（　　）

2. 进口属于进口许可证管理的货物，收货人在货物进境后，办理海关报关手续前，应向相应的发证机构提交进口许可证申请，并取得进口许可证。（　　）

3. 我国进出口许可证的发证机构是商务部配额许可证事务局。（　　）

4. 消耗臭氧层物质的货样广告品需凭出口许可证出口。（　　）

5. 以一般贸易、加工贸易、边境贸易和捐赠贸易方式出口汽车、摩托车产品，不需要申领出口许可证。（　　）

三、制单操作题

根据以下材料制作普惠制产地证书：

DOC. CREDIT NUMBER	*20：LC－530－085405
DATE OF ISSUE	31 C：171001
DATE AND PLACE OF EXPIRY	*31 D：DATE171201 IN CHINA

ISSUING BANK 52A：FUSHI BANK LTD. TOKYO.
APPLICANT *50：HJ DESIGN PTE LTD.
11GUL CIRCLE，JAPAN
BENEFICIARY *59：GUANGZHOU JIADUN GROUP IMP. &EXP. CO. LTD.
218 BINJIANG ROAD GUANGZHOU CHINA
AMOUNT *32 B：CURRENCY JPY AMOUNT4800000. 00
AVAILABLE WITH / BY *41 D：BANK OF CHINA，GUANGZHOU BRANCH
DRAFTS AT … 42 C：DRAFTS AT SIGHT FOR FULL INVOICE COST
PARTIAL SHIPMENTS 43 P：NOT ALLOWED
TRANSSHIPMENT 43 T：ALLOWED
PORT OF LOADING/ 44 E：GUANGZHOU PORT
FOR TRANSPORTATION TO … 44 B：NAGOYA PORT
LATEST DATE OF SHIPMENT 44 C：171110
DESCRIPT OF GOODS 45 A：LADY' S HANDBAG AS PER S/C NO. HJ017145

MARKS & NO	DESCRIPTION OF GOODS	QUANTITY	UNIT PRICE	AMOUNT
LAAUSER NAGOYA C/N. 1 –2400 MADE IN CHINA	LADY'S HANDBAG COLOUR：RED	2400BALES	FOB GUANGZHOU JPY2000. 00	JPY4800000. 00

DOCUMENTS REQUIRED 46 A：

+ SIGNED COMMERCIAL INVOICE，2 ORIGINAL AND 4 COPIES.

+ PACKING LIST，1 ORIGINAL AND 4 COPIES.

+ CERTIFICATE OF ORIGIN GSP CHINA FORM A AND EEC，ISSUED BY THE CHAMBER OF COMMERCE OR OTHER AUTHORITY DULY ENTITLED FOR THISPURPOSE.

+ FULL SET OF B/L (3 ORIGINAL AND 5 COPIES) CLEAN ON BOARD，MADEOUT TO ORDER OF SHIPPER AND BLANK ENDORSED AND MARKED " FREIGHTCOLLECT" AND NOTIFY APPLICANT.

补充资料：

1. INVOICE NO：31BBM –017 INVOICE DATE：OCT. 10，2017
2. PACKING：G. W：0. 8KGS/BALE N. W：0. 6KGS/BALEMEAS：0. 02CBM/BALE PACKED IN 2400BALES1 *40' FCL (CONTAINER NO. OOLU5089796，TARE2275)
3. H S. CODE：42021900 CERTIFICATE NO：RL45 –21012
4. B/L NO. ：EB154621 B/L DATE：NOV. 01，2017
5. VESSEL NAME：DANU BHUM V. 5009 转运地：香港

<table>
<tr><td colspan="3">1. Goods consigned from (Exporter's business name, address, country) *</td><td colspan="3" rowspan="2">Reference No.
GENERALIZED SYSTEM OF PREFERENCE
CERTIFICATE OF ORIGIN
(Combined declaration and certificate)
FORM A
Issued in THE PEOPOE's REPUBLIC OF CHINA
(Country) See Noted Overleaf</td></tr>
<tr><td colspan="3">2. Goods consigned to (Consignee's name, address, country)</td></tr>
<tr><td colspan="3">3. Means of transport and route (as far as known)</td><td colspan="3">4. For official use</td></tr>
<tr><td>5. Item Number</td><td>6. Marks and numbers of packages *</td><td>7. Number and kind of packages; description of goods *</td><td>8. Origin criterion (see Notes overleaf)</td><td>9. Gross weight or other quantity</td><td>10. Number and date of Invoices</td></tr>
<tr><td colspan="3">11. Certification
It is hereby certified, on the basis of control carried out, the declaration by the exporter is correct.

Place and date. signature and stamp of certifying authority</td><td colspan="3">12. Declaration by the exporter
The undersigned hereby declares that the above detail and statements are correct that the goods were produced in
CHINA
----
and that they comply with the original requirements specified for those goods in the Generaliderl System of Preferences for goods exported to
----
(import country)

Place and date, signature of authorized signatory</td></tr>
</table>

项目三　开证申请书与信用证

任务一　信用证开证申请书

学习目标

1. 掌握信用证开证申请书的主要内容
2. 掌握信用证开证申请书的缮制方法

任务情境

昆山飞扬公司要从美国进口一批箱包，双方约定的支付方式为信用证。现在，飞扬公司的业务员小李要根据合同内容缮制一份开证申请书，相关资料如下：

开证行：中国农业银行昆山分行

通知行：中国交通银行美国纽约分行

DATE：MAY 25，2015

THE BUYER：KUNSHAN FEIYANG ENTERPRISE GENERAL CORP.

ADDRESS：176 LUJIANG ROAD KUNSHAN，CHINA

TELEX：93052 IECTA CN，TEL：86 – 512 – 2046841

FAX：86 – 512 – 2020396

THE SELLER：BAMA SEA PRODUCTS. INC.

ADDRESS：1499 BEACH DRIVE S. E. ST PELERSBURG. FL 33701，USA

ESCRIPTION OF GOODS：

ORDER NO	GOODS	QUANTITY/PACKAGES	COLOR	UNIT PRICE	G. W.	N. W.	MEAR.
A220	BAGS	2000PCS/100CTNS	GREY	@ USD10/PC	@ 10KGS	@ 8KGS	@ 22cm × 32cm × 32cm
A320	BAGS	4000PCS/200CTNS	WHITE	@ USD15/PC	@ 12KGS	@ 10KGS	@ @ 20cm × 30cm × 30cm

PRICE TERM：CFRXIAMEN

PARTIAL SHIPMENT AND TRANSSHIPMENT ARE PROHIBITTED

SHIPPING MARK： XY

XIAMEN

NO. 1…UP

TIME OF SHIPMENT：BEFORE JULY 15，2015

PLACE AND DATE OF EXPIRY：U. S. A.，AUG 30，2015

PORT OF SHIPMENT：NEWYORK

PORT OF DESTINATION：XIAMEN

INSURANCE：TO BE COVERED BY BUYER.

PAYMENT：

Available With …By… NOTIFYING BANK BY NEGOTIATION

AGAINST SIGHT DRAFTS FOR 100PCT OF INVOICE VALUE AND THE DOCUMENTS DETAILED HEREUNDER.

DOCUMETNS：

1. SIGNED INVOICES IN TRIPLICATE
2. PACKING LIST IN TRIPLICATE
3. FULL SET OF CLEAN ON BOARD BILLS OF LADING MADE OUT TO ORDER AND BLANK ENDORSED NOTIFYING THE APPLICANT WITH FULL NAME AND ADDRESS MARKED FREIGHT COLLECT.
4. CERTIFICATE OF ORIGIN IN DUPLICATE
5. BENEFICIARY'S CERTIFIED COPY OF FAX TO THE APPLICANT WITHIN 1 DAY AFTER SHIPMENT ADVISING GOODS NAME OF VESSEL，INVOICE VALUE，DATE OF SHIPMENT，QUANTITY AND WEIGHT.
6. SHIPPING ADVICE TO BE SENT TO APPLICANT WITHIN TWO DAYS AFTER THE DATE OF B/L

OTHER TERMS AND CONDITIONS：

1. L/C TO BE ISSUED BY TELETRANSMISSION.
2. THE BUYER SHALL BEAR ALL BANKING CHARGES INCURRED INSIDE THE ISSUING BANK.
3. ALL DOCUMENTS MUST BE MAILED IN ONE LOT TO THE ISSUING BANK BY COURIER SERVICE.
4. PRESENTATION PERIOD：WITHIN 10 DAYS AFTER THE DATE OF SHIPMENT.
5. ALL DOCUMENTS MUST MENTION THIS L/C NUMBER AND S/C NO.

工作任务：业务员根据任务情境缮制开证申请书。

知识链接

一、开证申请书基本知识

进口方与出口方签订国际贸易货物进出口合同并确认以信用证为结算方式后，即由进口方向有关银行申请开立信用证。开证申请是整个进口信用证处理实务的第一个环节，进口方应根据合同规定的时间或在规定的装船前一定时间内申请开证，并填制开证申请书，开证行根据有关规定收取开证押金和开证费用后开出信用证。

开证申请人（进口方）在向开证行申请开证时必须填制开证申请书。开证申请书是开证申请人对开证行的付款指示，也是开证申请人与开证行之间的一种书面契约，它规定了开证申请人与开证行的责任。在这一契约中，开证行只是开证申请人的付款代理人。

二、开证申请书的内容

开证申请书主要依据贸易合同中的有关主要条款填制，申请人填制后附合同副本一并提交银行，供银行参考、核对。但信用证一经开立则独立于合同，因而在填写开证申请时应审慎查核合同的主要条款，并将其列入申请书中。

一般情况下，开证申请书都由开证银行事先印就，以便申请人直接填制。开证申请书通常为一式两联，申请人除填写正面内容外，还须签具背面的“开证申请人承诺书”。

三、开证申请书的填制

1. 开证行（TO）

此栏填写开证行名称。

2. 日期（Date）

此栏填写申请开证的日期。如：20150428。

3. 信用证开立方式

此栏共有四个选项，根据开证申请人和受益人的约定选择相应的信用证开立方式。

（1）Issue by airmail，以信开的形式开立信用证。选择此种方式，开证行以航邮将信用证寄给通知行。

（2）With brief advice by teletransmission，以简电开的形式开立信用证。选择此种方式，开证行将信用证主要内容发电预先通知受益人，银行承担必须使其生效的责任，但简电本身并非信用证的有效文本，不能凭以议付或付款，银行随后寄出的“证实书”才是正式的信用证。

（3）Issue by express delivery，以信开的形式开立信用证。选择此种方式，开证行以快递（如：DHL）将信用证寄给通知行。

（4）Issue by teletransmission（which shall be the operative instrument），以全电开的形式开立信用证。选择此种方式，开证行将信用证的全部内容加注密押后发出，该电讯文本为有效的信用证正本。如今大多用“全电开证”的方式开立信用证。

4. 信用证号码（Credit No.）

此栏为信用证号码，由开证行根据开立信用证后填写。

5. 信用证有效期及地点（Date and place of expiry）

此栏为信用证有效期及地点，地点填受益人所在国家。如：20150715 IN THE BENEFICIARY'S COUNTRY。

6. 开证申请人（Applicant）

填写开证申请人名称及地址。开证申请人（applicant）又称开证人（opener），系指向银行提出申请开立信用证的人，一般为进口人，就是买卖合同的买方。开证申请人为信用证交易的发起人。

7. 信用证受益人［Beneficiary（Full name and address）］

填写受益人全称和详细地址。受益人指信用证上所指定的有权使用该信用证的人。一般为出口人，也就是买卖合同的卖方。

8. 信用证通知行（Advising Bank）

填写通知行名址。如果该信用证需要通过收报行以外的另一家银行转递、通知或加具保兑后给受益人，该项目内填写该银行。

9. 信用证金额（Amount）

填写信用证金额，分别用数字小写和文字大写。以小写输入时须包括币种与金额。

如：USD10000.00

U. S. DOLLARS EIGHTY TEN THOUSAND ONLY。

10. 分批装运（Parital shipments）

分批装运条款。填写跟单信用证项下是否允许分批装运。根据双方在合同中的约定在 allowed 或 not allowed 前面的方框内做标记。

11. 转运（Transhipment）

转运条款。填写跟单信用证项下是否允许货物转运。根据双方在合同中的约定在 allowed 或 not allowed 前面的方框内做标记。

12. 起始发运的地点（Loading on board/dispatch/taking in charge at/from）

根据实际情况填写货物起始发运的地点，一般情况下填写装运港。

13. 最迟装运期（Not later than）

填写最后装运期。如：20150610。

14. 目的地（For transportation to）

填写货物最后运抵的地点，一般为目的港。

以上 10 ~ 14 条为开证申请书中关于运输的条款。

15. 成交价格术语

此栏有四个选项，由开证申请人根据合同中的价格术语在 FOB、CFR 和 CIF 中选择其中一个并在其前面的方框内做标记，如果不是这三种贸易术语中的任何一个，则在 or other terms 前面的方框内做标记，并在其后填写具体的贸易术语，如 or other terms DDP。

16. 兑付方式（Credit available with... by...）

此栏为信用证款项指定的付款行及兑付方式的具体支付方式。在 with 后面填写付款行（通常如此），by 后面填写兑付方式，一般情况下付款行是议付行，兑付方式为议付。如果合同中约定信用证为自由议付信用证，银行可用“Credit available with ANY BANK IN（地名/国名）by negotiation”表示。如果合同中约定信用证为自由议付信用证，而且对议付地点也无限制时，可用“Credit available with ANY BANK by negotiation”表示。

17. 付款期限

（1）即期付款（Sight Payment），勾选此项，表示开具即期付款信用证。

即期付款信用证是指受益人（出口商）根据开证行的指示开立即期汇票或无须汇票仅凭运输单据即可向指定银行提示请求付款的信用证。

（2）承兑（Acceptance），勾选此项，表示开具承兑信用证。

承兑信用证是指信用证规定开证行对于受益人开立以开证行为付款人或以其他银行为付款人的远期汇票，在审单无误后，应承担承兑汇票并于到期日付款的信用证。

（3）议付（Negotiation），勾选此项，表示开具议付信用证。

议付信用证是指开证行承诺延伸至第三当事人，即议付行，其拥有议付或购买受益人提交信用证规定的汇票/单据权利行为的信用证。如果信用证不限制某银行议付，可由受益人（出口商）选择任何愿意议付的银行，提交汇票、单据给所选银行请求议付的信用证称为自由议付信用证，反之为限制性议付信用证。

（4）延期付款（Deferred Payment at），勾选此项，表示开具延期付款信用证。如果开具这类信用证，需要写明延期多少天付款，例如：at 30 days from payment confirmation（30天承兑付款）、at 30 days from B/L date（提单日期后30天付款），等等。

延期付款信用证指不需汇票，仅凭受益人交来单据，审核相符，指定银行承担延期付款责任期，延长直至到期日付款。该信用证能够为欧洲地区进口商避免向政府缴纳印花税而免开具汇票外，其他都类似于远期信用证。

18. 汇票条款（Against the documents detailed herein and beneficiary's draft（s）for ______% of invoice value at ________sight drawn on ______.）

这是信用证的汇票条款。信用证这种支付方式一般使用汇票这种支付工具来进行支付，所以信用证开证申请书中一般都会有汇票条款，如果不是以汇票作为支付工具，则此栏不填，若为汇票，则此栏要填三项内容，依次为汇票金额、付款期限和付款行。其中，for ______% of invoice value 中的横线上填写汇票金额为发票金额的百分比，一般情况下这里填100，即汇票金额是发票金额的100%；at ______sight 中间的横线上填写汇票的付款期限，如果是即期，需要填“****”或“------”，不能留空。远期有几种情况：at ××days after date（出票后××天），at ××days after sight（见票后××天）或 at ××days after date of B/L（提单日后××天）等。需要根据实际情况填写；“drawn on”为指定的付款人，注意汇票的付款人应为开证行或指定的付款行。

19. 信用证需要提交的单据（用“X”标明）[Documents required：(marked with X)]

这一项是开证申请书的核心条款，因为信用证业务是纯单据业务，与实际货物无关，所以信用证申请书上应按合同要求以及贸易术语明确写出卖方所应出具的单据，及卖方议付时应向银行提交的单据。由于直接关系到货款的支付，所以单据条款的内容非常详细具体，包括单据的种类，每种单据应显示的内容，正、副本的份数以及出单人等。信用证开证申请书上会列出常见的单据，由开证申请人根据实际情况选择（在所选的单据或填制要求前用“X”标明）。

（1）商业发票条款（Signed commercial invoice in __copies indicating L/C No. and Contract No.）。一般要在此栏括号内用“X”标记，并在横线上注明商业发票的份数。

（2）运输单据条款。如果是卖方办理运输（比如 FOB 以或 FCA 成交），则运输由卖方办理，运输单据不需要卖方出具，这里可以不选。如果是卖方办理运输，并且是海运，比如以 CFR 或 CIF 成交，一般会要求卖方提交海运提单，作成空白抬头、空白背书（made out to order and blank endorsed），注明“运费已付”（Freight Prepaid），并按合同约定选择是否要注明运费（showing freight amount），以及提单的通知人（notifying ）。如果由卖方办理运输，并且是别的运输方式，比如航空运输，就要选择航空运单，并在相应的栏目填写航空运单的相关事项。

（3）保险单据条款。如果是卖方办理保险，则要选择保险单据（Insurance Policy/Certificate），并根据合同约定填写保险单据的份数（in ______ copies ），保险金额（for ______ % of the invoice value ），赔付地点和赔付币别（showing claims payable in ______ in currency of the draft），以及投保险别（covering All Risks，War Risks and ____）。

（4）包装单据条款。一般情况下，出口方要提交包装单据（Packing List/Weight Memo），开证申请人要在此栏横线上填写包装单据的份数（in ______ copies）。

（5）数量/重量证明条款。如果需要出具数量或重量证明（Certificate of Quantity/Weight ），申请人要在此栏括号内用“X”标记，然后在此栏的横线上分别填写需要单据的份数（in ______copie）以及出具的单位（issued by ______）。

（6）品质证书条款。如果需要出具品质证书（Certificate of Quality），申请人要在此栏括号内用“X”标记，然后在此栏的横线上分别填写需要单据的份数（in ______ copies），并在出具的单位（issued by [　] manufacturer/ [　] public recognized survey）前的方框内用“X”标记，或者在横线上填写合同中约定的证书出具机构（or ______）。

（7）产地证书条款。如果需要出具产地证明（Certificate of Origin ），申请人要在此栏括号内用“X”标记，然后在此栏的横线上填写需要单据的份数（in ______ copie）。

（8）受益人证明（装船通知）。如果由卖方负责装船，一般会要求卖方提供装船通知（Beneficiary's certified copy of fax / telex dispatched to the applicant），这样，申请人就要在此栏括号内用“X”标记，然后在此栏的横线上填写装运通知的发出时间（within ______ days …）

（9）其他单据。如果除了上述 8 种单据，还需要其他单据（Other documents，if any），则申请人在此栏填写具体的单据名称、份数及填制要求。如果不需要，则此栏留空不填。

20. 货物描述条款（Description of goods）

此栏根据合同中的货物描述内容填写，要求与合同中的完全一致。

21. 附加条款（Additional instructions）

附加条款是对以上 20 条内容未述之情况的补充和说明，且包括对银行的要求等，申请人根据实际情况选择并填写具体内容。

（1）银行费用负担条款。如果双方约定除了开证行以外的所有银行费用由受益人承担，则此栏括号内用“×”标记。

（2）单据提交日期条款。如果双方约定好了单据的提交期限，则申请人此栏括号内用“×”标记，并在横线上注明具体的提交期限（within ______ days after …）。

所需单据须在运输单据出具日后______天内提交，但不得超过信用证有效期。

（3）第三方提单条款。如果双方约定不使用第三方提单，不使用简式/背面空白提单，则申请人此栏括号内用“×”标记。

（4）信用证数量及金额允许增减的百分比条款。如果双方约定好了数量及信用证金额允许有增减（Both quantity and credit amount ____ % more or less are allowed），则申请人此栏括号内用“×”标记，并在横线上注明具体的可以增减的百分比。

（5）单据提交方式条款。如果双方约定单据必须一次性通过挂号信或快递给开证行，则申请人此栏括号内用“×”标记。

（6）其他条款（Other terms，if any）。如果除了上述5条附加条款，申请人还有其他内容需要说明，则在此栏括号内用“×”标记，并列明具体内容。

示范操作

IRREVOCABLE DOCUMENTARY CREDIT APPLICATION

TO：Agricultural Bank of China，KunShan Branch	Date：MAY 25，2015
□Issue by airmail　□With brief advice by teletransmission □Issue by express delivery ☑ Issue by teletransmission（which shall be the operative instrument）	Credit No. Date and place of expiry U. S. A.，AUG 30，2015
Applicant KUNSHAN FEIYANG ENTERPRISE GENERAL CORP. ADDRESS：176 LUJIANG ROAD KUNSHAN，CHINA XIAMEN YINCHENG ENTERPRISE GENERAL CORP. TELEX：93052 IECTA CN，TEL：86－512－2046841 FAX：86－512－2020396	Beneficiary（Full name and address） BAMA SEA PRODUCTS. INC. ADDRESS：1499 BEACH DRIVE S. E. ST PELERSBURG. FL 33701，USA
Advising Bank COMMUNICATION BANK OF CHINA，NEWYORK BRANCH	Amount USD80，000.00 SAY U. S. DOLLARS EIGHTY THOUSAND ONLY

图3－1　信用证开证申请书

Partial shipments ☐allowed ☑ not allowed	Transhipment ☐allowed ☑ not allowed	Credit available with NOTIFYING BANK By ☐sight payment ☐acceptance ☑ negotiation ☐deferred payment at against the documents detailed herein ☑ and beneficiary's draft (s) for 100 % of invoice value at ******** sight drawn on ISSUING BANK
Loading on board/dispatch/taking in charge at/from NEWYORK Not later than JULY 15, 2015 For transportation to: XIAMEN		
☐FOB ☑ CFR ☐CIF ☐or other terms		

Documents required: (marked with X)

1. (×) Signed commercial invoice in 3 copies indicating L/C No. and Contract No.
2. (×) Full set of clean on board Bills of Lading made out to order and blank endorsed, marked "freight [ ] to collect/ [X] prepaid [ ] showing freight amount" notifying APPLICANT ______.
   ( ) Airway bills/cargo receipt/copy of railway bills issued by ______ showing "freight [ ] to collect/ [ ] prepaid [ ] indicating freight amount" and consigned to ______.
3. ( ) Insurance Policy/Certificate in ______ copies for ______ % of the invoice value showing claims payable in ______ in currency of the draft, blank endorsed, covering All Risks, War Risks and ______.
4. (×) Packing List/Weight Memo in 3 copies indicating quantity, gross and weights of each package.
5. ( ) Certificate of Quantity/Weight in ______ copies issued by ______.
6. ( ) Certificate of Quality in ____ copies issued by [ ] manufacturer/ [ ] public recognized survey or ______.
7. (×) Certificate of Origin in 2 copies .
8. (×) Beneficiary's certified copy of fax/telex dispatched to the applicant within 1 days after shipment advising L/C No., name of vessel, date of shipment, name, quantity, weight and value of goods.

Other documents, if any

SHIPPING ADVICE TO BE SENT TO APPLICANT WITHIN 2 DAYS AFTER THE DATE OF B/L

Description of goods:

ORDER NO	GOODS	QUANTITY/ PACKAGES	COLOR	UNIT PRICE	G. W.	N. W.	MEAR.
A220	BAGS	2000PCS/ 100CTNS	GREY	@10/PC	@10KGS	@8KGS	@22CM × 32CM × 32CM
A320	BAGS	4000PCS/ 200CTNS	WHITE	@15/PC	@12KGS	@10KGS	@@20CM × 30CM × 30CM

Additional instructions:

1. (×) All banking charges outside the opening bank are for beneficiary's account.
2. (×) Documents must be presented within 10 days after date of issuance of the transport documents but within the validity of this credit.
3. ( ) Third party as shipper is not acceptable, Short Form/Blank back B/L is not acceptable.
4. ( ) Both quantity and credit amount ______ % more or less are allowed.
5. (×) All documents must be sent to issuing bank by courier/speed post in one lot.
   ( ) Other terms, if any

图 3-1 信用证开证申请书（续）

任务二　信用证

学习目标

1. 掌握信用证的主要内容和信用证分析的方法
2. 掌握信用证审核的方法

任务情境

昆山纺织品进出口公司的单证员小王收到了一份由中国银行广州分行转交过来的信用证，业务主管要求小王分析并审核该信用证，信用证的内容如下：

Sequence of Total	27：1 / 1
Doc. Credit Number	20：AIB. IM2014063506
Date of Issue	31 C：20140624
Expiry	31 D：Date　20140815　Place CHINA
Applicant Bank	51 A：AIBKIE2DXXX AIB BANK DUBLIN
Applicant	50 B：AND C CANTWELL，MEADOWLANDS GRANTSTOWN COWATERFORD
Beneficiary	59：GUANGDONG TEXTILES IMPORT AND EXPORT COTTON MANUFACTURED GOODS CO 14/F GUANGDONG TEXTILES MANSIONS，168 XIAO BEI RD GUANGZHOU CHINA
Amount	32 B：Crrency USD Amount 20060，00
Available with/ by	41 A：AIBKE2DXXX AIB BANK DUBLIN BY ACCEPTANCE
Drafts at	42 C：30 DAYS SIGHT
Drawee	42 A：AIBKE2DXXX AIB BANK DUBLIN
Partial Shipments	43：PROHIBITED
Transshipment	43 T：PERMITTED
Loading in charge	44 A：GUANGZHOU CHINA
For transport to	44 B：DUBLIN，IRELAND
Descript. of goods	45 A：DRAWER SLIDES AND HANDLES CIF DUBLIN，IRELAND
Documents required	46 A： +SIGNED INVOICES IN TRIPLICATE

	+FULL SET OF CLEAN ON BOARD MARINE BILLS OF LADING CONSIGNED TO ORDER, BLANK ENDORSED, MARKED FREIGHT PREPAID AND CLAUSED NOTIFY APPLICANT +INSURANCE POLICY/CERTIFICATE BLANK ENDORSED COVERING ALL RISKS FOR 10 PER CENT ABOVE THE CIF VALUE +CERTIFICATE OF CHINA ORIGIN ISSUED BY A RELEVANT AUTHORITY +PACKING LIST
Additional cond.	47 A: +PLEASE FORWARD ALL DOCUMENTS TO ALLIED IRISH BANKS, TRADE FINANCE SERVICES, CARRISBROOK HOUSE, BALLSBRIDGE, DUBLIN 4. +IF BILLS OF LADING ARE REQUIRED ABOVE, PLEASE FORWARD DOCUMENTS IN TWO MAILS, ORIGINALS SEND BY COURIER AND DUPLICATES BY REGISTERED AIRMAIL
Details of Charges	71 B: BANK CHARGES EXCLUDING ISSUING BANKS ARE FOR ACCOUNT OF BENEFICIARY
Presentation Period	48: DOCUMENTS TO BE PRESENTED WITHIN 21 DAYS FROM SHIPMENT DATE
Confirmation	49: WITHOUT
Instructions	78: DISCREPANT DOCUMENTS, IF ACCEPTABLE, WILL BE SUBJECT TO A DISCREPANCY HANDLING FEE OF EUR100, 00 OR EQUIVALENT WHICH WILL BE FOR ACCOUNT OF BENEFICIARY SPECIAL NOTE: ISSUING BANK WILL DISCOUNT ACCEPTANCES ON REQUEST, FOR A/C OF BENEFICIARY (UNLESS OTHERWISE STATED) AT APPROPRIATE LIBOR RATE PLUS 1, 00 PER CENT MARGIN
Send. to Rec. Info.	72: THIS CREDIT IS ISSUED SUBJECT TO THE U. C. P. FOR DOCUMENTARY CREDITS, 2007 REVISION, I. C. C. PUBLICATIONS NO. 600

工作任务：业务员根据任务情境分析并审核信用证，说明信用证的当事人、信用证的有效期和到期地点、信用证金额、信用证的货物描述条款、装运条款、汇票条款各是什么，信用证的银行费用如何负担，信用证要提交的单据有哪些？

知识链接

一、信用证基本知识

（一）信用证的定义和特点

信用证（Letter of Credit，L/C），是指开证银行应申请人的要求并按其指示向第三方开立的载有一定金额的，在一定的期限内凭符合规定的单据付款的书面保证文件，即信用证是一种银行开立的有条件的承诺付款的书面文件。信用证是银行有条件保证付款的证书，按照这种结算方式的一般规定，买方先将货款交存银行，由银行开立信用证，通知异地卖方开户银行转告卖方，卖方按合同和信用证规定的条款发货，银行代买方付款。信用证是国际贸易中最主要、最常用的支付方式。

信用证结算方式有三个特点，首先，信用证是一项自足文件（self - sufficient instrument）。信用证不依附于买卖合同，银行在审单时强调的是信用证与基础贸易相分离的书面形式上的认证。其次，信用证方式是纯单据业务（pure documentary transaction）。信用证是凭单付款，不以货物为准，只要单据相符，开证行就应无条件付款。最后，开证银行负首要付款责任（primary liabilities for payment）。信用证是一种银行信用，它是银行的一种担保文件，开证银行对支付有首要付款的责任。

（二）信用证的开立方式

1. 电开信用证

电开信用证（Cable Credit）指开证银行使用电传、传真、SWIFT 等各种电讯方法将信用证条款传达给通知行。

（1）简电本（Brief cable）。开证银行只通知已经开证，将信用证的主要内容预先告知通知行，详细条款将另邮航寄通知行。简电本在法律上是无效的，不能作为交单议付的依据。

（2）全电本（Full cable）。开证行根据开证申请人的要求，将信用证的全部内容以加注密押的电讯方式通知受益人所在地的银行，请其通知受益人的一种开证方式，全电本具有法律效力。目前，外汇指定银行大多用 SWIFT 电讯方式开证。SWIFT 的全称是 Society for Worldwide Interbank Financial Telecommunication，即环球同业银行金融电讯协会网络系统。它是一个国际同业间非营利性的国际合作组织，成立于 1973 年，总部在比利时的布鲁塞尔。SWIFT 专门从事传递各国之间的非公开性的国际金融电讯业务，其中包括外汇买卖、证券交易、开立信用证、办理信用证项下的汇票业务及托收等。发电成本低廉是 SWIFT 通信方式的一大特点。目前，SWIFT 在全世界拥有会员国 130 多个，会员银行 4000 多家，其环球计算机数据通信网在荷兰的阿姆斯特丹和美国的纽约设有运行中心，在各会员国设有地区处理站，为 SWIFT 会员提供安全、可靠、快捷、标准化的通信服务。

SWIFT 用统一的字母和数字来规范电文内容，MT700 和 MT701 代表信用证业务。采用 SWIFT 信用证必须遵守 SWIFT 的规定，亦必须使用 SWIFT 手册规定的代号，而且信用证必须遵守《UCP 600》各项条款的规定。在 SWIFT 信用证中可省去开证行的承诺条款，但不能免除银行所承担的义务。SWIFT 信用证的特点是快速、准确、简明和可靠。因此，目前信用证的格式主要都是用 SWIFT 电文，SWIFT 电文具有标准化的固定格式。

2. 信开信用证

信开信用证（Mail Credit）是开证行根据开证申请人的要求，将信用证的全部内容用信函方式开出，邮寄到通知行，再通知受益人。开证行与通知行之间应事先建立代理行关系，互换签字样本和密押，以便通知行可凭签字样本核对信开信用证上开证行的签字。这种开证方式时间长，但费用较低，对于装运日期较长或金额较小的信用证通常以信开方式开出。

二、信用证的主要内容

（一）关于信用证本身的说明

1. 信用证号码（L/C No.）

每一份信用证都必须有号码，信用证号码一般出现在信用证开头。

2. 信用证开证日期（Issuing Date/ Date of Issue）

开证日期是开证行开立信用证的日期，信用证中必须明确表明开证日期。如果信用证中没有开证日期字样，则视开证行的发电日期（电开信用证）或抬头日期（信开信用证）为开证日期。确定信用证的开证日期非常重要，特别是需要使用开证日期计算其他时间或根据开证日期判断所提示单日期是否在开证日期之后等情况时更为重要。同时，开证日期还表明进口商是否是根据商务合同规定的开证期限开立的信用证。

3. 信用证有效期（Date of Expiry）

信用证的有效期限是指受益人向银行提交单据的最后日期，受益人应在有效期限日期之前或当天向银行提交信用证单据。根据《UCP 600》的规定，所有信用证均须规定一个到期日，规定的付款、承兑或议付的到期日，将视为提交单据的到期日。信用证未规定到期日是无效的，不能使用。信用证的到期日是银行承担付款、承兑、议付货款的最迟的期限，也是约束受益人交单议付的期限。凡晚于到期日提交的单据，银行有权拒付。

4. 信用证的交单期（Period for Presentation）

根据《UCP 600》的规定，信用证中除规定一个交单到期日外，凡要求提交运输单据的信用证，尚须规定一个在装运日后按信用证规定必须交单的特定期限。如未规定该期限，银行将不予接受迟于装运日期后 21 天提交的单据。但无论如何，提交单据不得迟于信用证的到期日。

5. 信用证的到期地点（Place of Expiry）

《UCP 600》规定，所有信用证均须规定一个到期日及一个付款、承兑交单地点。对议付信用证尚须规定一个议付交单地点，但自由议付信用证除外。信用证到期地点可以规定在出口地、进口地或第三国。一般情况下，为了方便出口方办理议付，到期地点最好在出口方所在国。

6. 信用证的种类和性质（Form of Credit）

根据《UCP 600》的规定，信用证必须是不可撤销的。目前，《UCP 600》规定，所有信用证都是不可撤销的。该项目内容主要有三种，即 IRREVOCABLE DOCUMENTARY CREDIT（不可撤销的跟单信用证）、IRREVOCABLE TRANSFERABLE（不可撤销的可转让跟单信用证）和 IRREVOCABLE STANDBY（不可撤销的备用信用证）。除了这三种以外，信用证的种类还有保兑信用证（CONFIRMED LETTER OF CREDIT）、不保兑信用证（UNCONFIRMED LETTER OF CREDIT）、红条款信用证（RED CLAUSE L/C）和循环信用证（REVOLVING L/C）等。

7. 信用证当事人

信用证必须记载的当事人有申请人（Applicant，opener，principal，at the request of Messrs，on behalf of Messrs，by order of Messrs）、开证行（Opening Bank，Issuing Bank，Establishing Bank）、受益人（Beneficiary）和通知行（Advising Bank，Notifying Bank）。信用证可能记载的当事人有议付银行（Negotiating Bank，Negotiation Bank）、付款银行或称代付行（Paying Bank，Payment Bank）、保兑行（Confirming Bank）和偿付行（Reimbursement Bank）。

8. 信用证金额和货币

信用证中金额和货币一般写在一起（Currency Code and Amount），按照《UCP 600》的解释，如果在金额前有 about/approximately（大约）的话，应解释为信用证金额允许有10% 的增减幅度。信用证对货物的数量未规定有增减幅度时，或未明确规定货物数量不得增减，或除非货物是以包装单位或个体计数，受益人所支取的金额，在不超过信用证总额的条件下，货物数量允许有 5% 的增减幅度。

（二）货物条款

货物条款（Description of Goods）主要内容有商品名称、规格、型号、数量、包装、单价、总价、贸易术语等。货物的说明要完整、明确，并力求简洁，不要加入过多的细节。

（三）汇票条款

汇票条款主要包括出票人、付款期限、付款人和汇票金额等内容。如：DRAFT（S） DRAWN UNDER THIS CREDIT TO BE MARKED：“DRAWN UNDER…BANK L/C NO. …DATED…”（ISSUING DATE OF CREDIT）［根据本证开出的汇票须注明“凭……银行……年……月……日（按开证日期）第……号不可撤销信用证项下开立”］。

（四）运输条款

一般包括装运期、装运港（地）、目的港（地）、分批装运和转运的规定等。

1. 装运期（Latest Date of Shipment）

《UCP 600》规定，装运一词应理解为包括“装船”“发送”“接受承运”“邮戳日”“接收日”和类似词语，包括多式联运单据情况下的“接受监管”。应该是一个具体的日期或时间段，而不应使用“迅速”“立即”“尽快”和类似词语，一旦使用，银行将不予理会。

2. 起讫地

货物的装运港（Shipping on Board/Dispatch/Tacking in Charge at/ from）和目的港（Transportation to），一般在信用证中要规定货物装运的地点和运往的最终目的地。

3. 分批装运（Partial Shipments）

关于是否允许分批装运，信用证中一般以允许（ALLOWED）或不允许（NOT ALLOWED）表示，如果信用证中没有做出规定，根据《UCP 600》规定，视为允许分批装运；运输单据上已注明是同一运输方式装运和同一航次，即使注明已装船的运输单据上载有不同的装运日期或表明不同的装船港口，只要注明同一目的地，将不视为分批装运。《UCP 600》还规定，如信用证规定在指定的时期内分期付款及分期装运，而任何一期未按期付款及未按期装运，除非信用证另有规定，信用证对该期及以后各期均告失效。

4. 转运（Transhipment）

关于是否允许转运，信用证中一般以允许（ALLOWED）或不允许（NOT ALLOWED）表示，如信用证中没有表明允许转运或不允许转运，则可以转运。

（五）单据条款（Documents Required）

单据条款包括受益人应该提交的单据种类、份数要求以及对各种单据缮制内容、出具单位具体要求等。一般有商业发票、提单、装箱单、保险单、检验证书、原产地证书等。

（六）费用条款（Charges）

信用证中一般都对银行费用由谁负担作出规定。比较常见的是：所有开证行以外的银行费用都由受益人承担（ALL BANKING CHARGES OUTSIDE THE OPENNING BANK ARE FOR BENEFICIARY'S ACCOUNT）。

（七）其他文句

主要包括开证行对议付行的指示、开证行对受益人及汇票持有人保证付款的责任文句，遵守《UCP 600》的责任文句以及特殊条款（主要是根据进口国政治、经济情况或每一笔具体业务的要求加列一些特别条款，例如限装运某国籍船只或不许装某国籍船只条款，限制航线和港口等）。

三、信用证的审核与修改

（一）信用证的审核

在满足信用证条款的情况下，利用信用证付款既安全又快捷，但必须特别注意的是信用证是一种纯粹的单据交易，付款强调"单单相符、单证相符"的"严格符合"原则，如果受益人（一般为出口人）提供的文件有错漏，不仅会产生额外费用，而且还会遭到开证行的拒付，对安全、及时收汇带来很大的风险。事先对信用证条款进行审核，对于不符合出口合同规定或无法办到的信用证条款及时提请开证人（通常为进口方）进行修改，可以大大避免今后不符合信用证规定情况的发生。一般情况下，出口方在收到信用证的当天，就应该对照有关的合同条款认真地审核信用证，这样可以及早发现错误采取相应的补救措施，信用证审核的要点如下。

1. 关于信用证本身说明的审核

（1）信用证号码前后是否一致。有的信用证后面关于货物描述或者汇票条款中的信用证号码与信用证开头的号码不一致，此时就要对后面的号码进行修改，使信用证号码前后一致。

（2）信用证的有效期/交单期是否合理。如来证中规定向银行交单的日期不得迟于提单日期后若干天，如果过了限期或单据不齐有错漏，银行有权不付款。信用证有规定的，应按信用证规定的交单期向银行交单；信用证没有规定的，向银行交单的日期不得迟于提单日期后 21 天；如信用证中的装期和效期是同一天即通常所称的"双到期"，在实际业务操作中，应将装期提前一定的时间（一般在效期前 10 天），以便有合理的时间来制单结汇。所以，如果信用证中规定了交单期，但是日期太近（早于装运期），无法在规定的交单期交单，则要对信用证进行适当修改。

（3）信用证在国外到期。若信用证规定国外到期，有关单据必须寄送国外。由于无法掌握单据到达国外银行所需的时间且容易延误或丢失，有一定的风险，最好要求对方将信用证修改为在出口方所在国交单付款，在来不及修改的情况下，必须提前一个邮程（邮程的长短应根据地区远近而定），以最快方式寄送。

（4）检查信用证的付款保证是否有效。《UCP 600》规定，所有的信用证必须是不可撤销的，这对受益人是比较有利的，但在实践操作中，有的信用证，虽然注明是不可撤销的，但是对信用证的生效附加了条件，如："待获得进口许可证后才能生效"，或"另函详"，这种信用证就不是不可撤销的，应该要求对方修改。另外，应该保兑的信用证未按要求由有关银行进行保兑，信用证简电或预先通知，由开证人直接寄送的信用证等都对受益人的安全收汇造成了极大的风险，应该进行修改。

（5）检查信用证受益人和开证人等相关当事人的名称和地址是否完整和准确。如果受益人的名称不正确，将会给今后的收汇带来不便。受益人应特别注意，信用证上的受益人名称和地址应与合同上的名称和地址内容相一致。开证申请人的公司名称和地址写法是不是也完全正确，同时，开证行、议付行一旦与合同不一致，这些都会给付款带来不必要的麻烦，所以，应仔细核对，力求一致。

（6）检查信用证的金额、币制是否符合合同规定。要检查信用证金额和币制是否正确，单价与总值是否准确，大小写并用内容是否一致。另外，如数量上可以有一定幅度的伸缩，那么，信用证也应相应规定在支付金额时允许有一定幅度。

2. 关于货物条款的审核

货物条款包括商品名称、规格、型号、数量、包装、单价、总价、贸易术语等内容，比较容易出错的有商品名称、数量、单价、总价、贸易术语，需要逐一审核，必须与合同中的完全一致。

3. 对汇票条款的审核

在信用证的汇票条款中，比较容易出错的主要有付款期限、付款人和汇票金额等，同时，汇票条款中如果提及是按照某信用证开立的汇票，则此处的信用证号码也比较容易出现错误。

4. 对运输条款的审核

运输条款审核要注意起讫地是否和合同一致，重点是检查装期的有关规定是否符合合同要求。因为如果是逾期装运的运输单据将构成不符点，银行有权不付款，如来证收到时装期太近，无法按期装运，应及时与客户联系修改。如果信用证中规定了分批出运的时间和数量，应注意能否办到，否则，任何一批未按期出运，以后各期即告失效。

5. 对单据条款的审核

单据条款是信用证的核心条款，也是信用证审核的重点。首先，要检查信用证规定的单据或证书能否提供或及时提供。比如，CIF 术语要求提供保险单据；要求提供领事发票的，在出口地是否有使领馆；由其他机构或部门出具的有关文件如出口许可证、运费收据、检验证明等能否提供或及时提供；信用证中指定船龄、船籍、船公司或不准在某港口转船等条款能否办到等。其次，要检查信用证中关于单据的份数要求是否能办到。比如，海运提单正本份数一般为三份，信用证中一般会要求提供全套［FULL SET（3/3）］正本海运提单，假如某份信用证要求提供的正本份数为四套［FULL SET（4/4）］，则受益人无法做到，就应该进行修改。最后，要对单据的制作要求进行审核，具体要审核单据的制作要求是否与合同一致，是否合理。比如，CIF 术语要求海运提单的运费支付情况写成运费到付，或者合同中的保险金额是发票金额的 110%，信用证中要求为发票金额的 130% 等，这些单据就无法提供。

6. 对费用条款的审核

银行费用包括开证费、通知费、保兑费、议付费、修改费、邮费及电报费等，这些费用一般都是个不小的数字，一般发生在开证行的费用由买方承担，发生在受益人的费用由受益人承担，如保兑费，若买方自行保兑，则由买方支付，若申请人要求保兑，则由申请人承担。如果信用证没有规定，应由开证申请人承担。信用证中费用条款比较常见的是：所有开证行以外的银行费用都由受益人承担（ALL BANKING CHARGES OUTSIDE THE OPENNING BANK ARE FOR BENEFICIARY's ACCOUNT）。如果有的信用证写成所有银行费用都由受益人承担（ALL BANKING CHARGES ARE FOR BENEFICIARY'S ACCOUNT），就很不合理，对受益人也很不公平，应该进行修改。

7. 对其他文句的审核

（1）如果不是 SWIFT 信用证，要看信用证中有没有受《UCP 600》约束的语句，如果是 SWIFT 信用证，因为本身就受《UCP 600》约束，所以不用特别标明。

（2）检查信用证的通知方式是否安全、可靠。信用证一般是通过受益人所在国家或地区的通知/保兑行通知给受益人的。这种方式的信用证通知比较安全，因为根据《UCP 600》有关规定，通知行应对所通知的信用证的真实性负责。如果信用证是直接从海外寄过来的，或者信用证是从本地某个地址寄出，要求受益人把货运单据寄往海外，则受益人应该首先要通过银行调查核实，以免受到欺诈。

（3）信用证要求 1/3 正本提单直接寄送客人。因为海运提单是提货凭证，买方可以直接凭 1/3 正本提单提货。如果受益人接受此条款，将随时面临货、款两空的危险。

（4）将客检证作为议付文件的条款。接受此条款，受益人正常处理信用证业务的主动权很大程度上掌握在对方手里，影响安全收汇。

（5）开证申请人（买方）通知船公司、船名、装船日期、目的港、验货人等，受益人才能装船。此条款使卖方装船完全由买方控制，不能接受。

（6）信用证条款自相矛盾，如规定允许提交联运提单，又规定禁止转船。

（7）要求在装运后很短时间内寄单或交单的条款。比如，有的信用证中规定：单据必须在装运日签发并提交到银行（Documents must be presented to us at the date of shipment），外贸实践中，运输单据一般很难在装运日签发并提交到银行，所以此条款要删除或进行修改。

最后，还要检查信用证是否前后一致，是否有相互矛盾的地方，比如明明是空运，却要求提供海运提单；明明价格条款是 FOB，保险应由买方办理，而信用证中却要求提供保险单；等等。

（二）信用证的修改

通过对信用证的全面审核，如发现问题，应分别情况及时处理。对于影响安全收汇，难以接受或做到的信用证条款，必须要求国外客户进行修改，信用证的修改应注意以下事项：

（1）只有买方（开证人）有权决定是否接受修改信用证。

（2）只有卖方（受益人）有权决定是否接受信用证修改。

（3）凡是需要修改的内容，应做到一次性提出，避免多次修改信用证的情况。

（4）对于不可撤销信用证中任何条款的修改，都必须取得当事人的同意后才能生效。

（5）对于修改内容要么全部接受，要么全部拒绝，部分接受修改中的内容是无效的。

（6）有关信用证修改必须通过原信用证通知行才具真实、有效；通过客人直接寄送的修改申请书或修改书复印件不是有效的修改。

（7）明确修改费用由谁承担，一般按照责任归属来确定修改费用由谁承担。

示范操作

信用证号码	AIB. IM2014063506
信用证分析结果	
1. 信用证的当事人	
（1）开证申请人银行	
Applicant Bank	51 A：AIBKIE2DXXX AIB BANK DUBLIN
（2）开证申请人	
Applicant	50：B AND C CANTWELL，MEADOWLANDS GRANTSTOWN COWATERFORD
（3）受益人	
Beneficiary	59：GUANGDONG TEXTILES IMPORT AND EXPORT COTTON MANUFACTURED GOODS CO 14/F GUANGDONG TEXTILES MANSIONS，168 XIAO BEI RD GUANGZHOU CHINA
（4）付款方式	
Available with/ by	41 A：AIBKE2DXXX AIB BANK DUBLIN BY ACCEPTANCE
Drafts at	42 C：30 DAYS SIGHT
（5）汇票付款行	
Drawee	42 A：AIBKE2DXXX AIB BANK DUBLIN
2. 信用证的有效期和到期地点	
Expiry	31 D：Date 20140815 Place CHINA
3. 信用证金额	
Amount	32 B：Crrency USD Amount 20060，00

图 3－2 信用证分析

4. 信用证的货物描述条款	
Descript. of goods	45 A：DRAWER SLIDES AND HANDLES CIF DUBLIN，IRELAND
5. 装运条款	
(1) 分批装运 Partial Shipments	43：PROHIBITED
(2) 转运 Transshipment	43 T：PERMITTED
(3) 装运港 Loading in charge	44 A：GUANGZHOU CHINA
(4) 目的港 For transport to	44 B：DUBLIN，IRELAND
6. 汇票条款	
付款期限及付款行	
Drafts at	42 C：30 DAYS SIGHT
Drawee	42 A：AIBKE2DXXX AIB BANK DUBLIN
7. 信用证的银行费用如何负担	
所有的开证行以外的银行费用由受益人承担	
Details of Charges	71 B：BANK CHARGES EXCLUDING ISSUING BANKS ARE FOR ACCOUNT OF BENEFICIARY
8. 信用证要提交的单据有哪些	
有商业发票、提单、保险单、一般原产地证书和装箱单	
Documents required	46 A： +SIGNED INVOICES IN TRIPLICATE +FULL SET OF CLEAN ON BOARD MARINE BILLS OF LADING CONSIGNED TO ORDER，BLANK ENDORSED，MARKED FREIGHT PREPAID AND CLAUSED NOTIFY APPLICANT + INSURANCE POLICY/CERTIFICATE BLANK ENDORSED COVERING ALL RISKS FOR 10 PER CENT ABOVE THE CIF VALUE +CERTIFICATE OF CHINA ORIGIN ISSUED BY A RELEVANT AUTHORITY +PACKING LIST

图 3－2　信用证分析（续）

能力训练

一、选择题

1. 申请开证前，要落实的事情是（　　）。

A. 进口批准手续及外汇来源　　B. 货物入境通关手续

C. 货物检验手续　　D. 货物的保险手续

2. 在 CIF 价格条件下，开证申请书应表明要求卖方提交的提单有（　　）字样。

A. 运费已付　　B. 保费已付　　C. 清洁提单　　D. 运费到付

3. 填写开证申请书，应写明对信用证的各项要求，内容要明确、完整，无词意不清的记载，应与合同条款的具体规定（　　）。

A. 必须严格一致　　B. 可以略加修改　　C. 可以抛开　　D. 可以超越

4. 信用证的开证时间，如果合同只规定最后装运期，那么买方应在合理的时间内开证，这个时间是（　　）。

A. 在发票日之前

B. 装运期的最后一天

C. 不晚于保险单日期

D. 一般掌握在合同规定的交货期前半个月或一个月开到卖方

5. 以下说法正确的有（　　）。

A. 开证申请书是一种进口单证

B. 开证申请书是一种出口单证

C. 开证申请书所有栏目都要填写，否则开证行会拒绝开证

D. 开证申请书不需要填写所有栏目，根据实际情况选择填写即可

6. 信用证是一种（　　）。

A. 正式的付款保函　　B. 有条件的付款担保

C. 无条件的付款担保　　D. 没有风险的付款方式

7. 以下不属于信用证结算方式特点的是（　　）。

A. 有银行信用作为保障　　B. 独立的文件

C. 只管单据　　D. 不可转让

8. 根据《UCP 600》规定，开证申请人必须向开证行偿付，除非能够证明（　　）。

A. 货物是有缺陷的　　B. 货物不符合销售合同

C. 收到的单据无法使货物清关　　D. 收到的单据与信用证条款不符

9. 信用证主要体现了（　　）之间的契约关系。

A. 开证申请人与开证行　　B. 开证行与受益人

C. 开证申请人与受益人　　D. 开证行与议付行

10. 以下关于开证行的错误说法是（　　）。

A. 负第一性付款责任　　B. 只对信用证负责

C. 付款依据为单证相符　　D. 不能拒付

二、判断题

1. 申请人与开证行有业务往来，资信好，或办理了抵押、质押手续的，或有其他金融机构、有实力的公司为其出面担保的，开证银行可免收保证金。（　　）

2. 填写开证申请书，必须按合同条款的具体规定，写明对信用证的各项要求，内容要明确、完整，无词意不清的记载。（　　）

3. 根据《UCP 600》规定，若信用证在货物数量方面规定了伸缩幅度，可金额方面没有，该证货物总值则不能超过信用证金额。（　　）

4. 根据《UCP 600》规定，开证申请人以开证申请书与开证行订立契约关系，信用证一经开出，申请人有义务付款赎单，无论单据是否相符。（　　）

5. 根据《UCP 600》规定，对信用证每一个修改书的内容，受益人既可全部接受，也可以部分接受。（　　）

三、制单操作题

（一）根据下面的合同制作信用证开证申请书

购 货 合 同

SALES CONTRACT

合同编号： Contract No. ：SC010702	签订日期： Date：JUNE 02，2014	签订地点： Signed at：NANTONG

1. 买方：
The Buyers：NANTONG FEIDA FOOD CO. ，LTD.
地址：
Address：6/F，OCDA BLDG，KEYUAN RD. ，NANTONG，CHINA
电话（Tel）：086 －0755 －2626189　　传真（Fax）：086 －0755 －2626190

2. 卖方：
The Sellers：ASTAK FOOD，INC
地址：
Address：5 －18 ISUKI －CHOHAKI，TOKYO，JAPAN
电话（Tel）：81 －355 －282828　　传真（Fax）：81 －355 －282829

经买卖双方确认根据下列条款订立本合同：
The undersigned Sellers and Buyers have confirmed this contract is accordance with the terms and conditions stipulated below：

3. 商品名称及规格 Name of Commodity & Specification	4. 数量 Quantity	5. 单价 Unit Price	6. 总金额 Amount
CANNED PINEAPPLE 12 TINS X500GRAMS	1000CARTONS	CIF NANTONG USD15/CTN	USD115000. 00
Totall	1000CARTONS		USD15000. 00

7. 总值（大写）
Total Value（in words）：SAY U. S. DOLLARS FIFTEEN THOUSAND ONLY.

8. 允许溢短________%。
__10__% more or less in quantity and value allowed.

9. 成交价格术语：
Terms：
FOB　　CFR　　☑ CIF　　DDU

10. 包装
Packing：EXPORT WORTHY CARTON

11. 运输唛头
Shipping Mark：N/M

12. 运输起讫：由＿＿＿＿＿＿（装运港）到＿＿＿＿＿＿（目的港）。 Shipment from　TOKYO　（Port of Shipment） to　NANTONG，CHINA　（Port of Destination）.
13. 转运：（　）允许　（　）不允许；　分批：（　）允许　（　）不允许 Transhipment：　（　）allowed　（　）not allowed Partial shipment：　（　）allowed　（　）not allowed 运输时间： Shipment Time：WITHIN 30 DAYS AFTER RECEIPT OF IRREVOCABLE SIGHT L/C.
14. 保险：由＿＿＿＿方按发票金额的＿＿＿＿%投保＿＿＿＿＿＿，加保＿＿＿＿从＿＿＿＿到＿＿＿＿。 Insurance：to be covered by the　BUYER　for　110 %　of the invoice value covering　Institute Cargo Clauses（A）1/1/82　additional　Institute War and Strikes Clauses – Cargo 1/1/82　from　TOKYO to NANTONG.
15. 付款条件： Terms of Payment： The buyers shall issue an irrevocable L/C at 45 days　sight through　BANK OF CHINA　in favour of the sellers prior to JUNE 6，2001　indicating L/C shall be valid in　CHINA　though negotiation within　21　days after the shipment effected，the L/C must mention the Contract Number.
16. 装运通知：在装船后24小时之内，卖方应电告买方合同号、品名、已装载数量、发票总金额、毛重、运输工具名称及启运日期等。 Shipping advice：the sellers shall advise the buyers of the Contract No. names of commodity，loaded quantity，invoice value，gross weight，names of vessel and shipment date by TLX/FAX within 24 hours，upon the completion of the loading of the goods.
17. 检验与索赔： Inspection and Claims： ①卖方在发货前由＿＿＿＿＿＿检验机构对货物的品质、规格和数量进行检验，并出具检验证明。 The buyer shall have the qualities，specifications，quantities of the goods carefully inspected by the ＿＿＿/＿＿＿ Inspection Authority，which shall issues Inspection Certificate before shipment. ②货物到达目的口岸后，买方可委托当地的商品检验机构对货物进行复验。如果发现货物有损坏、残缺或规格、数量与合同规定不符，买方须于货物到达目的口岸的＿＿＿天内凭＿＿＿＿＿＿检验机构出具的检验证明书向卖方索赔。 The buyers have right to have the goods inspected by the local commodity inspection authority after the arrival of the goods at the port of destination. If the goods are found damaged/short/their specifications and quantities not in compliance with that specified in the contract，the buyers shall lodge claims against the sellers based on the Inspection Certification issued by the Commodity Inspection Authority within ＿＿＿/＿＿＿ days after the goods arrival at the destination. ③如买方提出索赔，凡属品质异议须于货物到达目的口岸之日起＿＿＿天内提出；凡属数量异议须于货物到达目的口岸之日起＿＿＿天内提出。对所装货物所提任何异议应由保险公司、运输公司或邮递机构负责的，卖方不负任何责任。 The claims，if any regarding to the quality of the goods，shall be lodged withindays after arrival of the goods at the destination，if any regarding to the quantities of the goods，shall be lodged within　　days after arrival of the goods at the destination. The sellers shall not take my responsibility if any claims concerning the shipping goods in up to the responsibility of Insurance Company/Transportation Company/Post office.

18. 不可抗力：如因人力不可抗拒的原因造成本合同全部或部分不能履约，卖方概不负责，但卖方应将上述发生的情况及时通知买方。 Force Majeure: the sellers shall not hold any responsibility for partial or total non – performance of this contract due to Force Majeure. But the sellers shall advise the buyers on time of such occurrence.
19. 争议的解决方式： 任何因本合同而发生或与本合同有关的争议，应提交中国国际经济贸易仲裁委员会，按该会的规则进行仲裁。仲裁裁决是终局的，对双方均有约束力。 Disputes settlement: All disputes arising out of the contract or in connection with the contract, shall be submitted to the China International Economic and Trade Arbitration Commission for arbitration in accordance with its Rules of Arbitration. The arbitral award is final and binding upon both parties.
20. 法律适用：本合同的签订地或发生争议时货物所在地在中华人民共和国境内或被诉人为中国法人的，适用于中华人民共和国法律，除此规定外，适用《联合国国际货物销售合同公约》。 Law applications: it will be governed by the law of the People's Republic of China under the circumstances that the contract is signed or the goods while the disputes arising are in the People's Republic of China or the defendant is Chinese legal person, otherwise it is governed by United Nations Convention on Contract for the International Sale of Goods. 本合同使用的 FOB、CFR、CIF、DDU 术语系根据国际商会《INCOTERMS 1990》。 The terms in the contract based on INCOTERMS 1990 of the International Chamber of Commerce.
21. 文字：本合同中、英文两种文字具有同等法律效力，在文字解释上，若有异议，以中文解释为准。 Versions: This contract is made out in both Chinese and English of which version is equally effective. Conflicts between these two languages arising therefrom, if any, shall be subject to Chinese version.
22. 附加条款：（本合同上述条款与本附加条款有抵触时，以本附加条款为准） Additional Clauses: (conflicts between contract clause hereabove and this additional clause, if any, it is subject to this additional clause)
23. 本合同共______份，自双方代表签字/盖章之日起生效。 This contract is in 2 copies, effective since being signed/sealed by both parties.

买方代表人 Representative of the buyers: 签字 Authorized signature: （买方公司盖章）	卖方代表人： Representative of the sellers: 签字 Authorized signature: （卖方公司盖章）

补充资料：

开证行：BANK OF CHINA，NANTONG BRANCH

通知行：MUFG BANK

单据要求：已签署的商业发票一式三份，注明信用证号和发票号

全套清洁已装船提单，注明运费已付，通知开证申请人

装箱单一式五份

保险单一正一副

原产地证书一式两份

（二）对下面的信用证进行分析

From

HSBC BANK，DUBAI，UAE

To

SHANGHAI PUDONG DEVELOPMENT BANK

15F，DONGYIN MANSION，NO. 689 BEIJING DONG ROAD，SHANGHAI，200001，CHINA

MT700 --------------- ISSUE OF A DOCUMENTARY CREDIT ---------------

Sequence Of Total	27：	1/1
Form Of Documentary Credit	40A：	IRREVOCABLE
Documentary Credit Number	20：	HSBC657708467464
Date Of Issue	31C：	20131208
Date And Place Of Expiry	31D：	Date 20140105 Place CHINA
Applicant	50：	NAZIH TRADING CO.，LLC P. O. BOX 13087 DUBAI，UAE
Beneficiary	59：	OCEAN PLASTIC & CHEMICAL PRODUCTS CO.，LTD 1101 - 1105 SHANGDONG NATIONALS， #1926 CANGHAI RD.，NINGBO，315040， CHINA
Currency Code，Amount	32B：	Currency USD Amount 11，040.00
Available With …By…	41D：	ANY BANK BY NEGOTIATION
Drafts At…	42C：	SIGHT
Drawee	42D：	HSBC BANK，DUBAI，UAE
Partial Shipment	43P：	NOT ALLOWED
Transshipment	43T：	NOT ALLOWED
Loading/Dispatch/Taking In Charge/Fm	44A：	NINGBO，CHINA
For Transportation To…	44B：	JEBEL ALI，UAE
Latest Date Of Shipment	44C：	20131231
Description Of Goods/Services	45A：	

36800PCS OF LIP BALM，

USD0.30 / PC CIF JEBEL ALI，UAE

Documents Required： 46A：

+SIGNED COMMERCIAL INVOICE IN TRIPLICATE

+FULL SET OF CLEAN ON BOARD OCEAN BILLS OF LADING CONSIGNED TO THE ORDER OF NAZIH TRADING CO., LLC P. O. BOX 13087 DUBAI, UAE MARKED FREIGHT PREPAID NOTIFYING APPLICANT

+PACKING LIST IN TRIPLICATE

+INSURANCE POLICY/CERTIFICATE BLANK ENDORSED COVERING ALL RISKS FOR 10 PER CENT ABOVE THE CIF VALUE

+CERTIFICATE OF CHINA ORIGIN ISSUED BY A RELEVANT AUTHORITY

Additional Conditions 47A:

+DRAFTS ARE TO BE MARKED AS DRAWN UNDER THIS DOCUMENTARY CREDIT

+T/T REIMBURSEMENT IS NOT ALLOWED

+A USD50.00 (OR EQUIVALENT) FEE SHOULD BE DEDUCTED FROM THE REIMBURSEMENT CLAIM FOR EACH PRESENTATION OF DISCREPANT DOCUMENTS UNDER THIS DOCUMENTARY CREDIT NOTWITHSTANDING ANY INSTRUCTIONS TO THE CONTRARY, THIS CHARGE SHALL BE FOR THE ACCOUNT OF THE BENEFICIARY.

Details Of Charges 71B: ALL BANKING CHARGES OUTSIDE ISSUING BANK ARE FOR BENEFICIARY's ACCOUNT

Presentation Period 48: DOCUMENTS MUST BE PRESENTED FOR NEGOTIATION WITHIN 5 DAYS AFTER BILL OF LADING DATE, BUT WITHIN THE VALIDITY OF THIS CREDIT.

Confirmation 49: WITHOUT

Instructions 78:

+WE UNDERTAKE TO HONOUR ALL DRAFTS DRAWN IN STRICT COMPLIANCE WITH THE TERMS OF THIS CREDIT.

+PLEASE FORWARD TO US THE ORIGINAL SET OF DOCUMENTS BY REGISTERED AIRMAIL AND THE DUPLICATES BY SUBSEQUENT AIRMAIL.

Sender To Receiver Info 72: THIS LC IS SUBJECT TO UCP 1993 ICC PUB. NO.600. THIS IS OPERATIVE INSTRUCMENT AND NO MAIL CONFIRMATION WILL FOLLOW.

Trailer Order is

<MAC:><PAC:><ENC:><CHK:><TNG:><PDE:>

MAC: BA00E6EA

CHK: 9E5503EE1810

分析信用证，回答以下问题：

(1) 谁是 ISSUING BANK?

(2) 这是即期 L/C 还是远期 L/C? 为什么?

(3) L/C 的付款方式是哪一种?

（4）装运期是何时？为什么？

（5）保险费应该由哪一方承担？为什么？

（6）装箱单应该提交几份？

（7）如果货物实际的装运期是2013年12月30日，按照交单期的规定，最迟应该在何时要交单？

（8）银行费用由谁承担？

（三）根据合同对信用证进行审核，指出信用证中错误、矛盾以及应注意之处

1. 销售合同

SALES CONFIRMATION

日期 Date：20140501 编号 NO. TT6321

卖方
Buyer：SHANGHAI TOOLS MANUFACTURE CO.，LTD.
地址
Address：NO. 3188 JINZHANG ROAD，SHANGHAI，CHINA

买方
Buyer：DAYU IMPORT & EXPORT TRADE COPORATION
地址：
Address：564 – 8，SUNAM – DONG，NAM – KUULSAN KOREA
电话　　传真
TEL：（052）288 – 5300　　FAX：（052）288 – 5301
兹经买卖双方同意成交下列商品订立条款如下：
The undersigned Sellers and Buyers have agreed to close the following transaction according to the terms and conditions stipulated below：

货物名称及规格 NAME OF COMMODITY AND SPECIFICATION	数　量 QUANTITY	单　价 UNIT PRICE	金　额 AMOUNT
ORIGIN CHINA CIF PUSAN PORT DOUBLE OPEN AND SPANER SAME AS THE SAMPLE E9	5600PCS	CIF PUSAN PORT，KOREA USD2. 43/PC	USD13608. 000000

装运
SHIPMENT　　TO BE EFFECTED BEFORE THE 20140710 FROM SHANGHAI TO PUSAN PORT，KOREA WITH PARTIAL SHIPMENT NOT ALLOWED AND TRANSHIPMENT ALLOWED.

付款条件
PAYMENT　　TO BE MADE BY SIGHT L/C

包装 PACKING	100PCS / NEW AND EXPORT WORTHY BAG
唛头 MARKS & NOS.	DAYU I. E. PUSAN PORT 1 – UP
保险 INSURANCE	TO BE COVERED BY THE SELLER, COVERING MARINE INSTITUTE CARGO CLAUSES (ALL RISKS) AND WAR RISKS FOR 110% INVOICE VALUE AS PER OCEAN MARING CARGO CLAUSES OF CIC DATED JANUARY 1, 1981, STIPULATING THAT CLAIMS ARE PAYABLE IN KOREA

买方（签章）
THE BUYER

卖方（签章）
THE SELLER

2. 国外来证

LETTER OF CREDIT

Sequence Total	*27	1/1
Form Doc Credit	*40 A	REVOCABLE
Doc Credit Num	*20	4028D223
Date of Issue	31 C	20140504
Date/Place Exp	*31 D	DATE 20140720 PLACE KOREA
Issuing bank		MIDLAND BANK PLC KOREA
Applicant	*50	DAYU IMPORT & EXPORT TRADE COPORATION 564 – 8, SUNAM – DONG, NAM – KUULSAN KOREA. TEL:(052) 288 – 5300
Beneficiary	*59	SHANGHAI TOOLS MANUFACTURE CORP., LTD. NO. 3288 JINZHANG ROAD, SHANGHAI, CHINA
Curr Code, Amt	*32 B	CURRENCY USD AMOUNT 13608.00
Avail With By	*41 D	ANY BANK IN CHINA, BY NEGOTIATION
Drafts At	42 C	AT 30 DAYS AFTER SIGHT
Drawee	43 D	PUSBKR2PXXX *PUSAN BANK *PUSAN

Partial Shipmts	43 P	ALLOWED
Transshipment	43 T	NOT ALLOWED
Loading on Brd	44 A	SHANGHAI PORT, CHINA
FOR TRANSPORT TO…	44 B	PUSAN PORT, KOREA
Latest Shipment	44 C	20140710
Goods Descript.	45 A	ORIGIN CHINA CIF PUSAN PORT DOUBLE OPEN AND SPANER SAME AS THE SAMPLE E9 5600PCS AT USD2.41 USD13608.00
Docs Required	46 A	DOCUMENTS REQUIRED: …… + SIGNED COMMERCIAL INVOICE IN 3 COPIES COUNTER - SIGNED BY APPLICANT SHOWING FOB VALUE, FREIGHT CHARGES AND INSURANCE CHARGES SEPERATLY, CONFIRMING THAT ONE SET OF NON - NEGOTIABLE DOCS. HAS BEEN SENT TO THE APPLICANT. + PACKING LIST IN 3 COPIES + INSURANCE POLICY OR CERTIFICATE IN DUPLICATE ENDORSED IN BLANK, COVERING MARINE INSTITUTE CARGO CLAUSES (ALL RISKS) AND WAR RISKS FOR 130% INVOICE VALUE AS PER OCEAN MARING CARGO CLAUSES OF CIC DATED JANUARY 1, 1981, STIPULATING THAT CLAIMS ARE PAYABLE IN KOREA. + FULL SET OF CLEAN ON BOARD OCEAN BILLS OF LADING MADE OUT TO ORDER OF SHIPPER AND BLANK ENDORSED, MARKED "FREIGHT PREPAID" NOTIFYING APPLICANT ……
dd. Conditions	47 A	ADDITIONAL CONDITION: THIS IS THE OPERATIVE INSTRUMENT SUBJECT TO THE《UCP 600》(1993 REVISON). THE AMOUNT OF EACH DRAFT MUST BE ENDORSED ON THE REVERSE OF THIS ADVICE BY NEGOTIATING BANK. A DISCREPANCY FEE OF USD 50.00 AND CABLE

		CHARGE USD 50.00 (OR EQUIVALENT) WILL BE DEDUCTED FROM THE PROCEEDS IF DOCUMENTS ARE PRESENTED WITH DISCREPANCIES FOR PAYMENTS/ REIMBURSEMENT IS SUBJECT TO ICCURR525
Charges	71 B	ALL BANKING CHARGES ARE FOR ACCOUNT OF BENEFICIARY
PRESENTATION PERIOD	48	DOCUMENTS MUST BE PRESENTED FOR NEGOTIATION WITHIN 10 DAYS AFTER THE DATE OF SHIPMENT

项目四　发票

任务一　商业发票

学习目标

1. 掌握商业发票的作用和主要内容
2. 掌握商业发票的填制方法

任务情境

2014 年 8 月 8 日，昆山飞扬进出口公司的单证员王君收到了一份信用证，对信用证进行审核，确认无误后，王君开始制作商业发票。有关资料如下：

发票号：INV14140A

发票日期：AUG. 08 2014

装运港：NINGBO，CHINA

目的港：OSAKA，JAPAN

船名：ULSAN V. 502N

商品数量：14，000 SETS

运输标志：DAIAI

IMPORT ORDER　NO. 131283

OSAKA，JAPAN

C/NOS.：1—140

信用证相关资料如下：

2014AUG08　　14：10：38	LOGICAL　TERMINAL　P005
MT　S700	ISSUE OF　DOCUMENTARY CREDIT
SEQUENCE　OF　TOTAL	*27：1/1
FORM OF DOC. CREDIT	*40 A：IRREVOCABLE
DOC. CREDIT NUMBER	*20：090－3001573
DATA　OF　ISSUE	*31 C：20140804
EXPIRY	*31 D：DATE　20140915　PLACE IN THE COUNTRY OF BENEFICIARY

APPLICANT	*50:	DAIAI CO., LTD, SHIBADAIMON MF BLOG, 2-1-16, SHIBADAIMON, MINATO-KU, TOKYO, 105 JAPAN
BENEFICIARY	*59:	NINGBO HAIWEN IMP&EXP. CORP., LTD 9FL, NO. 428, ZHONGSHAN EAST ROAD, NINGBO
AMOUNT	*32 B:	CURRENCY USD AMOUNT 92, 000.00
AVAILABLE WITH/BY	*41 D:	BANK OF CHINA BY NEGOTIAYION
DRAFTS AT...	42 C:	DRAFT (S) AT SIGHT
DRAWEE	42 A:	CHEMUS33 *CHEMICAL BANK *NEW YORK, NY
PARTIAL SHIPMENT	43 P:	PARTIAL SHIPMENTS ARE ALLOWED
TRANSSHIPMENT	43 T:	TRANSHIPMENT IS NOT ALLOWED
LOADING IN CHARGE	44 A:	NINGBO, CHINA
FOR TRANSPORT TO ···	44 B:	KOBE/OSAKA, JAPAN
LATEST DATE OF SHIP.	44 C:	20140831
DESCRIPTION OF GOODS	45 A:	

GIRL's VEST SUITS FOB NINGBO S. C. /NO. SC323713

ART. NO.	G1356890	6, 000 SETS.	USD6.00/SET	USD36, 000.00
	G1356891	8, 000 SETS.	USD7.00/SET	USD56, 000.00
TOTAL:		14, 000 SETS.		USD92, 000.00

DOCUMENTS REQUIRED 46 B:

+ SIGNED COMMERCIAL INVOICE IN 5 COPIES INDICATING IMPORT ORDER NO. 131283 AND CONTRACT NO. 08-09-403 DATED JUL. 15, 2014 AND L/C NO.

ADDITIONAL COND. 47 B:

1) 5PCT MORE OR LESS IN BOTH AMOUNT AND QUANTITY PER EACH ITEM WILL BE ACCEPTABLE.
2) BUYER's IMPORT ORDER NO. 131283 MUST BE MENTIONED ON ANY SHIPPING DOCUMENTS.
3) ABOVE CARGO SHALL BE CONTAINERIZED.
4) SHIPPING MARK OF EACH CARTON SHOULD INCLUDE BUYER's IMPORT ORDER NO. 131283

THE FUJI BANK, LIMITED

工作任务：单证员根据任务情境、信用证及相关资料缮制商业发票。

知识链接

一、商业发票基本知识

商业发票（Commercial Invoice）是出口方向进口方开列的发货价目清单，是买卖双方记账的依据，也是进出口报关交税的总说明。商业发票是一笔业务的全面反映，同时也是进口商办理进口报关不可缺少的文件，是全套单据的中心，是进出口贸易结算中使用的主要单据之一，其他单据均是以商业发票为核心来缮制的，在外贸制单工作程序中，一般也先缮制好商业发票，然后才制作其他单据。

二、商业发票的内容和填制

目前，商业发票并无统一格式，可以由出口企业自行确定，但是大同小异，一般都包括出票人、抬头、货物描述、金额等内容。需要注意的是，商业发票既要符合合同的规定，其文字描述又必须和信用证完全一致。因为其在整套单据中的核心地位，在缮制时一定要符合规范，保证质量，做到正确无误、排列合理、缮打清楚、整洁美观。下面我们以本任务后面的实践操作的商业发票内容为例，介绍商业发票的内容和缮制。

1. 发票出票人的名称和地址（SELLER）

此栏名称也可以为 EXPORT 或 ISSUER，此栏填写出口商名称及地址，有时包括电传、电话号码等。该项目必须同货物买卖合同的签约人及信用证对受益人的描述一致。信用证项下即为受益人，在信用证中表示为“BENEFICIARY：×××”。有的企业将中英文对照的出口商名称及地址都已事先印在商业发票的正上方。

2. 发票抬头（BUYER）

此名称也可以为 FOR ACCOUNT OF ×××、TO THE ORDER OF ×××、TO MESSERS、TO ×××。除信用证有其他要求之外，发票抬头一般缮制为进口方，也就是信用证的开证申请人（APPLICANT）或托收的委托人。填写时需注意的是，公司名称和地址要分两行打，而且必须打上名称和地址的全称。

3. 发票号码（INVOICE NUMBER ）

发票号码由出口公司根据实际情况自行编制。一般在编制时，在发票号码的顺序数字中能看出这一票业务是哪个部门及谁做的，包括具体的年份，以便于日后查找。初学制单时，发票号一般会给出，只需要填在正确的位置就可以了。

4. 发票日期（INVOICE DATE）

发票是所有单据中出单日期最早的，一般会早于提单的出具日期而且在信用证规定的议付期之前。有时，卖方签订合同后即开立发票，出具日期也就早于信用证开立日期，根据《UCP 600》的规定，这是允许的，但必须在信用证及《UCP 600》规定的期限内提交。但有的信用证会规定所有的单据出单日期不得早于信用证的开证日期，此时就要注意发票出票日期要不早于信用证开证日，早于提单日。

5. 信用证号码、日期、开证行（L/C NUMBER、DATE、ISSUED BY...）

包括此发票的5)、6)、7）栏，当采用信用证结算方式时，在这几栏内分别填写信用证号码、开证日期和开证行名称。如果信用证没有要求在发票上标明信用证号码或采用其他支付方式时，比如汇付等，此项可以不填。

6. 合同号码和日期（CONTRACT NO.、DATE）

包括此发票的8)、9）栏。这两栏要根据实际情况填写合同号码和合同签订的日期。合同号码应与信用证上所列的相一致，如果一笔交易牵涉几个合同时，应在发票上全部表示出来。合同日期根据实际情况填写。

7. 装运工具及起讫地点（FROM... TO... SHIPPED BY...）

包括此发票的10)、11)、12）栏。一般在这三栏分别填写货物的实际启运港（地）、目的港（地）以及运输方式或运输工具（如果已知），如果货物涉及转运，最好在运输工具后面填写转运港的名称。如果商业发票上没有这几栏内容，则可以不填。

8. 贸易术语（PRICE TERM）

此栏填写实际成交的贸易术语，如果发票中没有这个栏目，不必单独列出此项内容。

9. 运输标志（MARKS AND NUMBERS）

此栏英文表述也可以是 MARKS AND NUMBERS 或者 SHIPPING MARKS，中文也可以表述为唛头。根据国际标准化组织的建议，唛头一般包括客户名称缩写、合同号或订单号、目的港、件号等内容，一般由卖方自行设计。若信用证或合同中已经规定，必须按规定填写，并与其他单据严格一致。

10. 货物描述（DESCRIPTION OF GOODS）

简称货描，如果是同一种品名的货物有不同的规格型号（货号、规格、等级、尺寸、颜色等）的，一般应先填写货物的品名，然后分别填写不同的货号、规格、等级、尺寸、颜色等内容，注意要与后面几栏（单价、总价等一一对应）。如果是不同品名的货物，则将品名分别列出。此栏和前面的运输标志以及后面的单价、总价这四项内容是商业发票的核心内容，必须详细、具体地说明货物的实际情况，并且与信用证中相应的内容完全一致，必要时要照信用证原样照抄，不得随意减少内容，否则有可能被银行视为不符点。有时信用证货描部分太过简单，此时按信用证填写完毕后，再按合同要求列明货物具体内容。

11. 商品数量（QUANTITY）

货物数量应该与实际装运的数量一致，若货物品种规格较多，则每种货物应写明小计数量，最后在合计栏进行合计。

12. 单价（UNIT PRICE）

一般情况下，此栏应包括四项内容，即贸易术语计价货币、计量单位和单位金额，并且要与第10栏中的货物描述部分一一对应。

13. 总值（AMOUNT）

按照每种不同规格型号货物的数量和单价分别计算得出，然后将所有不同规格型号的金额相加得出合计的总金额。在计算出总金额后需要注意，有时卖方是委托中间商代理买卖，或者卖方在合同总值的基础上给予买方一定的回扣，此时就要在发票总金额中扣除佣金（COMMISION）和折扣（DISCOUNT），计算出扣除佣金后的净值。另外，有的信用证要求分别列明 FOB 价、运费、保险费等内容，也应按照要求表示清楚。

14. 合计（TOTAL）

如果有几种不同规格型号的商品，则分别对数量和金额进行合计，并填写在相对应的栏目中。

15. 大写金额（SAY TOTAL）

此栏填写大写的总金额，写法一般是：SAY... ONLY，注意与合计的总金额一致。

16. 签字、盖章（ISSUED BY... SIGNATURE）

此栏由出口商（出单人）签字并盖章。根据《UCP 600》第 37 条的规定，商业发票无须签署，但如果信用证要求提交签署的发票“SIGNED COMMERCIAL INVOICE...”或手签的发票“MANUALLY SIGNED...”，则发票必须签署，且后者还必须由发票授权签字人手签。我国出口企业一般手签并盖章。

除了以上这些栏目外，有时信用证还会要求商业发票中有一些证明性的语句，比如：我方在此证明上述描述数据是真实准确的（WE HEREBY CERTIFY THAT THE ABOVE MENTIONED PARTICULARS AND FIGURES ARE TRUE AND CORRECT.），此时，可以将上述内容列在商业发票货描部分或商业发票下方的空白处。另外，上述栏目并非所有的商业发票都必须具备的，在实践中，应该根据实际情况填写。

示范操作

	COMMERCIAL INVOICE			
1) SELLER			3) INVOICE NO.	4) INVOICE DATE
NINGBO HAIWEN IMP&EXP. CORP., LTD 9FL, NO. 428, ZHONGSHAN EAST ROAD, NINGBO			INV14140A	AUG. 08 2014
			5) L/C NO.	6) DATE
			090 - 3001573	20140804
			7) ISSUED BY	
			THE FUJI BANK, LIMITED	
2) BUYER			8) CONTRACT NO.	9) DATE
DAIAI CO., LTD, SHIBADAIMON MF BLOG, 2 - 1 - 16, SHIBADAIMON, MINATO - KU, TOKYO, 105 JAPAN			SC323713	
			10) FROM	11) TO
			NINGBO, CHINA	OSAKA, JAPAN
			12) SHIPPED BY	13) PRICE TERM
			ULSAN V. 502N	FOB NINGBO
14) MARKS	15) DES. OF GOODS	16) QTY.	17) UNIT PRICE	18) AMOUNT

图 4-1 商业发票

DAIAI SC323713 OSAKA, JAPAN C/NOS.: 1—140	GIRL's VEST SUITS FOB NINGBO G1356890 G1356891	6, 000 SETS 8, 000 SETS	FOB NINGBO USD6.00/SET USD7.00/SET	USD36, 000.00 USD56, 000.00
19) TOTAL		14000 SETS		USD92, 000.0
20) SAY TOTAL	SAY U. S. DOLLARS NINTY TWO THOUSAND ONLY			
			21) ISSUED BY	
			NINGBO HAIWEN IMP&EXP. CORP., LTD	
			SIGNATURE	
			王君	

图4-1 商业发票（续）

任务二 其他发票

学习目标

1. 掌握其他发票的种类和作用
2. 掌握加拿大海关发票的内容和填制方法

任务情境

2015年3月15日，昆山飞扬进出口公司业务员李丹收到了一份信用证，信用证中除了通常要求提供的商业发票之外，还要求一式两份的一种发票（CANADA CUSTOMS INVOICE IN DUPLICATE），相关资料和信用证如下：

GROSS WEIGHT: 100KGS

NET WEIGHT: 88KGS

PKGS: 100PCS/CTN

INVOICE NO: ZY024579

ORDER NO. BEU900405

DATE OF SHIPMENT: MAR. 20, 2015

SHIPPING MARK: N/M

FREIGHT: USD6580.00

信用证资料

…

APPLICANT: EAST BROTHERS COMPANY

5 -65, OHTAMACHI, NAKA - KU, VANCOUVER, CANADA.

BENEFICIARY: KUNSHAN FEIYANG IMP. AND EXP. CO. , LTD

ROOM 88, HUIHAO MANSTION, BINHE ROAD, SUZHOU

CURRENCY CODE AND AMOUNT: USD150, 000

PARTIAL SHIPMEMTS: ALLOWED

LOADING ON BOARD/DISPATCH/TAKING IN CHARGE: SHANGHAI, CHINA

FOR TRANSPORTATION TO…: VANCOUVER, CANADA.

LATEST DATE OF SHIPMENT: 20150425

DESCRIPTION OF GOODS AND/OR SERVICES: 50000PCS HL - BY CAPS USD3. 0/PC

CFR VANCOUVER PACKED IN 500 CTNS

DOCUMENTS REQUIRED

…

+CANADA CUSTOMS INVOICE IN DUPLICATE.

…

工作任务：单证员根据任务情境、信用证及相关资料缮制加拿大海关发票。

Revenue Canada　　　　　CANADA CUSTOMS INVOIE

<table>
<tr><td>1. Vendor (Name and Address)
KUNSHAN FEIYANG IMP. AND EXP. CO. , LTD
ROOM 88, HUIHAO MANSTION, BINHE ROAD,
SUZHOU</td><td colspan="2">2. Date of Direct Shipment to Canada
AS PER B/L DATE
3. Other References (Include Purchaser's Order No.)
ORDER NO. BEU900405</td></tr>
<tr><td rowspan="3">4. consignee (Name and Address)
EASTBROTHERS COMPANY
5 -65, OHTAMACHI, NAKA - KU,
VANCOUVER, CANADA.</td><td colspan="2">5. Purchaser's Name and Address (If other than Consignee)
SAME AS CONSIGNEE</td></tr>
<tr><td colspan="2">6. Country of Transshipment
N/A</td></tr>
<tr><td>7. Country of Origin of Goods
CHINA</td><td>IF SHIPMENT INCLUDES GOODS OF DIFFERENT ORIGINSENTER ORIGINS AGAINST ITEMS IN 12</td></tr>
<tr><td rowspan="2">8. Transportation: Gave Mode and Place of Direct Shipment to Canada
SHIPMENT FROM SHANGHAI TO VANCOUVER, CANADA BY SEA</td><td colspan="2">9. Conditions of Sale and Terms of Payment
CFR VANCOUVER, L/C</td></tr>
<tr><td colspan="2">10. Currency of Settlement
USD150, 000</td></tr>
</table>

<table>
<tr><td rowspan="2">11. No. of Pkgs
500
CTNS</td><td rowspan="2">12. Specification of Commodities (Kind of Packages, Marks and Numbers, General Description and Characteristics, i. e. Grade, Quality)
50000PCS HL - BY CAPS USD3. 0/PC CFR VANCOUVER PACKED IN 500 CTNS</td><td rowspan="2">13. Quantity
(State Unit)
50000PCS</td><td colspan="2">Selling Price</td></tr>
<tr><td>14. Unit Price
USD3. 0/PC</td><td>15. Total
USD150, 000</td></tr>
</table>

<table>
<tr><td rowspan="2">18. If any fields 1 to 17 are included on an attached commercial invoice, check this box☑
Commercial Invoice ZY024579</td><td colspan="2">16. Total weight</td><td rowspan="2">17. Invoice Total
USD150, 000</td></tr>
<tr><td>Net
88KGS</td><td>Gross
100KGS</td></tr>
</table>

19. Exporter's Name and Address (If other than Vendor) SAME AS VENDOR	20. Originator (Name and Address) SUZHOU YOUYI IMP. AND EXP. CO. , LTD ROOM 88, HUIHAO MANSTION, BINHE ROAD, SUZHOU
21. Departmental Ruling (if applicable) N/A	22. If fields 23 to 25 are not applicable, check this box

23. If included in field 17 indicate amount: (i) Transportation charges, expenses and insurance from the place of direct shipment to Canada $ USD6580. 00 (ii) Costs for construction, erection and assembly incurred after importation into Canada $ N/A (iii) Export packing $ N/A	24. If not included in field 17 indicate amount: (i) Transportation charges, expenses and insurance to the place of direct shipment to Canada $ N/A (ii) Amount for commissions other than buying commissions $ N/A (iii) Export packing $ N/A	25. Check (if applicable): (i) Royalty payments or subsequent proceeds are paid or payable by the purchaser N/A (ii) The purchaser has supplied goods or services for use in the production of these goods N/A

知识链接

一、其他发票的种类和作用

在外贸业务中，商业发票基本上是每一笔业务都要求出具的核心单据，所以如果说到 INVOICE，就是指商业发票，有时会出具除了商业发票以外的其他种类的发票，我们把这些发票统称为其他发票，目前比较常用的其他发票及其作用主要有以下几种。

（一）海关发票（CUSTOMS INVOICE）

海关发票是出口商应进口国海关要求出具的一种单据，基本内容同普通的商业发票类似，其格式一般由进口国海关统一制定并提供，主要是用于进口国海关统计、核实货物原产地，核查货物在其本国市场的价格，确认是否存在倾销，以及供进口商报送核查货物与估价征税之用。

海关发票名称各异，比如，加拿大的海关发票（CANADA CUSTOMS INVOICE）、美国的特别海关发票（SPECIAL CUSTOMS INVOICE），美国海关发票针对不同纺织品、鞋类、钢材等商品，分别有 Form 5519、Form 5523 和 Form 5520 等名称，新西兰海关发票名称为 CERTIFICATE OF ORIGIN FOR EXPORTS TO NEW ZEALAND FORM 59A 等，不一而足。需要注意的是，各国（地区）使用的海关发票都有固定的格式，必须按照其格式来填写；在制作海关发票时，需要注意必须与商业发票的相关项目完全一致；如果要列明商品的国内市场价或成本价时，应低于销售的离岸价，以免引起反倾销调查等不必要的麻烦；相应地，海关发票中的运费、保险费及包装费必须准确核算；海关发票还应以收货人或提单的被通知人为抬头人；最后，签具海关发票的人可由出口单位负责办事人员签字，证明人须另由其他人员签字，不能是同一人。

（二）领事发票（CONSULAR INVOICE）

领事发票是由进口国驻出口国的领事出具的一种特别印就的发票，是出口商根据进口国驻在出口地领事所提供的特定格式填制，并经领事签证的发票。有些国家对之有固定的格式，可直接向进口国在出口国的领事馆领取，有些国家则直接由其在出口国的领事在商业发票上认证。对于信用证中的此类条款，受益人首先要考虑是否能做到，签证费用由何方负担，然后再决定是否接受；如我方能够办到，要及时办理，若与我国尚未建立外交关系的国家，即出口地无领事馆，无法办证，则不能接受此类条款的信用证；填制领事发票时，注意有关内容应与商业发票、提单等单据相符；领事发票上必须注明所装运的货物的制造地（或者出产地）；领事发票的日期不应迟于汇票和提单的日期。领事发票的作用有以下几个方面：

（1）作为课税的依据。

（2）审核有无低价倾销情况。

（3）证明出口商所填写的货物名称与数量价格等是否属实。

（4）增加领事馆的收入（因为签证时领事馆要收取签证费）。

（三）形式发票（PROFORMA INVOICE，P/I）

形式发票也叫预开发票、预示发票，是在货物未成交前，买方要求出口商卖方将拟出售成交的商品名称、单价、规格等条件开立的一份参考性发票。卖方凭此预先让买方知晓如果双方将来以某数量成交之后，卖方要开给买方的商业发票大致的形式及内容，是一种试算性质的货运清单。形式发票在某些国家可以供买方作为申请进口许可证或申请外汇额度的证件，也可作为买方向银行申请向卖方支付货款，开立信用证等的依据。在交易金额较小时，有时买卖双方也可以用形式发票来取代合同。但是需要注意的是，形式发票的内容，尤其是价格等条件，仅仅是出口商根据当时情况所作的估计，对双方都无最终的约束力，所以说形式发票只是一种估价单，正式成交还要另外重新缮制商业发票，形式发票一般规定有“出口商最后确认为准”的保留条件，不具有法律效力，不能作为国际结算的工具。

形式发票的形式与商业发票基本是相同的，可以用商业发票来改制，但是一定要注明“PROFORMA INVOICE”字样，在内容方面，形式发票必须具备以下几点：

（1）货物品名、数量、成交贸易术语。

（2）装运期和运输方式。

（3）付款方式、出口方详细的银行资料（BANK INFORMATION）。

需要注意的是，外贸实践中，小额贸易国外客户是很少签订正式出口合同的，形式发票往往就起着约定合同基本内容以实现交易的作用，所以出口方在制作形式发票时，就要将可能产生分歧的条款一一列明，要求买方签回确认条款，以便日后真正执行合同时有据可依。如果是根据形式发票开立信用证，那么，信用证上的条款便与形式发票上的一致。所以，形式发票虽然不能作为国际结算的工具，但是缮制的时候，还是应该力求精确，不要出现疏漏或与其他单据不一致。

（四）样品发票（SAMPLE INVOICE）

又称小发票，是卖方向买方寄样时出具的清单，供进口报关时使用。

出口商为了使客户对商品有一个更直观的印象，让客户更好地了解商品的品质、价值等，在交易之前发送商品样品供客户从中选择，为此而制作的发票就是样品发票。所提供的样品，若价值不大，多数是免费赠送，有时会收取部分款项，或收取全额款项，这些都应在发票上加以说明。样品发票不同于商业发票，只是便于客户了解商品的价值、费用等，便于向市场推销，便于报关取样。在发送样品时一定要谨慎处理，必须要拥有通过海关检查所需的正确单据防止延误或者被海关罚款。样品发票应当包括商品的种类、尺寸、数量、单价及总价等内容。最重要的是，样品发票必须要有下面的内容“样品没有商业价值，仅供报关使用”的字样。

（五）厂商发票（MANUFACTURE's INVOICE）

厂商发票是由出口货物的制造厂商所出具的以本国货币计算价格、用以证明出口国国内市场的出厂价格的发票，供进口国海关估价、核税以及征收反倾销税之用。如果信用证要求提供厂商发票的，出口商要注意要求厂商提供，并要注意该发票要满足以下事项：

（1）在单据上部要印有醒目粗体字“厂商发票”（MANUFACTURER INVOICE）字样。

（2）厂方作为出单人，由厂方负责人签字盖章。

（3）抬头人应该为出口商。

（4）出票日期应早于商业发票日期，货物名称、规格、数量、件数必须与商业发票一致。

（5）货币应打出口国币制，价格的填制可按 FOB 价发票价适当打 10% 或 15% 的折扣。

（6）一般情况下，厂商发票中不要显示唛头。

二、加拿大海关发票的内容和填制

加拿大海关发票（CANADA CUSTOMS INVOICE）是指销往加拿大的出口货物（食品除外）所使用的海关发票。其栏目用英文、法文两种文字对照，内容繁多，要求每个栏目都要填写，不得留空，若不适用或无该项内容，则必须在该栏目内填写“N/A”（即

NOT APPLICABLE）。

（1）卖方的名称与地址 VENDOR（NAME AND ADDRESS）。填写出口商的名称及地址，包括城市和国家名称。信用证支付条件下此栏填写受益人名址。

（2）直接运往加拿大的装运日期（DATE OF DIRECT SHIPMENT TO CANADA）。即填写直接运往加拿大的装运日期，此日期应与提单日期相一致。如单据送银行预审，也可请银行按正本提单日期代为加注。

（3）其他参考事项，包括买方订单号码（OTHER REFERENCE，INCLUDE PURCH－ASER’S ORDER NUMBER）。填写有关合同、订单或商业发票号码。

（4）收货人名称及地址［CONSIGNEE（NAME AND ADDRESS）］。填写加拿大收货人的名称与详细地址。信用证项下一般为信用证的开证人。

（5）买方（PURCHASER’s NAME AND ADDRESS）。填写实际购货人的名称及地址。如与第四栏的收货人相同，则此栏可打上“SAME AS CONSIGNEE”。

（6）转运国家（COUNTRY OF TRANSSHIPMENT）。应填写转船地点的名称。如在香港转船，可填写：“FROM SHANGHAI TO VANCOVER WITH TRANSHIPMENT AT HONGKONG BY VESSEL”。如不转船，可填 N/A（即 NOT APPLICCABLE）。

（7）生产国别（COUNTRY OF ORIGIN OF GOODS）。填写 CHINA。若非单一的国产货物，则应在 12 栏中详细逐项列明各自的原产地国名。

（8）运输方式及直接运往加拿大的启运地点（TRANSPORTATION：GIVE MODE AND PLACE OF DIRECT SHIPMENT TO CANADA）：只要货物不在国外加工，不论是否转船，均填写启运地和目的地名称以及所用运载工具。如：FROM SHANGHAI TO MONTREAL BY VESSEL。

（9）价格条件及支付方式，如销售、委托发运、租赁商口等。CONDITION OF SALES AND TERMS OF PAYMENT I. E. SALE，CONSIGNMENT，SHIPMENT，LEASED GOODS，ETC.

按商业发票的价格术语及支付方式填写。如 CIF VANCOUVER D/P AT SIGHT 或 C AND F MONTREAL BY L/C AT SIGHT。

（10）货币名称（CURRENCY OF SETTLEMENT）。卖方要求买方支付货币的名称，须与商业发票使用的货币相一致，如 CAD。

（11）件数（NUMBER OF PACKAGES）。填写该批商品的总包装件数。如：600 CARTONS。

（12）商品详细描述［SPECIFICATION OF COMMODITIES（KIND OF PACKAGES，MARKS AND NUMBERS，GENERAL DESCRIPTION AND CHARACTERISTICS，I. E. G－RADE，QUALITY）］。应按商业发票同项目描述填写，并将包装情况及唛头填写此栏（包括种类、唛头、品名和特性，即等级、品质）。

（13）数量［QUANTITY（STATE UNIT）］。应填写商品的具体数量，而不是包装的件数。

（14）单价（UNIT PRICE）。应按商业发票记载的每项单价填写，使用的货币应与信用证和商业发票一致。

（15）总值（TOTAL）。应按商业发票的总金额填写。

（16）净重及毛重的总数（TOTAL WEIGHT）。填写总毛重和总净重，应与其他单据的总毛重和总净重相一致。

（17）发票总金额（INVOICE TOTAL）。按商业发票的总金额填写。

（18）如果1～17栏的任何栏的内容均已包括在所随附的商业发票内。（IF ANY FIELDS 1 TO 17 ARE INCLUDED ON AN ATTACHED COMMERCIAL INVOICE，CHECK－THIS BOX□）如果1～17栏的任何栏的内容均已包括在所随附的商业发票内，则在方框内填一个“√”记号，并将有关商业发票号填写在横线上。

（19）出口商名称及地址，如并非买方［EXPORTERS NAME AND ADDRESS（IF OTHER THAN VENDOR）］。如出口商与第1栏的卖方不是同一名称，则列入实际出口商名称；而若出口商与第一栏卖方为同一者，则在本栏打上“THE SAME AS VENDOR”。

（20）负责人的姓名及地址［ORIGINATOR（NAME AND ADDRESS）］。此栏仍填写出口公司名称、地址、负责人名称。

（21）主管当局现行管理条例，如适用者［DEPARTMENTAL RULING（IF APPLICABCE）］。指加方海关和税务机关对该货进口的有关规定。如有，则要求填写，如无，则填“N/A”（即NOT APPLICABLE）。

（22）如果23～25三个栏目均不适用（IF FIELDS 23 TO 25 ARE NOT APPLICABLE，CHECK THIS BOX□）。如23～25栏不适用，可在方框内打“√”记号。

（23）如果以下金额已包括在第17栏目内（IF INCLUDED IN FIELD 17 INDICATE AMOUNT）：

①TRANSPORTATION CHARGES，EXPENSES AND INSURANCE FROM THE PLACE OF DIRECT SHIPMENT TO CANADA. 自启运地至加拿大的运费和保险费：可填运费和保险费的总和，允许以支付的原币填写。若不适用则填“N/A”。

②COSTS FOR CONSTRUCTION，ERECTION AND ASSEMBLY INCURRED AFTER IMPORTATION INTO CANADA。货物进口到加拿大后进行建造、安装及组装而发生的成本费用，按实际情况填列；若不适用，可打上N/A。

③出口包装费用（EXPORT PACKING）。可按实际情况将包装费用金额打上，如无，则填“N/A”。

（24）如果以下金额不包括在第17栏目内（IF NOT INCLUDED IN FIELD 17 INDICATE AMOUNT）：若17栏不包括，则注明金额：Ⅰ、Ⅱ、Ⅲ三项，一般填“N/A”。如果在FOB等价格条件下，卖方又替买方租船订舱时，其运费于货到时支付，则I栏可填实际运费额。

（25）CHECK（IF APPLICABLE）：

①ROYALTY PAYMENTS OR SUBSEQUENT PROCEEDS ARE PAID OR PAYABLE BY THE PURCHASER. 买方已支付的专利费或售后支付的款项。

②THE PURCHASER HAS SUPPLID GOODS OR SERVICES FOR USE IN THE PRODUCTION OF THESE GOODS. 买方为这些货物的生产提供的货物或服务。

若适用，在方格内打“√”记号。本栏系补偿贸易、来件、来料加工、装配等贸易方式专用；一般贸易不适用，可在方格内填“N/A”。

示范操作

Revenue Canada　　　　CANADA CUSTOMS INVOIE

<table>
<tr><td colspan="2">1. Vendor (Name and Address)
KUNSHAN FEIYANG IMP. AND EXP. CO., LTD
ROOM 88, HUIHAO MANSTION, BINHE ROAD, SUZHOU</td><td colspan="3">2. Date of Direct Shipment to Canada
AS PER B/L DATE
3. Other References (Include Purchaser's Order No.)
ORDER NO. BEU900405</td></tr>
<tr><td colspan="2" rowspan="3">4. Consignee (Name and Address)
EASTBROTHERS COMPANY
5-65, OHTAMACHI, NAKA-KU,
VANCOUVER, CANADA.</td><td colspan="3">5. Purchaser's Name and Address (If other than Consignee)
SAME AS CONSIGNEE</td></tr>
<tr><td colspan="3">6. Country of Transshipment
N/A</td></tr>
<tr><td>7. Country of Origin of Goods
CHINA</td><td colspan="2">IF SHIPMENT INCLUDES GOODS OF DIFFERENT ORIGINSENTER ORIGINS AGAINST ITEMS IN 12</td></tr>
<tr><td colspan="2" rowspan="2">8. Transportation: Gave Mode and Place of Direct Shipment to Canada
SHIPMENT FROM SHANGHAI TO VANCOUVER, CANADA BY SEA</td><td colspan="3">9. Conditions of Sale and Terms of Payment
CFR VANCOUVER, L/C</td></tr>
<tr><td colspan="3">10. Currency of Settlement
USD150, 000</td></tr>
<tr><td rowspan="2">11. No. of Pkgs
500 CTNS</td><td rowspan="2">12. Specification of Commodities (Kind of Packages, Marks and Numbers, General Description and Characteristics, i. e. Grade, Quality)
50000PCS HL-BY CAPS USD3.0/PC CFR VANCOUVER PACKED IN 500 CTNS</td><td rowspan="2">13. Quantity (State Unit)
50000PCS</td><td colspan="2">Selling Price</td></tr>
<tr><td>14. Unit Price
USD3.0/PC</td><td>15. Total
USD150, 000</td></tr>
<tr><td colspan="2">18. If any fields 1 to 17 are included on an attached commercial invoice, check this box☑
Commercial Invoice ZY024579</td><td>16. Total weight
Net 88KGS
Gross 100KGS</td><td colspan="2">17. Invoice Total
USD150, 000</td></tr>
<tr><td colspan="2">19. Exporter's Name and Address (If other than Vendor)
SAME AS VENDOR</td><td colspan="3">20. Originator (Name and Address)
SUZHOU YOUYI IMP. AND EXP. CO., LTD
ROOM 88, HUIHAO MANSTION, BINHE ROAD, SUZHOU</td></tr>
<tr><td colspan="2">21. Departmental Ruling (if applicable)
N/A</td><td colspan="3">22. If fields 23 to 25 are not applicable, check this box</td></tr>
</table>

图4-2　加拿大海关发票

23. If included in field 17 indicate amount: (i) Transportation charges, expenses and insurance from the place of direct shipment to Canada $ USD6580.00 (ii) Costs for construction, erection and assembly incurred after importation into Canada $ N/A (iii) Export packing $ N/A	24. If not included in field 17 indicate amount: (i) Transportation charges, expenses and insurance to the place of direct shipment to Canada $ N/A (ii) Amount for commissions other than buying commissions $ N/A (iii) Export packing $ N/A	25. Check (if applicable): (i) Royalty payments or subsequent proceeds are paid or payable by the purchaser N/A (ii) The purchaser has supplied goods or services for use in the production of these goods N/A

图 4-2 加拿大海关发票（续）

能力训练

一、选择题

1. 下列内容中，（　　）可不必在商业发票上注明。

A. 商品品名　　B. 唛头　　C. 毛、净重　　D. 贸易术语

2. 发票上的货物数量应该与信用证一致，如信用证在数量前使用“约”“大约”字眼时，应该理解为（　　）。

A. 货物有不超过5%的增减幅度　　B. 货物有不超过10%的增减幅度

C. 货物有不超过3%的增减幅度　　D. 货物数量不得增减

3. 商业发票的抬头人一般是（　　）。

A. 卖方　　B. 开证申请人　　C. 开证银行　　D. 受益人

4. 在信用证支付方式的交易中，制作单据的主要依据是（　　）。

A. 买卖合同　　B. 信用证　　C. 发票　　D. 进出口许可证

5. 根据国际贸易惯例，一般依（　　）来计算佣金。

A. FOB价格　　B. CIF价格　　C. 发票金额　　D. 保险总值

6. 信用证要求提交厂商发票的目的是（　　）。

A. 查验货物是否已经加工出厂　　B. 核对货物数量是否与商业发票相符

C. 检查是否有反倾销行为　　D. 确认货物质量是否符合要求

7. 目前经常使用的有（　　），其他的已不多见。

A. 美国海关发票　　B. 日本海关发票　　C. 加拿大海关发票　　D. 英国海关发票

8. 形式发票也称预开发票或估价发票，通常在未成交之前，为进口商向其本国当局申请进口许可证或请求核批外汇之用。下列说法正确的是（　　）。

A. 形式发票不是一种正式发票

B. 能用于托收和议付，正式成交后不要另外重新缮制商业发票

C. 形式发票与商业发票的关系密切，信用证在货物描述后面常有“按照某月某日之形式发票”等条款

D. 假如来证附有形式发票，则形式发票构成信用证的组成部分，制单时要按形式发票内容全部打上

9. 样品发票的内容有（　　）。

A. 商品的种类　　B. 商品的数量　　C. 信用证号码　　D. 商品的单价

10. 以下说法正确的是（　　）。

A. 每一笔外贸业务都要提供形式发票

B. 海关发票目前只有少数国家要求提供

C. 如果信用证要求提供其他发票，则要与商业发票内容严格一致

D. 每一笔业务都要提供样品发票

二、判断题

1. 商业发票上的货物描述应详细，与信用证严格一致，不可像其他单据那样使用统称。（　　）

2. 商业发票出单日期应该早于信用证开证日期。（　　）

3. 商业发票设全套单据的核心，其他单据都应该与商业发票一致。（　　）

4. 形式发票是一种正式发票，能用于托收和议付。（　　）

5. 加拿大海关发票中，有的栏目没有内容，则留空不填。（　　）

三、制单操作题

根据以下材料制作商业发票：

商业发票号码：INV150213　　商业发票日期：APR. 05，2015

装货船舶：VICTORIA. 08　　合同号：15ZA16IA0019

信用证资料

ISSUING BANK：CENTRAL BANK OF NDONESIA

L/C NO. 301 - 11 - 65642531　　DATE APRIL 2 2015

APPLICANT：BT. HE. CO. LTD. LANGGENG 310 UTRY SEMARANG INDONESIA

BENEFICIARY：SHENZHEN ANIMAL BY - PRODUCTS IMP. &EXP. CORPORATION

89BINHE RD，SHENZHEN，CHINA

L/C CURRENCY AND AMOUNT：USD26000. 00

LOADING IN CHARGE：SHENZHEN PORT，CHINA

FOR TRANSPORTATION TO：SEMARANG，INDONESIA

LATEST DATE OF SHIPPMENT：150430

DESCRIPTION OF GOODS：CIF SEMARANG 3000 PIECES OF CHILDREN GIFTS AS PER SALES CONTRACT　15ZA16IA0019DATED 15. 02. 02

STYLE NO.	QUANTITY	UNIT PRICE
ZA23	1000PCS	USD10. 00/PC
ZB46	2000PCS	USD8. 00/PC

DOCUMENTS REQUIRED： + MANULLY SIGNED COMMERCIAL INVOICE IN 1 ORIGINAL AND 5 COPIES.

+..........

ADDITIONAL COND. : + PACKING IN CARTONS OF 50 PCS EACH.

+ CARTONS TO BE MARKED WITH： BT. HE.

SEMARANG

C/NO. 1 – UP

项目五　包装单证

任务一　装箱单

学习目标

1. 了解装箱单的内容
2. 熟悉《UCP 600》中关于包装的条款

任务情境

本次出口商品系采用集装箱班轮运输，因此昆山飞扬食品进出口公司李莉向上海东方国际货运代理有限公司办理订舱。除散装货物外，包装商品一般都需要提供包装单据。出口商在办理订舱、报关、报检等手续时，都以包装单据为依据以了解包装件号内的具体内容和包装情况。因此，在订舱前，根据货运代理公司要求，在缮制商业发票的同时，还需要缮制装箱单。

工作任务：单证员根据相关资料完成装箱单。

知识链接

装箱单与发票一样，并无固定的格式和内容，但基本栏目内容相似，一般由出口商根据货物的种类和进口商的要求依照商业发票的大体格式来制作，主要包括以下具体内容。

1. 装箱单出票人的名称和地址（Exporter）

与发票同项内容一致，缮制方法相同。填写出口商名称及地址，有时包括电传、电话号码等，该项目必须同货物买卖合同的签约人及信用证对受益人的描述一致。信用证项下即为受益人，一般表示为“Beneficiary：×××”。通常出口商名称及地址都已事先印好。

2. 单据的名称

按信用证要求的类型和名称提供，如要求 Detailed Packing List，可通过在单据中详细显示单件货物的毛、净重和体积加以实现，如要求 Neutral Packing List（中性装箱单），所提供的单据只要不打印受益人名称，不签章就可满足要求。

3. 装箱单抬头（Messrs/to：……）

与发票同项内容一致，缮制方法相同。除信用证有其他要求之外，装箱单抬头一般缮制为开证申请人（Applicant）或托收的委托人。

4. 装箱单号码和日期（Packing List Number And Date）

装箱单编号一般填写商业发票号码。装箱单可以有自己的编号，但是商业发票是核心单据，所以一般都用商业发票的编号作为装箱单的编号，在有的装箱单上会直接出现商品发票的编号栏。

5. 合同号码和日期（S/C Number and Date）

合同号码（Sale Contract NO.）应与信用证上所列的相一致，应与发票同项内容相同。如果一笔交易牵涉几个合同时，应在发票上全部表示出来。信用证未规定合同编号，可不填。其他结算方式下，必须填入。

6. 起讫地点（From... to...）

起讫地点填写时应一并填写货物的实际启运港（地）、目的港（地）。

7. 信用证号码（L/C Number）

应与发票同项内容一致，当采用信用证结算方式时，填写信用证号码（L/C NO.）。如果信用证没有要求在发票上标明信用证号码，此项可以不填，当采用其他支付方式时，此项也可不填。

8. 支付方式（Terms of Payment）

填写交易合同所采用的支付方式，如信用证、汇付、托收等。

9. 唛头及件数编号（Marks and Numbers）

唛头包括客户名称缩写、合同号、目的港、件数号等部分，如货物还要转运到内陆目的地，可打上“In Transit to ×××”等字样，一般由卖方自行设计。若信用证或合同中有规定，必须按规定填写，并与提单、托运单等单据严格一致，也可以只注明“As per Invoice No. ×××”。如果无唛头，或者裸装货、散装货等，则应填写“No Mark”（缩写N/M）。

10. 商品描述（Description of Goods）

装箱单中所表明的货物应为发票中所描述的货物，包括货物的品目、规格、等级、尺寸、颜色等，一般用列表的方式将同类项并列集中填写。内容必须与信用证规定的货描（Description of Goods）完全一致，必要时要照信用证原样打印，不得随意减少内容，否则有可能被银行视为不符点。但有时信用证货描表述非常简单，此时按照信用证打印完毕后，再按合同要求列明货物具体内容。若信用证对此部分有开错的，应将错就错，或用括号将正确的描述注明。

11. 商品数量（Quantity）

货物数量的描述受到信用证和提单的两项约束，不能有出入，因此在信用证无相反规定时，货物的实际出运量允许有5%或10%的增减。若货物品种规格较多，则每种货物应写明小计数量，最后再进行合计。

12. 商品的毛重（Gross Weight，GW）、净重（Net Weight，NM）和体积（Measurement，Meas）

毛重应注明每个包装件的毛重和此包装件不同规格、品种、花色货物各自的总毛重（Subtotal），最后在合计栏处标注所有货物的总毛重；净重应注明每个包装件的净重和此包装件不同规格、品种、花色货物各自的总净重，最后在合计栏处标注所有货物的总净重；体积则要求注明每个包装件的尺寸和总体积。

13. 大写总包装件数（Total Packing in Words）

装箱单全部填写完了之后，在下方写上总包装件数的英文大写，在开头用“SAY”，并用“ONLY”结束，以防止内容添加涂改。

14. 出票人签章

根据《UCP 600》的规定，装箱单与商业发票一样，无须签署，但如果信用证要求提交签署的装箱单“Signed Packing List...”或手签的装箱单“Manually Signed...”，则装箱单必须签署，且后者还必须由装箱单授权签字人手签。在实务中，我国出口企业一般加盖出口商印章和法人代表的签署章。

示范操作

<table>
<tr><td colspan="7">昆山飞扬食品进出口公司
KUNSHAN FLY FOOD IMPORT & EXPORT CORP.
NO. 18，HUBIN ROAD，KUNSHAN，CHINA
TEL：86－512－69952810　　FAX：86－512－69952813</td></tr>
<tr><td colspan="7">PACKING LIST</td></tr>
<tr><td rowspan="4">To：</td><td colspan="3" rowspan="4">SKY OVERSEAS TRADING CO. LTD.
100 RHINE ROAD HAMBURG
GERMANY</td><td colspan="2">Invoice No.：</td><td>INV007524</td></tr>
<tr><td colspan="2">Invoice Date：</td><td>Oct. 26，2016</td></tr>
<tr><td colspan="2">S/C No.：</td><td>SC009616</td></tr>
<tr><td colspan="2">S/C Date：</td><td>OCT. 16，2016</td></tr>
<tr><td>From：</td><td colspan="3">SHANGHAI PORT，CHINA</td><td colspan="2">To：</td><td>HAMBURG
GERMANY</td></tr>
<tr><td colspan="2">Letter of Credit No.：</td><td>AH161475</td><td colspan="2">Terms of Payment</td><td colspan="2">BY L/C</td></tr>
<tr><td>Marks and Numbers</td><td>Number and kind of package Description of goods</td><td>Quantity</td><td>Package</td><td>G. W</td><td>N. W</td><td>Meas.</td></tr>
<tr><td>SKY
SC009616
GERMANY
NO. 1－1000</td><td>CANNED
GRAPES
450Gx12
TINS/CARTON</td><td>12000 TINS</td><td>1000CTNS</td><td>5960 KGS</td><td>5450 KGS</td><td>11.40
CBM</td></tr>
<tr><td colspan="2">TOTAL：</td><td>12000 TINS</td><td>1000CTNS</td><td>5960 KGS</td><td>5450 KGS</td><td>11.40
CBM</td></tr>
<tr><td>TOTAL：</td><td colspan="6">SAY ONE THOUSAND CARTONS ONLY</td></tr>
<tr><td colspan="7">FOR AND BEHALF OF：
KUNSHAN FLY FOOD IMPORT & EXPORT CORP.
李莉</td></tr>
</table>

图 5－1　缮制装箱单

任务二　重量单

学习目标

1. 了解重量单的内容
2. 掌握重量单的缮制

任务情境

昆山飞扬食品进出口公司与德国天空海外贸易公司就出口一批葡萄罐头达成协议并签订合同。为了证明所装货物的重量与合同规定相符，出口商在缮制商业发票的同时，还需要缮制重量单，尽量清楚地表明货物的毛、净重情况，以供买方安排运输、存仓时参考。

工作任务：单证员根据相关资料完成重量单。

知识链接

一、重量单的含义

重量单是主要包装单据（Packing Documents）的一种，按照装货重量（Shipping Weight）成交的货物，在装运时出口商必须向进口商提供的一种证明文件，它证明所装货物的重量与合同规定相符，货到目的港有缺重量时出口商不负责任。若按照卸货重量（Delivered Weight）成交的货物，如果货物缺重量时，进口商必须提供质量证明书，才可向出口商、轮船公司或保险公司提出索赔。

二、重量单的内容

重量单上所反映的内容除了装箱单上的内容以外，需要尽量清楚地表明商品每箱毛重、净重以及总重量的情况，供买方安排运输、存仓时参考。

重量单无统一格式，所谓的重量单在制作内容上侧重于货物的每箱净重（NET WEIGHT）和毛重（GROSS WEIGHT），计算出来的总毛重和净重要与提单上的一致。

1. 出口企业名称和地址

出口企业的中文名、英文名，以及详细地址。

2. 单据名称

单据名称通常用英文粗体标出。重量单就写 CERTIFICATE OF WEIGHT 或者 WEIGHT LIST，实际使用中应与信用证要求的名称相符。

3. 重量单编号

一般填发票号码，也可填合同号码。

4. 出单日期（DATE）

填发票签发日期，不得早于发票日期。

5. 唛头（SHIPPING MARK）

与发票和箱单的 SHIPPING MARK 一致。

6. 品名和规格

必须与信用证的描述相符。

7. 数量

填写实际件数，如品名规格不同应分别列出，并累计其总数。

8. 单位（UNIT）

指外包装的数量单位，如：箱、包、桶等。

9. 毛重（GROSS WEIGHT）

包括包装在内的每件货物的重量，并累计其总量。

10. 净重（NET WEIGHT）

每件货物的实际重量，并计总量。

11. 签章（SIGNATURE）

出单人签章应与商业发票相符。如信用证规定中性包装，此处可不填。

示范操作

<table>
<tr><td colspan="2">ISSUER
KUNSHAN FLY FOOD IMPORT & EXPORT CORP.
NO. 18, HUBIN ROAD, KUNSHAN, CHINA</td><td colspan="5" rowspan="1">WEIGHT LIST</td></tr>
<tr><td colspan="2">TO
SKY OVERSEAS TRADING CO. LTD.
100 RHINE ROAD HAMBURG GERMANY</td><td colspan="2">INVOICE NO.
INV007524</td><td colspan="3">DATE
Oct. 26, 2016</td></tr>
<tr><td>Marks and Numbers</td><td>Number and kind of package
Description of goods</td><td>Quantity</td><td>Package</td><td>G. W</td><td>N. W</td><td>Meas.</td></tr>
<tr><td>SKY
SC009616
GERMANY
NO. 1 – 1000</td><td>CANNED GRAPES
450Gx12TINS/CARTON</td><td>12000 TINS</td><td>100 CTNS</td><td>5960 KGS</td><td>5450
KGS</td><td>11.4
CBM</td></tr>
<tr><td colspan="2">TOTAL:</td><td>12000 TINS</td><td>1000CTNS</td><td>5960 KCS</td><td>5450
KGS</td><td>11.4CBM</td></tr>
<tr><td>SAY TOTAL:</td><td colspan="6">FIVE THOUSAND NINE HUNDRED AND SIXTY KILOGRAMS ONLY</td></tr>
</table>

图 5－2　重量单

任务三　尺码单

学习目标

1. 了解尺码单的内容
2. 掌握尺码单的缮制

任务情境

昆山飞扬食品进出口公司与德国天空海外贸易公司就出口一批葡萄罐头达成协议并签订合同。货物采用箱装，每箱6罐，每箱尺码38cm×20cm×15cm。为了方便买方安排运输时更好确定租用集装箱的数量，出口商在缮制商业发票的同时，还需要缮制尺码单，尽量清楚地标明货物包装的尺码情况，以供买方安排运输、存仓时参考。

工作任务：单证员根据情境资料完成尺码单。

知识链接

尺码单是偏重于说明货物每件的尺码和总尺码的包装单据，它是在装箱单的基础上再重点说明每件、每种规格项目的尺码和总尺码，如果包装内不是统一尺码的货物则应逐一加以说明。货物的包件体积可以按信用证的要求，用长×宽×高来表示，也可用立方米表示。

尺码单无固定格式，由出口人自行拟制。其主要栏目内容包括单据名称、编号、日期、货物名称、货物数量、尺码及签字等。缮制时应将不同货物的尺码及长、宽、高的尺寸做重点说明。除尺码栏外，尺码单的缮制要求与装箱单基本一致。若采用托盘装运，除了注明货物装上托盘后的总尺码外，还应注明托盘本身的尺码。此外，尺码单有时也与重量单以联合形式出具。

示范操作

No：LHY007530　　　　　　　　　　Date：Oct. 26，2016

Contract No：CN00943　　　　　　　　第 Page ＿，＿1＿ 页

标志及箱号 Marks&No.	品名及规格 Article and Specification	数量 Quantity	件数 Package	尺码 Measurement
SKY SC009616 GERMANY NO. 1 –1000	CANNED GRAPES 450Gx12TINS/CARTON	12000TINS	1000carton	38CM * 20CM * 15CM Per carton

图5–3　尺码单

能力训练

一、选择题

1. 包装单据一般不应显示货物的（　　），因为进口商把商品转售时只要交付包装单据和货物，不愿泄漏其购买成本。

A. 品名、总金额　　B. 品名、单价　　C. 包装件数、品名　　D. 单价、总金额

2. 在单据的“三相符”中，占首要地位的是（　　）。

A. 单证相符　　B. 单同相符　　C. 单单相符　　D. 单货相符

3. 按《UCP 600》解释，若信用证条款中未明确规定是否“允许分批装运”“允许转运”，则应视为（　　）。

A. 可允许分批装运，但不允许转运　　B. 可允许分批装运和转运

C. 可允许转运，但不允许分批装运　　D. 不允许分批装运和转运

4. 在国际商务单据的分类中，商业单据通常是指（　　）。

A. 商业发票、装箱单和 GSP 产地证明书等

B. 商业汇票、重量单和保险单等

C. 商业发票、装箱单和商业汇票等

D. 商业发票、重量单和装箱单等

5. 在品质条款的规定上，对某些比较难掌握其品质的工业制成品或农产品，都在合同中规定（　　）。

A. 溢短装条款　　B. 增减价条款

C. 品质公差或品质机动幅度　　D. 商品的净重

6. 对于价值较低的商品，往往采用（　　）计算其重量。

A. 理论重量　　B. 净重　　C. 法定重量　　D. 以毛作净

7. 在合同中如果未规定用何种方法计算重量和价格的，按照国际惯例应以（　　）计价。

A. 净重　　B. 理论重量　　C. 毛重　　D. 公量

8. 空运出口某商品 210 箱，每箱毛重 3.9 千克，每箱体积 40 厘米 ×30 厘米 ×30 厘米，航空运单上该批商品的计费重量为（　　）。

A. 210 千克　　B. 1260 千克　　C. 819 千克　　D. 7560 千克

9. 根据《UCP 600》，信用证中货物的数量规定有“约”“大约”“近似”或类似意义的词语时，应理解为其有关数量增减幅度不超过（　　）。

A. 3%　　B. 5%　　C. 10%　　D. 15%

10. 收到国外来证两份，（1）棉布 10 万码，每码 0.40 美元，信用证总金额 42000 美元；（2）服装 1000 套，每套 20 美元，信用证总金额 21000 美元。据此，两证出运的最高数量和金额可分别掌握为（　　）。

A. 棉布 100000 码，40000 美元；服装 1000 套，20000 美元

B. 棉布 105000 码，42000 美元；服装 1050 套，21000 美元

C. 棉布 105000 码，42000 美元；服装 1000 套，20000 美元

D. 棉布 100000 码，40000 美元；服装 1050 套，21000 美元

二、判断题

1. 集装箱装箱单是详细记载集装箱内货物的名称、数量等内容的单据，每一个载货集装箱都要制作这样的单据。它是根据计划装进集装箱内的货物制作的。(　　)

2. 在国际海上集装箱货物运输中，整箱货（FCL）是指由货方负责装箱和计数，填写装箱单，并加封的集装箱货物，通常只有一个发货人和收货人。(　　)

3. 在国际海上货物运输中，提单上记载提单签发日期与提单上所列货物实际装船完毕的日期有时不一致，例如提单记载装船日期为 5 月 10 日，提单签发日期为 5 月 11 日，由于记载两个不同日期，不容易确认货物的装运期，所以银行不接受这种提单。(　　)

4. 在国际航空货物运输中，航空货运单是可以转让的。(　　)

5. 关于多式联运单证的表现形式，目前并没有统一的格式，所以可以认为集装箱提单就是多式联运的单证。(　　)

三、制单操作题

根据下述给出的条件缮制装箱单。

卖方：SUZHOU IMPORT & EXPORT TRADE CORPORATION
　　　321 FENGXIAN ROAD SHANGHAI CHINA

买方：TANJIN – DAIEI CO.，LTD. SHIBADAIMON
　　　MF BLDG，2 – 1 – 16，SHIBADAIMON MINATO – KU，OSAKA，105 JAPAN

货名：红茶（BLACK TEA）

单价：ART NO. 555　USD 110. 00/KG、ART NO. 666 USD 100. 00/KG、
　　　ART NO. 777 USD 90. 00/KG　　　CIF OSAKA

数量：ART NO. 555 100KGS、ART NO. 666 110KGS、ART NO. 777 120KGS

包装：每 5 公斤装 1 箱（PACKED IN ONE CARTON OF 5 KGS EACH）
　　　装一个 20 英尺的集装箱（编号：GATU0506118）（整箱）

毛重：ART NO. 555　5KGS/CTN、ART NO. 666　5KGS/CTN、ART NO. 777 5KGS/CTN

净重：每箱 4KGS　　体积：每箱 0. 2CBM

唛头：自编一个标准化唛头　　支付条件：L/C AT SIGHT　　信用证号：XT173

开证日期：MAY 10，2016　　发票编号：TX0522　　发票日期：2016 年 6 月 1 日

合同号：TXT264

装运港：苏州港（SUZHOU PORT）　　目的港：大阪港（OSAKA PORT）

装运日：2016 年 6 月 20 日　　　　出票人姓名：黄河

<table>
<tr><td colspan="4">PACKING LIST</td></tr>
<tr><td rowspan="4">To:</td><td rowspan="4"></td><td>Invoice No.:</td><td></td></tr>
<tr><td>Invoice Date:</td><td></td></tr>
<tr><td>S/C No.:</td><td></td></tr>
<tr><td>S/C Date:</td><td></td></tr>
</table>

From:				To:		
Letter of Credit No.:				Terms of Payment		
Marks and Numbers	Number and kind of package Description of goods	Quantity	Package	G. W	N. W	Meas.
TOTAL:						
TOTAL:						

项目六 运输单证

任务一 进出口托运业务流程

学习目标

1. 了解托运业务的流程步骤
2. 掌握租船订舱的内容

任务情境

昆山飞扬食品进出口公司与德国天空海外贸易公司就出口一批葡萄罐头达成协议并签订合同，当收到对方开来的信用证并审核无误后，委托上海东方国际货运代理有限公司代理安排托运事务。此时需要通过东方国际货运代理有限公司确定合适的船公司和船期并由其代办租船订舱、装船发运等事宜。

工作任务：单证员根据情境资料完成出口托运订舱事宜。

知识链接

采用CIF、CIP、CFR、CPT成交的合同，外贸出口公司根据外销合同规定备齐出口货物，在收到信用证并审查无误后，就可以办理出口货物的租船订舱托运装船事宜了。

出口货物的托运装船流程分成两个步骤办理。

1. 办理租船订舱

就是在出口报关前，洽订运输工具，找到合适的货运代理（货代）并通过货代确定合适的船公司和船期，再由货代向船公司或其代理办理租船订舱事宜。

如果出口货物数量非常大，比如大宗货物像煤炭、粮食等，需要整船载运的，需要办理租船手续；通常的出口货物数量，不需要整船装运的，可以向班轮公司办理订舱手续，我国外贸企业出口货物通常都是选择专业的货运代理公司办理出口托运订舱业务；因为我国进出口货物海运量的近70%都是通过集装箱班轮运输的，下面以集装箱班轮办理出口订舱托运业务的流程为例进行说明：

（1）外贸进出口公司按信用证及合同有关装运条款填写“租船订舱委托书”，并随附商业发票、装箱单等其他必要单据（无纸化通关后，可以用扫描件），在船公司规定的截止收单期前发给货代作为订舱依据。

（2）货代接受委托后，编制集装箱货物“托运单”（BOOKING NOTE，简称B/N），并以出口企业的身份向轮船公司或其代理办理订舱手续。

（3）船公司根据托运单内容，按照一定的配载原则，结合船期、货物性质、货物数量、装运港、目的港以及信用证的装运有效期，安排船只和舱位。然后，由轮船公司或其代理签发“装货单”（SHIPPING ORDER 简称 S/O），又称“关单”或“下货纸”，确认托运人的订舱。

当船公司或其代理签出装货单时，订舱工作即告完成，意味着托运人和承运人之间的运输合同已经缔结。

“装运单”的主要作用有下面三点：

（1）通知托运人货物已经订妥装运在××航次×××船及装船日期，以便托运人备货装船。

（2）便于托运人向海关办理出口申报手续，海关凭以验放货物。

（3）作为轮船公司或其代理签发给托运人的通知及船长收货装运的凭证。

2. 办理装船发运

即在海关放行后，凭海关加盖放行章的运输单据提取货物，装船发运。

办完订舱手续后，出口企业或其委托的报关行应该持船公司签署的“装货单”，连同出口报关单等其他海关要求的单证向海关申请报关。

办理好出口报关手续后，经海关放行后，即可由发货人装船启运。

（1）提货装船。海关在审单和验货后，在“装货单”（S/O）上加盖放行章，发还给报关员作为其发运货物的凭证。货代根据船期，代理出口企业前往发货仓库或集装箱场站提取货物运进码头，由码头理货公司理货，凭“装船单”装船。

（2）领取收货单。货物装船完毕后，即由船长或大副按照实际装货情况签发“收货单”。收货单又称“大副收据”（MATE'S RECEIPT，M/R），是船公司签发给托运人用于表明货物已经装妥的临时收据，载明收到货物的详细情况。

（3）换取提单。托运人或其委托的货代收到“收货单”M/R 后，凭该单据向轮船公司或其代理交付运费并换取正式提单（BILL OF LADING，B/L）。

我国目前的习惯做法是，填单通常由进出口公司自己或者其委托的货代代为缮制提单，然后在货物装船后，递交船公司或其代理。船公司或其代理在审核提单所载内容与大副收据内容一致后，正式签发提单，并加注“已装船”（SHIPPED ON BOARD）字样并加盖装船日期印章。

（4）发出装船通知。货物装船后，应及时或按信用证规定向买方发出“装船通知”（SHIPPING ADVICE），以便对方准备付款赎单，办理进口报关和收货等工作。如果是 CFR 或者 FOB 合同，因为保险由买方自行办理，及时发出装运通知就更为重要。

（5）外贸进出口公司应该根据信用证规定的最迟装运期和备货进展情况结合船期情况安排货物装运，最好应提前一段时间，以便应付意外事情发生，掌握主动。

示范操作

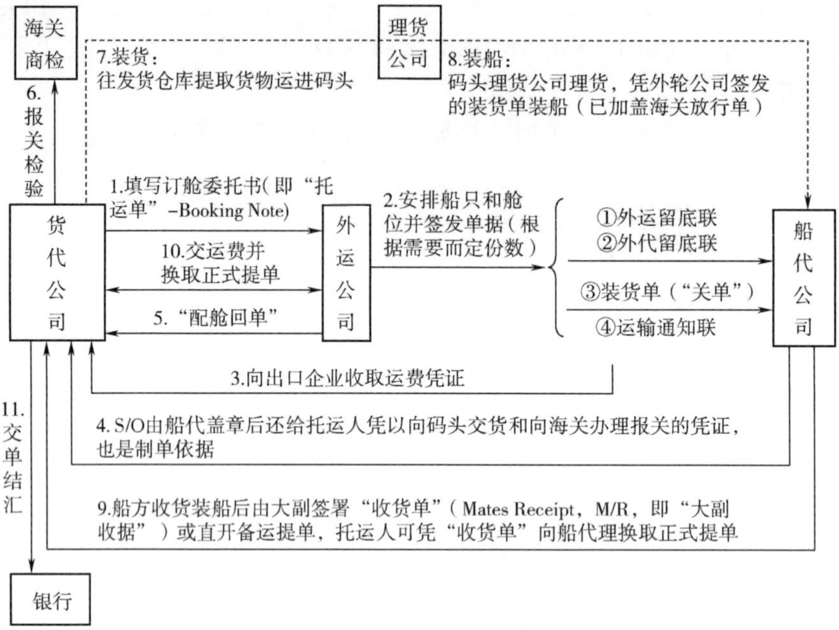

图6－1　订舱流程

任务二　订舱委托书

学习目标

1. 了解船舶经营的方式
2. 掌握订舱业务流程
3. 掌握订舱委托书的内容及缮制要求

任务情境

本次出口商品运输是昆山飞扬食品进出口公司委托上海东方国际货运代理有限公司代为订舱，因此，出口商在缮制发票、装箱单之外，还需缮制订舱委托书交予货代公司办理代为订舱手续。

知识链接

一、船舶营运方式

根据海洋运输船舶的经营方式不同，海洋运输可分为班轮运输和租船运输两种。

（一）班轮运输

班轮运输（Liner Transport），也称定期船运输，是指班轮公司将船舶按事先制定的船期表，在特定航线的各挂靠港口之间，为非特定的众多货主提供有规则的、反复的货物运输服务，并按相对固定的运价表或协议运价计收运费的一种营运方式。

班轮运输的特点：

（1）“四固定”，即固定航线、固定港口、固定船期和相对固定的费率。

（2）班轮运价内包括装卸费用，即货物由承运人负责配载装卸，承托双方不计滞期费和速遣费。

（3）班轮公司和货主双方的权利、义务和责任豁免均以班轮公司签发的提单条款为依据。

（4）班轮承运货物比较灵活，不论数量多少，只要有舱位都可接受装运。

（二）租船运输

租船运输（Charter Transport），又称不定期船运输，指租船人在租船市场上通过洽租、签约向船方租赁整条船只或部分舱位进行货物运输的一种营运方式。

1. 租船运输的特点

（1）租船运输没有固定的航线、船期、港口和运价，属于不定期船运输。

（2）船、货双方的权利与义务以租船合同为依据。

（3）在实际业务中，租船一般是租用整船。

2. 租船运输的方式

国际上广泛使用的租船方式主要有以下 3 种：

（1）定程租船（Voyage Charter，Trip Charter）。定程租船又称程租船或航次租船，是由船东提供船舶，在租船合同指定的港口之间进行一个航次或数个航次航行，承运指定的货物。定程租船分为单航次租船、来回航次租船、连续航次租船和包运合同租船等。

定程租船的特点是，船方负责船舶的经营管理及航行中的一切费用开支，并对货物运输负责，租船人应及时提交货物和交付双方约定的运费；定程租船运输要在租船合同中规定装卸期限和装卸率，并计算滞期费和速遣费。

（2）定期租船（Time Charter）。定期租船又称期租船，是租船人在一定时期内租用船舶的租船方式。其特点是，在租赁期间，租船人在租船合同规定的航行区域内负责经营管理，并可自行掌握和调度船舶，也可将此租船当作班轮或程租船使用，货物的装卸费用、理货费、平舱费、燃料费、港口费、垫舱物料费等由租船人负担。船方则负担船员薪金、伙食等费用，以及保持船舶在租赁期间具有适航价值而产生的费用。

（3）光船运输（Bareboat Charter）。光船运输又称净船期租船，是定期租船的一种，是船方将既无船长又不配备船员的空船租赁给租船人使用一段时间的期租船方式。其特点是，船长和船员均由租船人自己配备或雇用，并负责船员的给养和船舶营运管理的一切费用。光租船实际上属于一种财产租赁，国际贸易实务中很少采用。

另外，按业务方式分，承担货物海洋运输业务的公司主要有两类，船公司和货运代理公司。船公司拥有自己的远洋或货轮，是货主与承运人之间的中间人、经纪人和运输组织者；货代数量众多、分布广泛，与外贸公司沟通便捷，是出口商进行货物托运的主要途径。

二、订舱业务流程（图6-2）

（1）出口商填制商业发票、装箱单和订舱委托书，考虑船期、货物性质、货物数量、目的港、信用证要求等因素委托货代公司代为订舱。

（2）货代公司在托运单的几联单据上编上与提单一致的号码，填写船名，航次，确认托运人的订舱。

（3）船公司确认后，向货代公司签发配舱回单。

（4）货代公司把配舱回单、装货单（Shipping Order，S/O，又称“关单”）退还给托运人，告知订舱信息，通知其装货时间。

（5）托运人凭货运公司签署的S/O到海关办理出口报关手续。经海关查验后在S/O上加盖海关放行章，要求船舶装货。

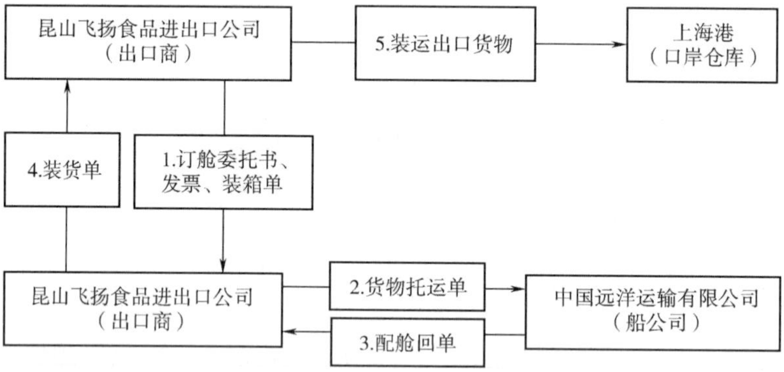

图6-2　订舱业务流程

三、订舱委托书的概念

订舱委托书（Booking Note/Shipping Order），简称托书，是进出口商为了买卖商品，通过船公司或货代公司进行船运订舱的申请书。订舱委托书没有固定格式，不同进出口公司缮制的委托书不尽相同，但主要内容都要包含在内。其中主要包括托运人、收货人、装货港、卸货港、唛头、货物描述、货物毛重、货物体积、运费的支付方式、所订船期等。

四、订舱委托书的内容及缮制要求

1. 委托单位名称

通常缮制出口商名称，并与发票同项内容一致。

2. 托运单编号

订舱委托书编号由货运代理公司提供，并由其缮制。

3. 发货人

缮制实际发货人的名称，在信用证结算下即为受益人，一般为出口公司的名称和地址。

4. 收货人

应根据信用证的规定缮制，一般为信用证上提单的收货人。

5. 被通知人

被通知人是指货到目的港及时接受船方发出到货通知的人，在指示提单里，不显示收货人的具体名称，只用“凭指示”来表示，船公司担心货到目的港后无人提取，因此设置了“被通知人”一栏，其职责是及时转告真实收货人接货。在信用证结算条件下，按信用证要求缮制；在汇付和托收等非信用证结算条件下，一般填写进口商的名称和地址。

6. 信用证号、合同号

按信用证、合同实际内容填写。

7. 开证行

填写信用证的开证行的名称。

8. 装运港、目的港

按照信用证规定的装运港和目的港填写，并与商业发票一致。

9. 转运和分批装运

按信用证对转运和分批装运的规定填写，一般只说明是否允许。

10. 信用证有效期

按照信用证规定条款填写。

11. 装运期限

一般指货物的最迟装运日，也要考虑实际装载出口货物船舶的船期，因此按照信用证规定填写实际装运期限，但同时要结合实际备货情况在注意事项一栏写明预定船期。

12. 运输方式

常见的有水路运输、航空运输、铁路运输、国际多式联运等，按实际采用的运输方式填写。

13. 提单份数

按信用证规定的提单份数填写。纸质提单一般一式三份，三份正本提单具有同等法律效力，一份正本提单提货之后，其余两份自动失效。

14. 运费支付方式

一般情况下，提单上不直接显示具体运费金额，只填写“运费到付”或“运费预付”。填写时参照相关的贸易术语选择，如采用 CIF 和 CFR 术语时选择 FREIGHT PREPAID（运费预付），采用 FOB 术语时选择 FREIGHT COLLECT（运费到付）。

15. 成交条件

参照贸易术语，填写实际成交方式。

16. 集装箱种类、数量

该栏目根据货物的性质、总重量和总体积填写集装箱的箱型和箱数。

17. 唛头

根据信用证有关运输标志的规定填写，并与发票、装箱单保持一致。

18. 中英文货号

货物名称一般只填写统称。规格、品名、尺码无须具体列出。但同时出口两笔不同性质的货物名称，则应分别填写，而不允许仅填写其中一类商品。

19. 件数及包装式样

填写货物外包装的数量。注意不是填商品的数量。如有不同包装单位，总称填写PACKAGES。

20. 总毛重、总体积、总价

该栏是指该批货物总毛重、总体积、货物成交总值。不必按货号分开，只需填写总值即可。

21. 注意事项

如填写对运输单据内容要求；对承运人运输要求（如需在香港中转）；要求外运机构提供其他议付单据（如出具船龄证明）；等等。

示范操作

托运单编号：

	委托日期	Nov. 16，2016
委托单位名称	KUNSHAN FLY FOOD IMPORT & EXPORT CORP. NO. 18，HUBIN ROAD，KUNSHAN，CHINA	
发货人： Shipper：KUNSHAN FLY FOOD IMPORT & EXPORT CORP. NO. 18，HUBIN ROAD，KUNSHAN，CHINA	信用证号码：AH161475	
收货人： SKY OVERSEAS TRADING CO. LTD. 100 RHINE ROAD HAMBURG GERMANY	合同号码：SC009616	
被通知人： Notify Party：SKY OVERSEAS TRADING CO. LTD	装运港：Shanghai	目的港：HAMBURG
转船运输：NOT ALLOWED	分批装运：NOT ALLOWED	
信用证有效期：Dec. 15，2016	装船期限：Not later than Nov. 30，2016	
运输方式：By sea	提单份数：Three	
运费支付方式：Freight prepaid	成交条件：CIF HAMBURG	
集装箱种类：20’	集装箱数量：1	
公司联系人：李莉	电话/传真：86－512－69952810/86－512－69952813	

图6－3　订舱委托书

标记唛头	中英文货号	件数及包装式样	总毛重	总尺码	总价
SKY SC009616 GERMANY NO. 1 –1000	CANNED GRAPEST06	1000 CTNS	5960 KGS	11. 40 CBMS	EUR14000. 00
备注：					

图 6 –3　订舱委托书（续）

任务三　托运单

学习目标

1. 了解托运单的内容
2. 能够制作托运单

任务情境

上海东方国际货运代理有限公司接受昆山飞扬食品进出口公司的订舱后，根据客户的装船日期要求对照了停靠上海港的各个船公司的船期，并向它们咨询了运价、船期等事宜，最后选择中国远洋运输有限公司的致远号船舶，于是李莉缮制集装箱货物货运单，随同商业发票、装箱单等相关单据向中远公司办理订舱。

知识链接

一、托运单的概念

托运单（Shipping Order，S/O），是托运人根据贸易合同和信用证条款内容填制的，向承运人或其代理办理货物托运的单据。它虽然不是出口结汇的正式单据，却是制作提单的主要依据。外贸业务人员应根据信用证规定的最迟装运期安排委托出运，并填写有关托运单据。如果外贸公司本身不办理运输业务，则可以委托代理订舱，填写货物出口订舱委托书。

货代接受出口企业的订舱委托后即须缮制货物托运单，这是外运机构向船公司订舱配载的依据。海洋运输目前有两种方式：一种是散货运输（包括件杂货物运输和大宗货物运输），另一种是集装箱运输，分别使用不同格式的托运单。

二、集装箱货物托运单（场站收据）的作用

集装箱货物托运单指的是在集装箱货物运输中，由承运人或其代理签发的，证明已

经收到托运货物并对货物开始负有责任的单据。与传统件杂运输所使用的托运单证比较，集装箱货物托运单是一份综合性的单证，它把货物托运单（订舱单）、装货单（关单）、大副收据、理货单、配舱回单、运费通知等单证汇成了一份，一般有10联，这对于提高集装箱货物托运的效率有很大的意义。

第一联：集装箱货物托运单（货主留底）（B/N）。

第二联：集装箱货物托运单（船代留底）。

第三联：运费通知（1）。

第四联：运费通知（2）。

第五联：场站收据（装货单）（S/O）。

第五联副本：缴纳出口货物港务费申请书。

第六联：大副联（场站收据副本）。

第七联：场站收据（D/R）。

第八联：货代留底。

第九联：配舱回单（1）。

第十联：配舱回单（2）。

三、集装箱货物托运单的流转

集装箱货物托运单十联单的使用流转情况如下：

（1）托运人填制集装箱货物托运单一式十联，委托货代代办托运手续。

（2）货代审核托运单接受委托后，将货主留底联退还给托运人备查。

（3）货代持剩余九联至船公司或船代处办理货物托运。

（4）船公司或船代审核托运单，对照订舱清单或预配清单，确认无误后，留下第二、第三、第四联，并在第五联装货单上签章确认订舱，将剩余第五至第十联退给货代。

（5）货代留存第八联，据以缮制提单和其他货运单证。

（6）货代根据退回的第九联缮制货物流向单。

（7）货代持经船公司或船代签发的第五、第六、第七联，随同出口货物报关单和其他单证一起到海关办理货物出口报关手续。

（8）海关审单，同意出口后在装货单上加盖放行章，然后将盖过章的第五、第六、第七联三联退还给货代。

（9）货代安排将箱号、封志号、件数填入第五、第六、第七联，在集装箱进场完毕前交场站签收。

（10）“场站”业务员在集装箱进场完毕时，在第五、第六、第七联上加批实收箱数并签收（场站业务员的签收仅属核对性质，集装箱内货物件数和货物状况仍由装箱单位负责）。第五联由场站留底，第六联（大副联）由场站业务员装船前交外轮理货员，理货员于装船时交大副。第七联由场站业务员返回货代（托运人），托运人凭此场站收据向船代换取待装提单，或在装船后换取装船提单。

四、集装箱货物托运单的内容及缮制要求

1. Shipper（发货人）

即托运人，指委托运输人，一般填写出口商公司名称，需与提单一致。如果这里为第三方（即第三者提单，Third Party，B/L），只要 L/C 无特别说明，也可接受。

2. Consignee（收货人）

在信用证支付条件下，对收货人的规定常有记名收货人和指示收货人两种。

记名收货人虽然是直接将收货人的名字、地址完整地表达出来，使单据在实务中不能流通无法转让，因而较少采用。

指示收货人则克服了记名收货人的缺点，有相当的流通性，因而经常使用。它通常分为记名指示和空白指示。记名指示，表现为："To the Order of × × × Bank"，则"× × × Bank"可以经背书转让；空白指示，则不记名，表示为"To Order"，又叫空白抬头，单据持有人可以自由转让空白抬头的单据。

3. Notify Party（通知人）

空白抬头的单据虽然可以自由转让，但却使船方通知收货方提货有了一定的困难，因而又有 Notify Party 一栏作补充。

4. D/R No.（编号）

由货代填写。

5. 场站签章、日期

在货物入站 CY 或 CFS 后，由场站签收。

6. Pre – carriage by（前程运输）

不需转运，空白，无须填写。如需转运，填写第一程船名。

7. Ocean Vessel（船名）与 Voy. No.（航次）

不需转运，填写船名。如需转运，填写第二程船名。

8. Port of Discharge（卸货港）

不需转运，填写卸货港（目的港）名称。如需转运，填写第二程卸货港（目的港）名称。

9. Place of Receipt（收货地点）

不需转运，空白或填场站，例如：Ningbo CY。如需转运，填写起程收货港的港口名称或具体地点。

10. Port of Loading（装卸港）

不需转运，填写装运港名称。如需转运，填写中转港名称。

11. Place of Delivery（交货地点）

不需转运，填写最终交货地点。如需转运，如果最终目的地非目的港，则填最终目的地，即最终将货物交予收货人的地点名称。

12. 场站签章、日期

在货物入站 CY 或 CFS 后，由场站签收。

13. Final Destination for the Merchant's Reference（目的地）

最终目的地名称，供货主参考。

14. Container No. （集装箱号）

此栏和“Seal No. （封志号）Marks & Nos. （标记与号码）”栏的内容可以连在一起写。如果托运时已装好箱，即整箱货（FCL），则填集装箱号码及封志号（Seal No.）；如果为拼箱货（LCL），则先在 Shipping Marks 一栏中填入货物具体唛头，在场站装箱完毕后，填集装箱号码。但如 L/C 有规定，则必须严格与信用证规定一致。

15. Seal No. （封志号）与 Marks & Nos. （标记与号码）

此栏和“Container No. （集装箱号）”栏的内容可以连在一起写。如果托运时已装好箱，即整箱货（FCL），则填集装箱号码及封志号（Seal No.）；如果为拼箱货（LCL），则先在 Shipping Marks 一栏中填入货物具体唛头，在场站装箱完毕后，填集装箱号码。但如 L/C 有规定，则必须严格与信用证规定一致。

16. No of Containers or P’kgs. （箱数或件数）

根据不同情况填写集装箱个数，或者是货物最大包装件数。如为整箱货，可只填写集装箱数量，如“2 Container”，只要海关已对集装箱封箱，承运人对箱内的内容和数量不负责任。如果是拼箱货，填写货物最大包装件数。

17. King of Package：Description of Goods（包装种类与货名）

（1）填写包装材料及形式，例如：30 Bundles in Wooden Cases，内容与合同、信用证要求相一致。

（2）货名，即货物说明（Description of Goods）。这一栏里可以只填写统称，例如：①出口各种用途的化工原料，无须逐一列出颜料的成分；②出口尺寸不同、用途各异的竹制品，只需填写“竹制品”；③如果同时出口化工颜料和竹制品，则应分别填写“化工颜料”“竹制品”，而不允许只填写其中一种数量较多或金额较大的商品。

18. Gross Weight 毛重（公斤）

填写货物毛重，以公斤计。

19. Measurement 尺码（立方米）

填写该批货物的体积，以立方米计。

20. TOTAL NUMBER OF CONTAINERS OR PACKAGES（IN WORDS）集装箱数或件数合计（大写）

用大写表示集装箱数（整箱托运时）或本托运单项下的商品总包装件数（拼箱托运时）。

21. Container No. （箱号）、Seal No. （封志号）、Pkgs. （件数）、Container No. （集装箱号）、Received（实收）、By Terminal Clerk（场站员签字）

由场站员或理货员（Terminal Clerk/TALLY Clerk）于理货整箱后填写。

22. RELIGHT & CHARGES

由船方或其代理填写。

23. Service Type on Receiving，Service Type on Delivery

选择集装箱货物交接方式，出口国装运地与进口国目的地各 3 种，即 DOOR（门）、CFS（集装箱货运站）、CY（集装箱堆场），交接方式共有 9 种：CY－CY、CY－DOOR、DOOR－CY、DOOR－DOOR、CY－CFS、CFS－CY、CFS－CFS、CFS－DOOR、DOOR－

CFS。其中 DOOR、CY 交接的为整箱货，在 CFS 交接的为拼箱货，如为整箱货 FCL，则可以有：CY - CY、CY - DOOR、DOOR - CY、DOOR - DOOR。

24. TYPE OF GOODS（种类）

选择确认托运种类，打“√”。如为危险品必须提供下列内容：危险品的化学成分，货名下方注明商品的国际海运危险品法规号码（IMCO CODE PAGE NO. UN NO. CLASSPROPERTY），包装标志和使用鉴定、港监签证，外包装上注明危险品标志。

25. 可否转船

按信用证或合同条款填写，填写“允许”或“不允许”。填 N/Y 或可/否，注意前后一致。

26. 可否分批

与可否转船相同，按信用证或合同条款填写。

27. 装期

严格按照信用证或合同规定填写，最好用英文书写。例如：不迟于 2012 年 7 月 10 日，应写成 Not later than July 10，2012。

装运期可表示为一段时间，例 Month of Shipment：May/June，2012；也可表示为不早于×××日，不迟于×××日，例如：Shipment Not earlier than … and not later than，Latest shipment be…。

28. 效期

在信用证支付条件下，有效期与运期有着较密切的关系。一般规定信用证至运输单据签发日后 21 天内有效。这一栏填写要参照信用证规定，运期空白不填的话，这一栏也可空白。

29. 金额

填写货值金额。

30. 制单日期

制单日期必须早于最迟装运期和有效期，可以是开立发票的日期，也可以早于发票日期。

<table>
<tr><td>Shipper（发货人）
KUNSHAN FLY FOOD IMPORT & EXPORT CORP.
NO. 18，HUBIN ROAD，KUNSHAN，CHINA</td><td rowspan="5">D/R No.（编号）

集装箱货物托运单
货主留底</td></tr>
<tr><td>Consignee（收货人）To order of shipper</td></tr>
<tr><td>Notify Party（通知人）
SKY OVERSEAS TRADING CO. LTD.
100 RHINE ROAD HAMBURG GERMANY</td></tr>
<tr><td>Pre - carriage by（前程运输）　Place of Receipt（收货地点）</td></tr>
<tr><td>Ocean Vessel（船名）Voy. No.（航次）Port of Loading（装货港）
Zhiyuan/VH - 0634　　Shanghai</td></tr>
</table>

图 6 - 4　集装箱货物托运单

Port of Discharge（卸货港） HAMBURG	Place of Delivery（交货地点）	Final Destination for the Merchant's Reference（目的地）

Container No.（集装箱号）	Seal No.（封志号） Marks & Nos.（标记与号码）	No of containers or P'kgs（箱数或件数）	King of Package: Description of Goods（包装种类与货名）	Gross Weight 毛重（公斤）	Measurement 尺码（立方米）
SBCS 795607	SKY SC009616 GERMANY NO. 1 – 1000	1000CTNS	CANNED GRAPES	5960 KGS	11. 40 CBMS

TOTAL NUMBER OF CONTAINERS OR PACKAGES（IN WORDS）集装箱数或件数合计（大写）	SAY ONE Thousand CARTONS ONLY

FREIGHT & CHARGES（运费与附件费） FREIGHT PREPAID	Revenue Tons（运费吨）	Rate（运费率）	Per（每）	Prepaid（运费预付）	Collect（到付）

EX. Rate（兑换率）	Prepaid at（预付地点）	Payable at（到付地点）	Place of Issue（签发地点） Shanghai
	Total Prepaid（预付金额）	No. of Original B（s）/L（正本提单份数） THREE	

Service Type on Receiving □ – CY □ – CFS □ – DOOR	Service Type on Delivery □ – CY □ – CFS □ – DOOR	Reefer Temperature Required（冷藏温度）	℉	℃

TYPE OF GOODS（种类）	□Ordinary.（普通） □Reefer.（冷藏） □Dangerous.（危险品） □Auto.（裸装车辆） □Liquid.（液体） □Live Animal（活动物） □Bulk.（散货）	危险品	Class: Property: IMDG Code Page: UN No.

可否转船：NOT ALLOWED	可否分批：NOT ALLOWED	备注（REMARKS）
装期：NOT LATER THAN NOV. 30，2016	效期：WITHIN 15 DAYS AFTER THE DATE OF SHIPMENT	
金额：		
制单日期：NOV. 28，2016		

图 6 – 4 集装箱货物托运单（续）

任务四　海运提单

学习目标

1. 了解海运提单的功能、分类
2. 熟悉海运提单的内容
3. 能够根据信用证和合同条款缮制海运提单

任务情境

在向海关办理申报、接受查验、缴纳关税等手续后，由海关在《报关单》上盖放行章对货物放行。2016 年 11 月 28 日货物在上海港码头装上船名为致远号的船舶，航次 VH－0634，货物装船后，中远宁波分公司船代向上海东方国际货运代理有限公司收取运费及有关费用后签发提单确认。东方国际货运代理有限公司向昆山飞扬食品进出口公司收取运费及有关费用。昆山飞扬食品进出口公司对提单核准无误后确认签章，从船公司获取正式正本提单。

工作任务：单证员根据情境资料完成海运提单。

知识链接

海运提单（Ocean Bill of Lading）是由船长或承运人的代理人签发的证明海上运输合同和货物由承运人接管或装船，以及承运人据以保证交付货物的单据。单据中关于货物应交付指定收货人或按指示交付，或交付提单持有人的规定，即构成这一保证。海运提单是海运中使用最多的单据。

一、海运提单的作用

（1）海运提单是货物收据。

（2）海运提单是货物所有权的凭证。

（3）海运提单是承运人和托运人之间运输协议的证明。

（4）海运提单是收取运费的证明。

二、海运提单的分类

1. 按货物是否装船划分

（1）已装船提单（On Board B/L or Shipped B/L）。它是指整票货物已全部装进船舱或装在舱面甲板上后承运人才签发的提单。提单是买方凭以提货的依据，为了确保能在目的地提货，一般都要求卖方提供已装船提单，以证明货物确已装船。同时，使用已装船提单对买卖双方的责任划分均有利，具体来说，在 FOB、CIF、CFR 价格条件下，货物装船是承运人“钩至钩”责任的起点，如果在装船过程中承运人发现问题，可以在提单上加一批注以修改托运人申报货物的内容，只有在货物表面状况与托运人的申报一致时，承运人方才注明“已装船”文句，因此，“已装船”是卖方按照合同交货的标志。货物装船后，承运人开始对提单上描述的货物负责，承担货物在运输中的灭失和损坏之责，因而对买方来说，减少了收货的风险，故双方都愿意在信用证中规定提单上有“已装船”字样。由于信用证中一般均要求提供已装船提单，银行也因此只接受表明已装船。

（2）收货待运提单（Received for Shipment B/L）。简称待运提单，是在托运人已将货物交给承运人，承运人已接管等待装船的货物后，向托运人签发的提单。有时船公司因船期问题，指定仓库预收货物，根据仓库收据签发收妥待运提单，准备交由日后到港船只装运。特别是随着集装箱运输的发展，因集装箱船航运公司大都在内陆收货站收货，而收货站是不能签发已装船提单的。通常此种待运提单上记载“Received for Shipment in Apparent Good Order and Condition...”等文句，表示签发提单时，承运人仅将货物收管准备于不久后装船，而实际当时还未装船。由于这些货物尚未装船，所以提单上并未载明装运船舶的船名和装运日期。有时提单上虽有船名，也多属拟装船名，该船能否如期到达将货运出，船公司并不负责。正因为此，进口商一般不欢迎这种提单，如果进口商付款后取得的提单对货物能否及时装船并没有确切的保证，万一货物不能顺利装船，进口商无货可提。所以信用证项下银行一般不愿意接受这种提单。

2. 按对货物的外表状况是否有不良的批注划分

（1）清洁提单（Clean B/L）。这是指货物装船时，货物的外表状况良好，对海运提单上所印就的“外表状况明显良好”没有作相反的批注或附加条文的提单。信用证要求的提单均为清洁提单。银行审单时应注意审核是否为清洁提单。

如果海运提单上没有打上“Clean”字样或原先印就的“Clean”字样被承运人删除，并不影响提单成为清洁提单。也就是说，提单清洁与否，不依据提单上是否有“清洁”字样，根据《UCP 600》定义，只要是“不带有明确宣称货物及/或包装缺陷状况的附加条文可批注的运输单据”就是清洁单据，因此提单上有无“清洁”字样无意义。不能因为没有此字样就构成单据不符点。

（2）不清洁提单（Foul B/L）。这是指承运人在提单上加注了有关货物及包装状况不良或存在缺陷等批注的提单。承运人签发提单给托运人，要对托运人、收货人或其他提单持有人承担提单上所载的责任。提单上记载了“Received（或 Shipped）from the Shipper Herein Named in Apparent Good Order and Condition, Unless Otherwise Noted in This B/L...”，表示除非另有说明，否则，即表明货物表面状况良好。承运人应在目的地交付提单上记载的外观良好的货物给收货人。如果货物在目的地显示其状况不良，承运人可能要负责任。因此，承运人在接管货物时，如果发现货物或包装污染、潮湿、破包等，即在提单上批注，以明确其责任。

3. 按海运提单中收货人栏的填写方式划分

（1）记名提单（Straight B/L）。这是指在提单上具体写明收货人名称的提单。有以下几种记名方式：

①Consigned to AB Co. Ltd.

②Deliver to AB Co. Ltd.

记名海运提单只能由该指定的收货人凭此提货，海运提单不能转让，可以避免转让过程中可能带来的风险，一般用于贵重商品、展品及援外物资的运输。记名提单的收货人可以是买主、开证行或代收行，但银行一般不愿接受以买主为收货人的记名提单。因为一些国家的惯例是记名提单的收货人可以不凭正本提单而仅凭“到货通知”（Notice of Arrival）上的背书和收货人的身份证明即可提货，这样银行如垫款却不能掌握货权，风险太大。

（2）指示提单（Order B/L）。这是在提单上的收货人栏中有“Order”（凭指示）字样的提单。实务中常见的可转让提单是指示提单。指示提单必须经过背书转让，可以是空白背书，也可以是记名背书。

（3）来人提单（Blank B/L or Open B/L or Bearer B/L）。这是指在海运提单收货人栏内只填写 to Bearer（提单持有人）或将这一栏空出不写的提单。来人提单不需要任何背书手续即可转让，或提取货物，极为方便。但如果海运提单遗失或被窃，然后再转让给善意的第三者手中，或者在无正本海运提单凭担保提货时，极易引起纠纷。所以在信用证结算方式下，较少使用这种海运提单。有些国家明文规定不准使用这种来人提单。

4. 按提单内容的繁简程度划分

（1）全式提单（Long form B/L）。这是指详细列有承运人和托运人之间的权利、义务等条款的提单。由于条款繁多，所以又称繁式海运提单。在国际贸易中，目前使用的海运提单都是这种提单。

（2）简式提单（Short form B/L）。这是指海运提单上印明“简式”（short form B/L）字样，仅有正面海运提单内容，而背面是空白的海运提单。一般海运提单背面记载有承运人与托运人的责任、权利和义务的条款，但简式提单背面空白，在一定程度上影响了它的流通性，所以有些信用证明确规定不接受简式提单。

5. 按不同的运输方式划分

（1）直达提单（Direct B/L）。这是指由承运人签发的，货物从启运港装船后，中途不经过换船直接运达卸货港的提单。直达提单中关于运输记载的基本内容里，仅记载有启运港（Port of Loading）和卸货港（Port of Dischange），不能带有中途转船的批语。凡信用证规定不许转运或转船者，受益人必须提供直达提单。

（2）转船提单（Transshipment B/L）。这是指货物在启运港装船后，船舶不直接驶往货物的目的港，需要在其他中途港口换船转运往目的港的情况下承运人所签发的提单。为节省转船附加费，减少货运风险，收货人一般不同意转船，但常常直运不可能必须转船，没有哪个港口能通往全世界各港口。我国最大的港口上海，也只能停靠大约 200 个港口，所以国际贸易中转船运输方式是常见的。

（3）联运提单（Through B/L）。联运方式是指有两个或两个以上承运人联合起来运送货物的方式，各承运人对自己所执行的运程负责。在货物到达转运地后，由第一程承运人或其代理人将货物交给下一运输区段的承运人或其代理人继续运往目的地。在联运方式中由第一承运人签发的包括全程在内并收取全程费用的提单称为联运提单。第一承运人虽然签发全程提单，但他也只对第一运程负责。

6. 按船舶营运方式划分

（1）班轮提单（Liner B/L）。国际海上运输主要有两种运输方式：一是班轮运输；二是租船运输。采取班轮运输方式，由经营班轮运输的承运人或其代理人签发的提单叫作班轮提单。银行接受班轮提单。

（2）租船契约提单（Charter Payer B/L）。租船运输是相对于班轮运输而言的另一种船舶营运方式，它的主要特点是：环球航行，没有固定船线、固定船期和固定装卸港口；以装运整船单一的大宗货为主，也可根据租船人需要只租部分舱位；由承租人揽货经营，运价（或租金）受租船市场供求关系制约，起伏变化大。在大宗商品交易时，货主为了减少运费支出，往往不是将货物装班轮，而是自己租船运送货物。租船运输适合于货多量大或需特殊装卸设备的货物运输，如粮食、化肥、矿砂、煤炭、石油、木材、水泥、饲料等。

三、提单确认业务流程（图6－5）

（1）国际货运代理公司收到装货单后，在装箱前24小时内向口岸地出入境海关办理出口货物报关手续。海关在装货单上加盖放行章后方可装箱。

（2）集装箱码头堆场获悉通关放行后拖箱入港，交接集装箱。外轮理货员在承运人指定的场站和船边理箱并监督装船。

（3）货物装船后，船公司或船代向国际货代公司收取运费及有关费用后提供提单确认件进行确认。

（4）国际货代公司向托运人收取运费及有关费用后提供提单确认件进行确认。

（5）船公司或船代向国际货代公司或托运人寄送提单正本。

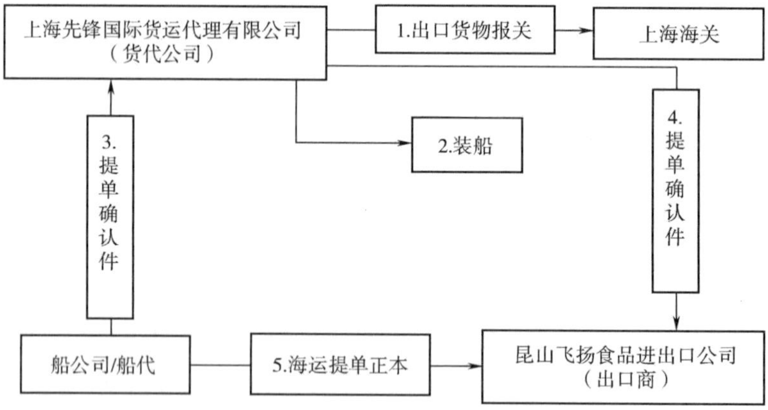

图6－5　提单确认业务流程

四、海运提单的内容与缮制要求

目前各船公司所制定的提单虽然格式不完全相同，但其内容大同小异，都有正反两面，提单正面的内容有以下几个。

1. 托运人（Shipper/Consignor）

是委托运输的人，即发货人，一般即为出口企业，也就是信用证中的受益人，如果开证人为了贸易上的需要，要求做第三者提单（Third Party's B/L）也可照办，《UCP 600》允许银行接受第三者提单。托收项下托运人为合同卖方。

2. 收货人（Consignee）

即提单的抬头，这是提单中的重要栏目。托收方式下，一般填 TO ORDER 或空白不填。信用证方式下，一般信用证提单条款都有规定，应按规定填写，收货人的写法一般有以下三种：

①记名式，直接写明收货人（一般是合同的买方）名称，例如“To ×××”。它的特点是收货人已经确定，不得转让，必须由收货人栏内指定的人提货。

②不记名式，此种情况下，收货人栏内可留空不填，也可填写“To Bearer”。承运应把货交给提单的持有人，只要持有提单就能提货。

③指示式，即在收货人栏内有指示（Order）字样的，意即承运人凭指示付货，它可以通过指示人的背书而进行转让。指示提单又可分为记名指示和不记名指示两种，记名指示就是指定该提单的指示人是谁，常见的如，由托运人指示：To Order of Shipper；由开证人指示：To Order of Applicant；由开证行指示：To Order of Issuing Bank。

以上三种做法，提单转让时分别由托运人、开证人和开证行背书。

3. 被通知人（Notify Party）

要按信用证规定填写，一般就是货物的进口商或其代理，被通知人的地址一定要详细，有的港口还一定要加上邮政信箱号。如果是记名提单或收货人指示提单且收货人又有详细地址的，此栏可以不填。如果信用证没有规定，则正本提单可以不填，但副本提单仍要将收货人的详细名址填明，以便承运人通知。

4. 前程运输（Pre - carriage by）

此栏为“多式联运”方式而设，若货物需转运，填写第一程船名，如果货物不需转运，则此栏留空。

5. 收货地（Place of Receipt）

此栏为“多式联运”方式而设，若货物需转运，填写收货的港口名称或地点，若货物不需要转运，则此栏留空。

6. 船名、航次（Ocean Vessel Voyage No.）

若货物需转运，填写货物所装第二程船舶的船名和航次，若货物不需转运，填写第一程船的船名。

7. 装货港（Port of Loading）

要填具体装货的港口名称，如上海、天津，即使信用证规定为“Any Chinese Port”，也不能笼统地填中国港口。如信用证同时列明几个装货港的，提单只能填写其中一个实际装运的港口。若货物需转运，填货物中转港的名称。

8. 卸货港（Port of Discharge）

应填写货物实际卸下的港口名称。如是同名港口须加注国名。若选择卸货港提单，如伦敦/鹿特丹/汉堡选卸，则在卸货港栏中填上“OPTION LONDON/ROTTERDAM/HAMBURG”，收货人必须在船舶到达第一卸货港船公司规定时间内通知船方卸货港，否则，船方可任意选择其中任何港口卸货。选择港最多不得超过三个，应在同一航线上的。货运目的港需经内陆转运的，或陆运至邻国的，则除在卸货港处填入境港口名称外，另在货物品名栏下方加列 IN TRANSIT 或 IN TRANSIT TO ×××。除 FOB 价格外，卸货港不能填写统称的名称，如“European main Port”，必须列出具体的港口名称。

9. 交货地点（Place of Delivery）

填最终目的地名称，即船公司或承运人的交货地。若最终目的地就是卸货港，此栏留空。

10、11. 唛头集装箱号和封号（Marks and Nos，Container Seal No.）

若信用证规定有唛头则应按信用证上的规定填写，提单上的唛头必须与发票等其他单据上的相一致，如无唛头时注明“NO MARKS（N/M）”或“IN BULK”字样。集装箱号和封号按实际情况填写。铅封号是海关查验货物后作为封箱的关封号，应如实注明。

12. 货物包装及件数（Nos. & Kinds of Pkgs.）

按货物装船的实际情况填写最大包装数量和包装单位，并在大写合计栏内要填上英文的大写文字总件数，若一张提单的货物有几种不同包装的也应分别列明，在总数及大写部分则可以使用 Package；若是散装货物，该栏只需填写“In Bulk”；在大写合计栏内要填上英文的大写文字总件数。

13. 货物描述（Description of Goods）

按信用证规定填写，并要与其他单据保持一致。《UCP 600》允许使用货物的统称，但须与信用证用字相符。冷藏货物要注明所要求的温度。凡危险品必须写明化学名称，注明国际海上危险品运输规则号码（Imco Codepage）、联合国危规号码（UnCode No.）、危险品等级（Class No.）。注意，运到巴林岛的货物必须加注出产国，即在货物品名栏下加注 MADE IN CHINA。

14. 货物毛重（Gross Weigh）

以千克（kg）为单位填写装运货物的毛重，同装箱单上货物的总毛重要一致。除信用证另有规定者外，一般以公吨为重量单位，如果是裸装货，应在净重前加注 N. W. 。

15. 尺码（Measurement）

填写货物总尺码，除非信用证另有规定，以立方米为体积单位，小数要保留三位。托盘货要分别注明盘的重量、尺码和货物本身的重量、尺码，对超长、超重、超高货物，应提供每一件货物的详细的体积（长、宽、高）以及每一件的重量，以便货运公司计算货物积载因素，安排特殊的装货设备。

16. 提单要按信用证规定加注运费条款

一般有运费预付（FREIGHT PREPAID）和运费到付（FREIGHT COLLECT），并且注意与所用贸易术语的一致性，有的转运货物，一程运输费预付，二程运费到付，要分别注明。

17. 货物总包装件数的大写［Total Number of Containers or Packages（In Words）］

此栏的内容要与第 12 栏一致。由大写英文数字、包装单位和“ONLY”组成。如“SAY ONE HUANDRED TWENTY CARTONS ONLY”。

18. 正本提单份数（Number of Original B/L）

正本提单份数应按信用证规定签发，一般是 1～3 份，并用大写数字如 ONE、TWO、THREE 表示，如 L/C 仅规定 Full Set 可按习惯做两份正本。每份正本提单的法律效力相同，凭其中一份提货后，其余各份失效。

19、20. 装船批注的日期和签署（Date，By）

《UCP 600》规定，如果提单上没有预先印就“已装船”（SHIPPED ON BOARD）字样的，则必须在提单上加注装船批注（ON BOARD NOTATION），装船批注中所显示的日期即视为货物的装运日期。

21. 提单的签发地点和签发日期（Place and Date of Issue）

除备运提单外均为装货完毕日期，装货日期不得迟于信用证规定的装运期，提单的签发地点应按装运地点填写，签发日期即为装运日期。如实际船期晚于规定的装运期，要求船方同意以保函换取较早日期的提单，这就是倒签提单（Ante Dated B/L）；货未装上船就要求船方给出已装船提单，这就是预借提单（Advanced B/L），这些都是应该避免的，因为其后果可能会造成巨大的经济损失。

22. 提单签署（Signed for or on Behalf or the Carrier）

《UCP 600》规定，提单必须由四类人员签署证实，即承运人或承运人的具名代理人或船长或船长的具名代理人。承运人或船长的任何签字或证实，必须标明“承运人”或“船长”身份。代理人代表承运人或船长签字或证实时，也必须表明代表的委托人的名称或身份，即注明代理人是代表承运人或签字或证实的。签署可以用手写、印摩、打孔、盖章、符号或如不违反提单签发国的法律，用任何机械或电子的方式。需要特别加以注意的是，印度、斯里兰卡、黎巴嫩、巴林岛及阿根廷等港口虽然信用证未规定提单必须手签，但由于当地海关规定，所以仍需手签。

23. 提单号码（B/L No.）

一般列在提单右上角。这个号码与装货单、大副收据或场站收据的号码是一致的。

<table>
<tr><td colspan="2">SHIPPER
KUNSHAN FLY FOOD IMPORT & EXPORT CORP.
NO. 18，HUBIN ROAD，KUNSHAN，CHINA</td><td colspan="3" rowspan="5">B/L NO. DR－0954
COSCO
中国远洋运输（集团）公司
CHINA OCEAN SHIPPING（GROUP）CO.
ORIGINAL
Combined Transport Bill of Lading</td></tr>
<tr><td colspan="2">CONGSIGNEE TO ORDER OF SHIPPER</td></tr>
<tr><td colspan="2">NOTIFY
SKY OVERSEAS TRADING CO. LTD.
100 RHINE ROAD HAMBURG GERMANY</td></tr>
<tr><td>PR－CARRIAGE BY</td><td>PLACE OF RECEIPT</td></tr>
<tr><td>OCEAN VESSEL
ZHIYUAN/VH－0634</td><td>PORT OF LOADING
shanghai</td></tr>
<tr><td>PORT OF DISCHARGE
HAMBUR</td><td>PLACE OF DELIVERY</td><td colspan="3">FINAL DESTINATION FOR THE MERCHANT's REFERENCE</td></tr>
<tr><td>CONTAINER，SEAL
NO. OR MARKS AND NOS.</td><td>NOS. & KINDS
OF PKGS</td><td>DESCRIPTION
OF GOODS</td><td>G. W.（KG）</td><td>MEAS（M^3）</td></tr>
</table>

图6－6　海运提单

<table>
<tr><td>SKY
SC009616
GERMANY
NO. 1 – 1000</td><td>1200 CTNS</td><td colspan="2">CANNED
GRAPES</td><td>5960KGS</td><td>11. 40CBMS</td></tr>
<tr><td colspan="6">TOTAL NUMBER OF CONTAINERS OR PACKAGES（IN WORD）SAY ONE THOUSAND CARTONS ONLY</td></tr>
<tr><td>FREIGHT & CHARGES
FREIGHT PREPAID</td><td>REVENUE TONS</td><td>RATE</td><td>PER</td><td>PREPAID</td><td>COLLECT</td></tr>
<tr><td colspan="2">PREPAID</td><td colspan="2">PAYABLE AT</td><td colspan="2"></td></tr>
<tr><td colspan="2">TOTAL PREPAID</td><td colspan="2">NUMBER OF
ORIGINAL
B（S）L THREE</td><td colspan="2" rowspan="2">SIGNED FOR THE CARRIER

中国远洋运输（集团）
总公司
CHINA OCEAN
SHIPPING（GROUP）CO.
李郑刚</td></tr>
<tr><td colspan="2">DATE NOV. 28，2016</td><td colspan="2">LOADING ON
BOARD THE
VESSEL
BY ZHIYUAN</td></tr>
</table>

图 6－6　海运提单（续）

能力训练

一、选择题

1. H 公司以海运、CIF 贸易术语进口一批货物，国外卖方提交的海运提单上有关“运费支付”一项应写成（　　）。

A. Freight Prepaid　　B. Freight as Arranged

C. Freight Collect　　D. Freight Payable at Destination

2. 信用证与托收相结合的支付方式，其全套货运单据应（　　）。

A. 随信用证项下的汇票　　B. 随托收项下的汇票

C. 各随各的汇票　　D. 由承运人保管

3. 信用证中关于运输：“Transshipment permitted，partial shipment allowed，but partial shipment of each item not allowed”的中文意思是（　　）。

A. 允许转运、允许分批，但每个品种的货物不得分批

B. 允许转运、允许分批，每个品种的货物也必须分批

C. 不允许转运，允许分批，但每个品种的货物不得分批

D. 允许转运、不允许分批，但每个品种的货物不得分批

4. 在托运、报检和报关的单证中，由出口商出具的有关单证有（　　）。

A. 发票、报关单、报检单和提单　　B. 发票、装箱单、报检单和通关单

C. 发票、报关单、装箱单和提单　　D. 发票、装箱单、报检单和托运单

5. 象征性交货是指卖方交货义务是（　　）。

A. 不交货　　B. 既交单又实际交货

C. 凭单交货　　D. 实际交货

6. 航空运单的作用包括：（　　）。

A. 航空运输承运人与托运人之间的运输合同

B. 航空公司或其代理人收到货物的证明文件

C. 承运人核收运费的依据

D. 承运人处理货物运输过程情况的依据

7. 开展（　　）是实现“门到门”运输的有效途径，它有利于简化手续，减少中间环节，快速低成本地提高运输质量。

A. 航空运输　　B. 邮包运输　　C. 铁路运输　　D. 集装箱运输

8. 在租船合同中明示 Free in，主要是解决在（　　）条件下货物的装船费用问题。

A. 班轮　　B. 程租船　　C. 期租船　　D. 光船租船

9. 北京某贸易公司一批进口货从美国波士顿装运经香港中转，运抵天津塘沽港报关进境。该公司填写进口报关时，应在装货港一栏中填报（　　）。

A. 香港　　B. 天津　　C. 波士顿　　D. 塘沽港

10. 国际多式联运的经营人（承运人）（　　）。

A. 对运输全程负责

B. 仅对第一程运输负责

C. 仅对第二程运输负责

D. 接受第二程运输承运人的委托并向原货主负责

二、判断题

1. 空白抬头，空白背书的提单是指既不填写收货人，又不要背书的提单。（　　）

2. 海运提单、铁路运单、航空运单都是物权凭证，都可通过背书转让。（　　）

3. 海运提单、空运单和铁路运单都是承运人出具给托运人的货物收据，因而也都是物权凭证。（　　）

4. 凡装在同一航次及同一条船上的货物，即使装运时间与装运地点不同，也不作分批装运论。（　　）

5. 干净、整洁的提单即为清洁提单。（　　）

三、制单操作题

根据所给出的信用证和相关资料，缮制海运提单。

FM：HABIB BANK LTD.，DUBAI

TO：BANK OF CHINA，NANJING BRANCH

Form of Doc. Credit	*40 A：IRREVOCABLE
Doc. Credit Number	*20：LC－2017－1098
Date of Issue	31C：171010
Expiry	*31 D：Date171230 Place CHINA
Applicant	*50：AL－HADON TRADING COMPANY P. O. BOX NO. 1198，DUBAI U A E

Beneficiary	*59:	NANJING GARMENTS IMP. AND EXP. CO., LTD. NO. 301 ZHEN AN TONG ROAD NANJING CHINA
Amount	*32B:	Currency USD Amount 40, 750.00
Pos. / Neg. Tol. (%)	39A:	5/5
Available with /by	*41D:	ANY BANK BY NEGOTIATION
Draft at ……	42C:	DRAFTS AT 60 DAYS AFTER SIGHT FOR FULL INVOICE VALUE
Drawee	42A:	* HABIB BANK LTD., DUBAI *TRADING SERVICES, POX 1106, *DUBAI U A E
Partial Shipments	43P:	ALLOWED
Transshipment	43T:	ALLOWED
Port of loading	44E:	NANJING CHINA
Port of discharge	44F:	DUBAI U A E
Latest Date of Ship.	44C:	171215
Descript. of Goods	45A:	MEN' S UNDERWEAR 2 PCS SET CFR DUBAI

ART NO. 3124A, U. PRICE USD52.50/DOZ, 300DOZ
ART NO. 3125A, U. PRICE USD50.00/DOZ, 500DOZ
ALL OTHER DETAILS AS PER PROFORMA INVOICE NO. HT-2578 OF M/S. HALLSON TRADING P. O. BOX 2512 DUBAI U A E

Documents required 46A:

+SIGNED COMMERCIAL INVOICE IN TRIPLICATE

+PACKING AND ASSORTMENT LIST IN TRIPLICATE STATING THAT THE GOODS OF SIZE S, M, L, XL ARE PACKED INTO 4 DOZ PER ONE EXPORT CARTON, EACH SIZE EACH DOZEN

+MANUALLY SIGNED CERTIFICATE OF ORIGIN IN TRIPLICATE SHOWING B/L NOTIFY PARTY AS CONSIGNEE AND INDICATING THE NAME OF THE MANUFACTURER

+FULL SET OF CLEAN ON BOARD BILLS OF LADING MADE OUT TO ORDER OF SHIPPER AND BLANK ENDORSED AND MARKED FREIGHT PREPAID, NOTIFY M/S HALLSON TRADING, P. O. BOX NO. 2512 DUBAI U A E AND ALSO SHOWING THE NAME, ADDRESS, TEL. NO. OR FAX NO. OF THE CARRYING VESSEL' S AGENT AT PORT OF DISCHARGE

+A SEPARATE CERTIFICATE FROM THE SHIPPING CO. OR ITS AGENT CERTIFYING THAT THE CARRYING VESSEL IS ALLOWED BY ARAB AUTHORITIES TO CALL AT ARABIAN PORTS AND IS NOT SCHEDULED TO CALL AT ANY ISRAELI PORTS DURING ITS TRIP TO ARABIAN COUNTRIES

+SHIPPING ADVICE MUST BE SENT TO THE DUBAI INSURANCE COMPANY ON FAX

NO. 82354322 SHOWING THE SHIPPING DETAILS

+ONE SET OF NON - NEGOTIABLE SHIPPING DOCUMENTS AND SHIPMENT SAMPLES SHOULD BE SENT DIRECTLY TO THE OPENERS AND A CERTIFICATE AND RELATIVE POST RECEIPT FOR THIS EFFECT IS REQUIRED

Additional Conditions　47A：

1. INSURANCE TO BE EFFECTED BY BUYER

2. REIMBURSEMENT UNDER THIS CREDIT IS SUBJECT TO UNIFORM RULES FOR BANK TO BANK REIMBURSEMENT UNDER DOCUMENTARY ICC PUBLICATION NO. 525

3. WE SHALL ARRANGE REMITTANCE OF THE PROCEEDS TO YOU ON RECEIPT OF DOCUMENTS COMPLYING WITH THE TERMS OF THIS L/C CONFIRMING THAT THE DRAFT AMOUNT HAS BEEN ENDORSED ON THIS LETTER OF CREDIT.

4. AMOUNT AND QUANTITY 5 PCT MORE OR LESS ARE ALLOWED.

5. ALL DOCUMENTS MUST SHOW OUR L/C NUMBER.

6. THIS L/C IS UNRESTRICTED FOR NEGOTIATION.

Details of Charges　71B：ALL BANKING CHARGES OUTSIDE DUBAI ARE FOR A/C OF BENEFICIARY

Presentation Period　48：DOCUMENTS TO BE PRESENTED WITHIN 15 DAYS AFTER THE DATE OF SHIPMENT，BUT WITHIN THE VALIDITY OF THE CREDIT

相关资料：

发票号码：2017 - 1500　　发票日期：2017 年 11 月 30 日

提单号码：HSKK50088　　提单日期：2017 年 12 月 10 日

合同号：NG08 - 2578　　预约保单号：17 - 236147　　包装：4DOZ/CTN

体积：58 × 40 × 25CMS　　净重：20. 00KGS/CTN　　毛重：22. 00KGS/CTN

原产地证号：17NJ98699　　商品编号：6302. 2900　　船名：CMA CROWN V. 987

集装箱：1 × 20' LCL CFS/CFS　　集装箱号：TRIU287756　　封号：80709

议付银行：中国银行南京分行（BANK OF CHINA，NANJING BRANCH）

生产厂家：南京佳美服装厂（NANJING JUSTMADE GARMENTS FACTORY）

唛头：HALLSON

HT - 2578

DUBAI

NO. 1 - 200

<table>
<tr><td colspan="2">SHIPPER</td><td colspan="4" rowspan="5">B/L NO.

BILL OF LADING</td></tr>
<tr><td colspan="2">CONGSIGNEE TO ORDER OF SHIPPER</td></tr>
<tr><td colspan="2">NOTIFY</td></tr>
<tr><td>PR – CARRIAGE BY</td><td>PLACE OF RECEIPT</td></tr>
<tr><td>OCEAN VESSEL</td><td>PORT OF LOADING</td></tr>
<tr><td>PORT OF DISCHARGE</td><td>PLACE OF DELIVERY</td><td colspan="4">FINAL DESTINATION FOR THE MERCHANT'S REFERENCE</td></tr>
<tr><td>CONTAINER, SEAL NO. OR MARKS AND NOS.</td><td>NOS. & KINDS OF PKGS</td><td colspan="2">DESCRIPTION OF GOODS</td><td>G. W. (KG)</td><td>MEAS (M^3)</td></tr>
<tr><td></td><td></td><td colspan="2"></td><td></td><td></td></tr>
<tr><td colspan="6">TOTAL NUMBER OF CONTAINERS OR PACKAGES (IN WORD)</td></tr>
<tr><td>FREIGHT & CHARGES
FREIGHT PREPAID</td><td>REVENUE TONS</td><td>RATE</td><td>PER</td><td>PREPAID</td><td>COLLECT</td></tr>
<tr><td colspan="2">PREPAID</td><td colspan="2">PAYABLE AT</td><td colspan="2"></td></tr>
<tr><td colspan="2">TOTAL PREPAID</td><td colspan="2">NUMBER OF ORIGINAL B (S) L</td><td colspan="2" rowspan="2"></td></tr>
<tr><td colspan="2"></td><td colspan="2">LOADING ON BOARD THE VESSEL BY</td></tr>
</table>

项目七 报检单

任务一 进出口报检的流程

学习目标

1. 掌握进出口报检的主要内容和要求
2. 掌握进出口报检的流程

任务情境

在完成托运手续确认船期后，昆山飞扬食品进出口公司的李莉即着手准备办理货物报检相关事宜，向昆山出入境检验检疫部门申请报检。

工作任务：单证员根据任务情境、信用证及相关资料准备办理报检手续。

知识链接

出入境检验是指检验检疫机构按照法律、行政行规、国际惯例或进口国法规要求为准则，对出入境货物、交通工具、人员等进行检验检疫、认证及签发官方检验检疫证明、民间检验公证和鉴定完毕的监督管理工作。出入境检验检疫主要包括对出入境的货物、人员、交通工具、集装箱、行李邮包携带物等进行包括卫生检疫、动植物检疫、商品检验等的检查，以保障人员、动植物安全卫生和商品的质量。进出口商品检验检疫是进出口业务的一个重要环节。及时办理进出口货物的检验检疫手续，对按时、按质、按量出运货物，维护和提高我国对外贸易信誉和维护我国出口商正当权益有重要作用。

我国从2000年1月1日起，设在各地的出入境检验检疫机构实行“一次报检、一次取（采）样、一次检验检疫、一次卫生除害处理、一次计收费、一次发证放行”的先报检、后通关的新的通关制度，并启用新的统一的出入境检验检疫证书和出入境货物通关单。对列入《法检目录》范围内的商品，一律凭检验机构签发的货物通关单办理海关手续。

一、出入境货物、集装箱报检

1. 入境货物检验检疫

入境货物的检验检疫工作程序是报检后先放行通关，再进行检验检疫。

法定检验检疫入境货物的货主或其代理人首先向卸货口岸或到达站的出入境检验检

疫机构申请报检，并提供有关的资料。检验检疫机构受理报检后，审核有关资料，如符合要求就受理报检并计收费用转施检部门签署意见，进行计收费。

对来自疫区的、可能传播传染病、动植物疫情的入境货物交通工具或运输包装实施必要的检疫、消毒、卫生除害处理后，签发《入境货物通关单》（入境废物、活动物等除外）供报检人办理海关的通关手续。

货物通关后，入境货物的货主或其代理人需在检验检疫机构规定的时间和地点到指定的检验检疫机构联系对货物实施检验检疫。

经检验检疫合格的入境货物签发《入境货物检验检疫证明》放行，经检验检疫不合格的货物签发《检验检疫处理通知书》，需要索赔的签发检验检疫证书。

对于入境的废物和活动物等特殊货物，按规定要先进行部分或全部项目的检验检疫，合格以后才签发《入境货物通关单》。对于最终目的地不在进境检验检疫管辖区内的货物，可以在货物通关后，调往目的地检验检疫机构进行检验检疫。

2. 出境货物检验检疫

出境货物检验检疫工作程序是报检后先检验检疫，再通关放行。

法定检验检疫出境货物的货主或其代理人首先向启运口岸的出入境检验检疫机构申请出境报检，并提供有关的资料。检验检疫机构受理报检后，审核有关资料，如符合要求就受理报检并计收费用。然后由检验检疫部门对货物实施检验检疫并进行合格评定。

对于商检合格货物，原产地与出境报关地是同一个地方，则产地检验检疫机构开出《出境货物通关单》。如果货物原产地和报关地方不一致的，则产地检验检疫机构开出《出境货物换证凭单》或《出境货物换证凭条》，到出境口岸报关地检验检疫机构换发《出境货物通关单》，海关凭《出境货物通关单》放行。

3. 出入境集装箱的报检

针对于空的集装箱，或者集装箱装的是非法检货物，进境集装箱的报检人应在办理报关前，向进境口岸检验检疫机构申请报检。对于装载法定检验检疫货物的进境集装箱，与进境货物一起报检，一起签证放行。

针对空的集装箱，出境集装箱的报检人应在装货前向所在地检验检疫机构申请报检。对于装载出境货物的集装箱，口岸检验检疫机构凭启运地检验检疫出具的检疫证单验证放行。对于在出境口岸拼装货物的集装箱，由出境口岸检验检疫机构实施检验检疫。

二、报检程序

出入境报检程序一般包括：准备报检单证、电子报检数据录入、现场递交单证、联系配合检验检疫、缴纳检验检疫费、签领证单等几个环节。

1. 准备报检单证

（1）报检时，应使用国家质检总局统一印制的报检单，报检单必须加盖报检单位印章或已向检验检疫机关备案的“报检专用章”；

（2）报检单所列项目应填写完整、准确，字迹清晰，不得涂改，无相应内容的栏目应填写“×××”，不得留空；

（3）报检单位必须做到三个符合：一是单证相符，二是单货相符，三是单单相符；

（4）随附单证原则上要求原件，确实无法提供原件的，应提供有效复印件。

2. 电子报检数据录入

（1）使用经国家质检总局评测合格并认可的电子报检软件进行电子报检；

（2）须在规定的报检时限内将相关出入境货物的报检数据发送至报检地检验检疫机构；

（3）对合同或信用证中涉及检验检疫特殊条款和特殊要求的，应在电子报检中同时提出；

（4）对经审核不符合要求的电子报检数据，报检人员可按照检验检疫机构的有关要求对报检数据修改后，再次报检；

（5）报检人员收到受理报检的反馈信息后打印出符合规范的纸质货物报检单；

（6）需要对已发送的电子报检数据进行更改或撤销报检时，报检人员应发送更改或撤销申请。

3. 现场递交单证

（1）电子报检受理后，报检人员应在检验检疫机构规定的地点和期限内，持本人《报检员证》到现场递交纸质报检单、随附单证等有关资料。

（2）对经检验检疫机构工作人员审核认为不符合规定的报检单证，或需要报检单位作出解析、说明，报检人员应及时修改、补充或更换报检单证，及时解析、说明情况。

4. 联系配合检验检疫

报检人员应主动联系，配合检验检疫机构对出入境货物实施检验检疫。

5. 缴纳检验检疫费

报检人员应在检验检疫机构开具收费通知单之日起20日内足额缴纳检验检疫费用。

6. 签领证单

对出入境货物检验检疫完毕后，检验检疫机构根据评定结果签发相应的证单，报检人在领取检验检疫机构出具的有关检验检疫证单时应如实签署姓名和领证时间，并妥善保管。

三、入境货物报检的时限和地点

1. 入境货物报检时限

（1）输入微生物、人体组织、生物制品、血液及其制品或种畜、禽及其精液、胚胎、受精卵的应当在入境前30天报检。

（2）输入其他动物的，应在入境前15天报检。

（3）输入植物、种子、种苗及其他繁殖材料的，应在入境前7天报检。

（4）入境货物需对外索赔出证的，应在索赔有效期前不少于20天内向到货口岸或货物到达地的检验检疫机构报检。

2. 入境货物报检地点

（1）审批、许可证等有关政府批文中已规定检验检疫地点的，在规定的地点报检。

（2）大宗散装品、易腐烂变质品、废旧物品、卸货时发现包装破损（短重、短量），必须在卸货口岸检验检疫机构报检施检。

（3）需安装调试的成套设备、机电仪器及开件后难以恢复包装的商品，应在收货人所在地检验检疫机构报检并检验。

（4）输入动植物、动植物产品和其他检疫物的，应向入境口岸检验检疫报检，并由口岸检验检疫机构实施检验检疫。入境后需办理转关手续的检疫物，除活动物和来自动植物疫情流行国家或地区的检疫物须在入境口岸报检和实施检疫外，其他均应到指运地检验检疫机构报检，并实施检疫。

（5）其他入境货物，应在入境前或入境时向报关地检验检疫机构办理报检手续。

3. 入境货物报检时应提交单据

入境报检时，应填写《入境货物报检单》，并提供外贸合同、发票、提（运）单、装箱单等有关单证。同时按照检验检疫的要求，提供其他相关特殊证单。

（1）凡实施安全质量许可、卫生注册或其他需审批审核的货物，应提供有关证明。

（2）申请品质检验的，还应提供国外品质证书或质量保证书、产品使用说明书及有关标准和技术资料；凭样成交的，须加附成交样品；以品级或公量计价结算的，应同时申请重量鉴定。

（3）入境废物，还应提供国家环保部门签发的《进口废物批准证书》和经认可的检验检疫机构签发的装运前检验合格证书等。

（4）申请残损鉴定的，还应提供理货残损单、铁路事故记录、空运事故记录或海事报告等证明货损情况的有关单据。

（5）申请数/重量鉴定的，还应提供数/重量明细单、磅码单、理货清单等。

（6）货物经收、用货部门验收或其他单位检测的，应随附验收报告或检测结果，以及数/重量明细单等。

（7）入境动植物及其产品，还必须提供产地证、输出国家或地区官方的检疫证书；需办理入境检疫审批的，还应提供入境动植物检疫许可证。

（8）过境动植物及其产品，应提供货运单和输出国家或地区官方出具的检疫证书；运输动物过境的，还应提交国家质检总局签发的动植物过境许可证。

（9）入境旅客、交通员工携带伴侣动物的，应提供入境动物检疫证书及预防接种证明。

（10）因科研等特殊需要，输入禁止入境物的，须提供国家质检总局签发的特许审批证明。

（11）入境特殊物品的，应提供有关的批件或规定文件。

（12）开展检验检疫工作要求提供的其他特殊证单。

四、出境货物报检的时限和地点

1. 出境货物报检时限

（1）出境货物最迟应于报关或装运前 7 天报检，出口商应及时向产地检验检疫机构申请检验检疫。对于个别检验检疫周期较长的货物，应留有相应的检验检疫时间；

如在产地检验后，需要异地在报关地检验检疫局出具通关单的，还应考虑查验换单的时间。

（2）隔离检疫的出境动物在出境前60天预报，隔离前7天报检。

2. 出境货物报检地点

（1）法定检验检疫货物，除活动物需由口岸检验检疫机构检验检疫外，原则上应实施产地检验检疫，在产地检验检疫机构报检。

（2）法律法规允许在市场采购的货物应向采购地的检验检疫机构办理报检手续。

（3）异地报关的货物，在报关地检验检疫机构办理换证报检（实施出口直通放行制度的货物除外）。

3. 出境报检应提交的单据

出境货物报检时，应填写《出境货物报检单》；并提供外贸合同、信用证、发票装箱单等有关单证。同时按照检验检疫的要求，提供相关其他证单，如生产经营部门出具的厂检结果单原件；检验检疫机构签发的《出境货物运输包装性能检验结果单》正本。

五、检验检疫证单

检验检疫证书是由政府机构或公证机构对进出口商品检验检疫或鉴定后，根据不同的检验结果或鉴定项目出具并签署的书面声明，证明货物在品质、数量、重量或卫生等方面符合特定标准的书面凭证。当信用证要求提供商检证书时，它是出口人凭以交单结汇和银行凭以议付或付款的结汇单据之一，在我国凡属国家规定法定检验的进出口商品，商检证书是海关接受申报的依据。检验证书由质检局统一管理单证、统一印制证书、统一刻制印章，并对全过程实施监督管理。

1. 检验检疫证单种类

检验证书根据不同的种类，分别用以证明货物的品质、数量、重量和卫生条件等，应注意证书的名称及所列项目或检验结果，必须与合同及信用证规定相同。其主要种类如下：

（1）品质检验证书（Inspection Certificate of Quality）。

（2）重量或数量检验证书（Inspection Certificate of Weight or Quantity）。

（3）兽医检验证书（Veterinary Inspection of Certificate）。

（4）卫生/健康证书（Sanitary/Health Inspection Certificate）。

（5）消毒检验证书（Disinfection Inspection Certificate）。

（6）熏蒸证书（Inspection Certificate of Fumigation）。

2. 检验检疫证单的法律效用

检验检疫证单是检验检疫机构代表国家履行国际义务的手段，是出入境货物通关的重要凭证。凡列入《法检商品目录》内的进出口货物（包括转关运输货物），海关一律凭检验检疫机构签发的《入境货物通关单》或《出境货物通关单》验放。对未列入《法检商品目录》范围的进出口货物，国家法律、法规另有规定须实施检验检疫的，海关亦凭检验检疫机构签发的《入境货物通关单》或《出境货物通关单》验放。有些出境货物，尤其是涉及社会公益、安全、卫生、检疫、环保等方面的货物，入境国家的海关依据该国家法律或政府规定，凭检验检疫机构签发的证单作为通关验放的重要凭证。

检验检疫证单也是海关征收和减免关税的有效凭证。有些国家海关在征收进出境货物关税时，经常依据检验检疫证单上的检验检疫结果作为海关据以征税的凭证。对到货后因发货人责任造成的残损、短缺或品质等问题的入境货物，发生换货、退货或赔偿等现象时往往涉及免征关税或退税。检验检疫机构签发的证书可作为通关免税或者退税的重要凭证。检验检疫机构签发的产地证书是进口国海关征收或减免关税的有效凭证。一般产地证是享受最惠国税率的有效凭证，普惠制产地证是在给惠国享受普惠制税率待遇的有效凭证，区域性优惠原产地证是在多边或双边贸易国家享受协定关税的有效凭证。

检验检疫证单是履行交接、结算及进口国准入的有效证件，同时检验检疫证单也是议付货款、证明履约、明确责任、办理索赔、仲裁及诉讼的有效证件。

3. 检验检疫证单的一般规定和有效期

检验检疫证单编号必须与报检单编号一致。检验检疫证书一般由一正三副组成，其中正本对外签发，可同时向报检人提供两份副本，检验检疫机构留存一份副本。证书严格按照国家质检总局制定或批准的格式，分别使用英文、中文、中英文合璧签发。索赔证书一般使用中英文合璧签发，根据报检人需要也可使用中文签发。证书一般只签发一份正本。报检人要求两份或两份以上正本的，须经审批同意，并在证书备注栏内声明“本证书是×××号证书正本的重本”。证书中的数量、重量栏目中数字前应加限制符“××”；证书的证明内容编制结束后，应在下一行中间位置打上结束符“××××××××”。

检验检疫证单一般应以检讫日期作为签发日期。检验检疫证单的有效期不得超过检验检疫有效期。检验检疫有效期根据国家有关规定，结合对货物的检验检疫监管情况确定。下列证单的有效期为：

（1）通常情况下，《入境货物通关单》的有效期为60天。

（2）一般报检的《出境货物换证凭单》和《出境货物通关单》有效期为：

①一般货物为60天；

②植物和植物产品为21天，北方冬季可适当延长至35天；

③鲜活类货物为14天。

（3）用于电讯卫生检疫的《交通工具卫生证书》的有效期为：

①用于船舶的12个月；

②用于飞机、列车的6个月。

（4）《船舶免于卫生控制措施证书/船舶卫生控制措施证书》有效期为6个月。

（5）《国际旅行健康证明书》有效期为12个月，《疫苗接种或预防措施国际证书》的有效时限根据疫苗的有效保护期确定。

示范操作

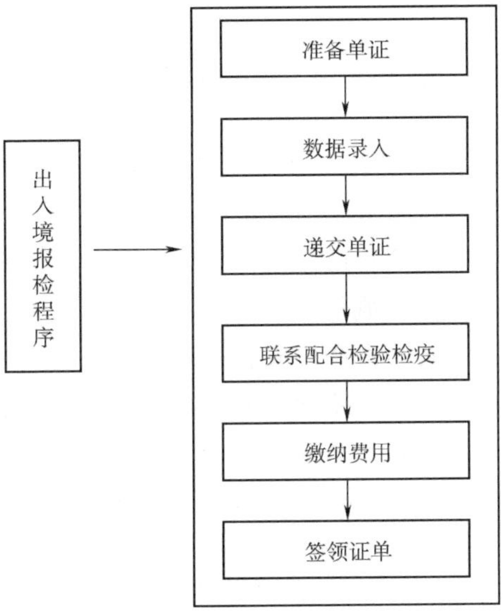

图7－1　进出口报检流程

任务二　报检单的缮制

学习目标

1. 掌握入境货物报检单的填制
2. 掌握出境货物报检单的填制

任务情境

在完成托运手续确认船期后，昆山飞扬食品进出口公司的李莉即着手准备办理货物报检相关事宜，向昆山出入境检验检疫部门申请报检，有关资料如下：

- 发票号码：INV007524　　发票日期：2016年10月26日
- 合同号：SC009616　　信用证号：AH161475
- 发票金额：14000欧元　　启运港：上海
- 船名航次：致远轮VH－0634　　集装箱号码：SBCS795607
- B/L NO.：DR－0954　　H.S.编码：2008999090

工作任务：单证员根据任务情境、信用证及相关资料准备办理报检手续。

知识链接

一、入境货物报检单填制

入境货物报检单所列各栏必须填写完整、准确、清晰，没有内容填写的栏目应以斜杠“/”表示，不得留空。

（1）报检单位：指向检验检疫机构申报检验、检疫、鉴定业务的单位；报检单应加盖报检单位公章。

（2）报检单位登记号：指在检验检疫机构登记的号码。

（3）收货人和发货人：按合同填写。

（4）企业性质：根据收货人的企业性质，在对应的“□”打“√”。

（5）货物名称：按贸易合同或发票所列的货物名称，根据需要可填写型号、规格或牌号。货物名称不得填写笼统的商品类，如“陶瓷”“玩具”等。货物名称必须填写具体的类别名称，如“日用陶瓷”“塑料玩具”。不够位置填写的，可用附页的形式填报。

（6）H. S. 编码：指货物对应的海关商品代码。填写 8 位数或 10 位数。

（7）原产国（地区）：指货物原始生产/加工的国家或地区名称。

（8）数/重量：填写报检货物的数/重量，重量一般填写净重。如填写毛重，或以毛重作净重则需注明。

（9）货物总值：按本批货物合同或报关单上所列的总值填写（以美元计）。如同一报检单报检多批货物，需列明每批货物的总值（注：如申报货物总值与国内、国际市场价格有较大差异，检验检疫机构保留核价权力）。

（10）包装种类及数量：指本批货物运输包装的种类及件数。

（11）运输工具名称号码：填写货物实际装载的运输工具类别名称（如船、飞机、货车、火车等）及运输工具编号（船名、飞机航班号、车牌号码、火车车次）。

（12）合同号：指贸易双方就本批货物所签订的书面贸易合同编号。

（13）贸易方式：①一般贸易；②来料加工；③进料加工；④其他等。本栏与报关单一致。

（14）贸易国别（地区）：指本批货物贸易的国家或地区。

（15）提单/运单号：指本批货物对应提单/运单的编号。

（16）到货日期：按货物到货通知单所列的日期填写。

（17）卸毕日期：按货物实际卸毕的日期填写。在货物还未卸毕前报检的，可暂不填写，待货物卸毕后再补填。

（18）索赔有效期：按合同规定的日期填写，特别要注明截止日期。

（19）启运国家（地区）：指装运本批货物进境的交通工具的启运国家（地区）。

（20）启运口岸：指装运本批货物进境的交通工具的启运口岸名称。

（21）经停口岸：指本批货物在启运后，到达目的地前中途停靠的口岸名称。

（22）许可证/审批号：对实施许可证制度管理或者审批制度管理的货物，报检时填写许可证编号或审批单编号。

（23）入境口岸：指装运本批货物的交通工具进境时首次停靠的口岸名称。

（24）目的港（地）：指本批货物预定最后抵达的交货港（地）。

（25）集装箱规格、数量及号码：填写装载本批货物的集装箱规格（如 20 英尺、40 英尺等）以及分别对应的数量和集装箱号码。若集装箱太多，可用附单形式填报。

（26）合同订立的特殊条款以及其他要求：指贸易合同中双方对本批货物特别约定而订立的质量、卫生等条款和报检单位对本批货物检验检疫的特别要求。对需证单的，需在此注明需要证单的名称。

（27）货物存放的地点：指本批货物卸货时存放的地点。

（28）用途：指本批货物的用途，如种用、食用、奶用、观赏或演艺、伴侣、实验、药用、饲用、加工等。

（29）随附单据：按实际向检验检疫机构提供的单据，在对应的“□”打“√”。对报检单上未标出的，须自行填写提供的单据名称。

（30）标记及号码：按货物实际运输包装标记填写。如没有标记，填写 N/M。标记栏不够位置填写时，可用附页填写。

（31）报检人郑重声明：必须有报检人的亲笔签名。

本说明未尽事宜按国家质检总局发布的有关规定办理。

二、出境货物报检单填制

出境货物报检单所列各栏必须填写完整、准确、清晰，没有内容填写的栏目应以斜杠“/”表示，不得留空。

（1）报检单位：指向检验检疫机构申报检验、检疫、鉴定业务的单位。报检单应加盖报检单位公章。

（2）报检单位登记号：指在检验检疫机构登记的号码。

（3）发货人：指本批货物贸易合同中卖方名称或信用证中受益人名称。如需要出具英文证书的，填写中英文。

（4）收货人：指本批出境货物贸易合同中或信用证中买方名称。如需要出具英文证书的，填写中英文。

（5）货物名称：按贸易合同或发票所列的货物名称，要有中英文。货物名称必须填写具体的类别名称，根据需要可填写型号、规格或牌号，不够位置填写的，可用附页的形式填报。

（6）H. S. 编码：指货物对应的海关商品代码，按《协调商品名称及编码制度》中所列编码填写 8 位数或 10 位数。

（7）产地：指货物生产/加工的省（自治区、直辖市）以及地区（市）名称。

（8）数/重量：填写报检货物的数/重量，重量一般填写净重。如填写毛重，或以毛重作净重则需注明。

（9）货物总值：按本批货物合同或发票上所列的总值填写（需注明币种）。如同一报检单报检多批货物，需列明每批货物的总值（注：如申报货物总值与国内、国际市场价格有较大差异，检验检疫机构保留核价权力）。

（10）包装种类及数量：指本批货物运输包装的种类及件数。

（11）运输工具名称号码：填写货物实际装载的运输工具类别名称（如船、飞机、货车、火车等）及运输工具编号（船名、飞机航班号、车牌号码、火车车次）。报检时，未能确定运输工具编号的，可只填写运输工具类别。

（12）贸易方式：该批货物出口的贸易方式，如一般贸易、来料加工、进料加工、其他等。

（13）货物存放的地点：指本批货物存放的地点。注明具体地点、厂库。

（14）合同号：指本批货物贸易合同编号。

（15）信用证号：指本批货物的信用证编号。

（16）用途：指本批出境货物用途，如种用、食用、奶用、观赏或演艺、伴侣、实验、药用、饲用、加工等。

（17）发货日期：按本批货物信用证或合同上所列的出境日期填写。

（18）输往国家（地区）：指贸易合同中买方（进口方）所在的国家或地区。

（19）许可证/审批号：对实施许可证制度或者审批制度管理的货物，报检时填写许可证编号或审批单编号。

（20）启运地：指装运本批货物离境的交通工具的启运口岸/地区城市名称。

（21）到达口岸：指装运本批货物的交通工具最终抵达目的地停靠的口岸名称。

（22）生产单位注册号：指生产/加工本批货物的单位在检验检疫机构的注册登记编号。

（23）集装箱规格、数量及号码：填写装载本批货物的集装箱规格（如 40 英尺、20 英尺等）以及分别对应的数量和集装箱号码。若集装箱太多，可用附单形式填报。

（24）合同、信用证订立的检验检疫条款或特殊要求：指贸易合同或信用证中贸易双方对本批货物特别约定而订立的质量、卫生等条款和报检单位对本批货物检验检疫的特别要求。

（25）标记及号码：按出境货物实际运输包装标记填写。如没有标记，填写 N/M。标记栏不够位置填写时，可用附页填写。

（26）随附单据：按实际提供的单据，在对应的“□”打“√”。对报检单上未标出的，须自行填写提供的单据名称。

（27）需要证单名称：按需要检验检疫机构出具的证单，在对应的“□”打“√”，并对应注明所需证单的正副本的数量。对报检单上未标出的，如“通关单”等，须自行填写所需证单的名称和数量。

（28）报检人郑重声明：必须有报检人的亲笔签名。

本说明未尽事宜按国家质检总局发布的有关规定办理。

示范操作

中华人民共和国出入境检验检疫

出境货物报检单

报检单位（加盖公章）：　　　　　　　　　　　　　　　　　　* 编号__________

报检单位登记号：　　　　联系人：李莉　电话：56748735　报检日期：2016 年 11 月 15 日

发货人	（中文）昆山飞扬食品进出口公司
	（外文）KUNSHAN FLY FOOD IMPORT & EXPORT CORP.
收货人	（中文）德国天空海外贸易公司
	（外文）SKY OVERSEAS TRADING CO. LTD.

货物名称（中/外文）	H. S. 编码	产地	数/重量	货物总值	包装种类及数量
葡萄罐头 CANNED GRAPES	2008999090	中国	12000 罐	14000 欧元	1000 纸箱

运输工具名称号码	致远/ VH－0634	贸易方式	一般贸易	货物存放地点	昆山
合同号	SC009616	信用证号	AH161475	用途	
发货日期	20161128	输往国家（地区）	德国	许可证/审批号	
启运地	上海	到达口岸	汉堡	生产单位注册号	
集装箱规格、数量及号码	SBCS795607 20’ ＊1				

合同订立的检验检疫条款或特殊要求	标 记 及 号 码	随附单据（画“√”或补填）	
	SKY SC009616 GERMANY NO. 1－1000	☑合同 ☑信用证 ☑发票 ☑换证凭单 ☑装箱单 □厂检单	□包装性能结果单 □许可/审批文件 □ □ □ □

需要证单名称（画“√”或补填）		＊检验检疫费	
☑品质证书　1 正 2 副	□植物检疫证书　__正__副	总金额（人民币元）	
□重量证书　__正__副	□熏蒸/消毒证书　__正__副		
□数量证书　__正__副	□出境货物换证凭单	计费人	
□兽医卫生证书　__正__副	□出境货物通关单		
□健康证书　__正__副	□	收费人	
□卫生证书　__正__副	□		
□动物卫生证书　__正__副			

报检人郑重声明：	领 取 证 单	
1. 本人被授权报检。 2. 上列填写内容正确属实，货物无伪造或冒用他人的厂名、标志、认证标志，并承担货物质量责任。 签名：__________	日期	
	签名	

注：有“＊”号栏由出入境检验检疫机关填写　　　　◆国家出入境检验检疫局制

［1－2（2000. 1. 1）］

图 7－2　出入境报检单

能力训练

一、选择题

1. 购买进口汽车的用户可凭当地检验检疫机构出具的（　　）到车辆管理机关办理正式牌证。

A. 入境货物通关单　　B. 进口机动车辆检验证明
C. 入境货物检验检疫证明　　D. 进口机动车辆随车检验单

2. 法定检验检疫的入境货物，海关凭（　　）检验检疫机构签发的《入境货物通关单》验放。

A. 最终销售地　　B. 收货人所在地　　C. 最终使用地　　D. 报关地

3. 长春某生产企业出口一批货物，拟用汽车运至大连通关后海运出口，报检单的“运输工具名称”和“启运地”应分别填写（　　）。

A. 汽车；长春　　B. 汽车；大连　　C. 船舶；大连　　D. 船舶；长春

4. 某公司进口一批大豆，在《出入境检验检疫机构实施检验检疫的进出境商品目录》中，该商品的检验检疫类别为 P. R/Q. S，则该商品入境时检验检疫机构将对其实施（　　）。

A. 商品检验，植物产品检疫　　B. 植物产品检疫，食品卫生监督检验
C. 商品检验，动植物检疫　　D. 民用商品入境验证，强制性产品认证

5. 已办理检验检疫手续的货物并领取检验检疫证单后，因故需变更输入国家或地区（　　）。

A. 应重新报检　　B. 有不同检验检疫要求的，应重新报检
C. 无须重新报检　　D. 不能更改输入国家或地区

6. 实施绿色通道制度企业的货物电子转单至口岸后，口岸检验检疫机构核查转关数据中的相关信息，以下表述正确的是（　　）。

A. 该批货物无需向口岸检验检疫机构报检
B. 口岸检验检疫机构不再核查货证，直接签发《出境货物通关单》
C. 口岸检验检疫机构随机抽批核查货证
D. 口岸检验检疫机构实行批批核查货证

7.《报检员证》的有效期为（　　），有效期届满（　　）开始，报检员应当通过网上提交数据向发证检验检疫机构提出延期申请。

A. 2 年；60 日　　B. 1 年；30 日　　C. 2 年；30 日　　D. 1 年；60 日

8. 报检入境废物时，在提供合同、发票、提单的同时，还应提供（　　）签发的《进口废物批准证书》和经认可的检验机构签发的装运前检验合格证书等。

A. 外贸主管部门　　B. 海关总署　　C. 检验检疫机构　　D. 国家环保部门

9. 以下所列单据，出境报检时无须提供的是（　　）。

A. 外贸合同　　B. 发票　　C. 装箱单　　D. 提（运）单

10. 对进口旧机电，检验检疫机构进行检验后签发（　　），并在备注栏内加注（　　），供货主或代理人办理通关手续。

A. 入境货物通关单，“旧机电产品备案”

B. 入境货物通关单，“上述货物经卫生处理，符合环境保护要求”

C. 旧机电产品备案书，“旧机电产品备案”

D. 旧机电产品备案书，“上述货物经卫生处理，符合环境保护要求”

二、判断题

1. 检验检疫机构对自理报检单位实行备案登记制度，对代理报检单位实行注册登记制度。(　　)

2. 进境动植物产品的审批办理完毕后，如需更改输出国家或地区，应在货物到港前及时到国家质检总局办理更改手续。(　　)

3. 进口的旧设备应在口岸完成卫生检验、检疫处理和环保项目检验后方可取得《入境货物通关单》。(　　)

4. 对于法定检验的进口商品，如果合同中约定由买卖双方协商确定的国外检验机构进行检验，报检时应在报检单上注明，检验检疫机构不再进行检验。(　　)

5. 对于已签发检验检疫单证的出境货物，改换包装或重新拼装后不必重新报检。(　　)

三、制单操作题

根据所提供的发票完成关于《出境货物报检单》填制的单项选择：

INVOICE

Invoice No.: HG975233　　　　Date: MAY. 20. 2016

Ref. No.: IN20160520　　　　Contract No.: TF010328

Buyer: VICIOR STAR CO., LTD. ROMA ITALY

L/C No.: LC78298594　　　　UNBANK OF U. S. TIANJIN BRANCH

Notify Party: EVERBRIGHT CO., LTD. NAPLES ITALY

Shipped From: TIANJIN CHINA　　　　Destination: NAPLES ITALY

Marks & No.: TF010328

TIANJIN CHINA

Description: CANNED APPLE　　　　Quantity: 4800TINS/120CARTONS

Unit price (USD): 2.00TIN　　　　Amount (USD): 9600.00

PACKING: IN TIN, 0.2KGS EACH TIN ORIGIN: TIANJIN CHINA

TIANJIN FOODSTUFFS IMP/EXP CO., LTD

1. “发货人（外文）”一栏应填写（　　）。

A. VICTOR STAR CO., LTD

B. EVERBRIGHT CO., LTD NAPLES ITALY

C. UNBANK OF U. S. TIANJIN BRANCH

D. TIANJIN FOODSTUFFS IMP/EXP CO., LTD

2. “货物名称”一栏应填写（　　）。

A. 苹果罐头　　B. 苹果片　　C. 菠萝罐头　　D. 菠萝片

3. “数/重量”一栏应填写（　　）。

A. 2TINS/960KGS　　B. 960KGS

C. 4800TINS/960KGS　　D. 4800TINS/120CARTONS

4. “货物总值”一栏应填写（　　）。

A. USD9600　　B. 4800TINS　　C. 120TONS　　D. 9600

5. “合同号”一栏应填写（　　）。

A. LC78298594　　B. TF010328　　C. IN20160520　　D. HG975233

6. “信用证号”一栏应填写（　　）。

A. LC78298594　　B. TF010328　　C. IN20160520　　D. HG975233

7. “输往国家（地区）”一栏应填写（　　）。

A. 韩国　　B. 美国　　C. 英国　　D. 意大利

8. “包装种类及数量”一栏应填写（　　）。

A. 4800 纸箱　　B. 4800 听　　C. 9600 听　　D. 120 纸箱

9. “用途”一栏应填写（　　）。

A. 食用　　B. 奶用　　C. 种用或繁殖　　D. 观赏或演艺

10. “标记及号码”一栏应填写（　　）。

A. UNBANK OF U. S.
TIANJIN BRANCH

B. 4800TINS/120CARTONS
0. 2KGS EACH TIN

C. TF010328
TIANJIN CHINA

D. CANNED APPLE
PACKING：IN TIN
ORIGIN：TIANJIN CHINA

项目八 报关单

任务一 进出口报关的流程

学习目标

1. 了解进出口货物报关的流程
2. 掌握一般进出口货物报关的流程

任务情境

昆山飞扬食品进出口公司与德国天空海外贸易公司就出口一批葡萄罐头达成协议并签订合同，当收到对方开来的信用证并审核无误后，委托上海东方国际货运代理有限公司代理安排托运订舱等事宜，订妥舱位收到配舱回单后则必须向海关办理货物的申报出口手续。

工作任务：根据任务情境、合同及相关资料，向海关办理出口报关手续。

知识链接

报关是履行海关进出境手续的必要环节之一。报关是指进出口货物的收发货人、进出境运输工具的负责人、进出境物品的所有人或者他们的代理人向海关办理货物、物品或运输工具进出境手续及相关海关事务的过程，进出口货物报关的程序包括向海关申报、配合查验、缴纳税费、提取或装运货物等作业环节。

海关对进出口货物报关管理实行报关注册登记制度。凡是在中华人民共和国进出境口岸办理进出口货物报关手续的企业必须向海关办理报关注册登记。要履行进出口货物的报关手续，必须先经海关批准成为报关单位。能够向海关注册登记的单位分为两类，一类是办理报关注册登记单位；另一类是办理代理报关注册登记单位。办理报关和代理报关登记，在企业所在地海关办理。报关业务，应由报关企业和代理报关企业指派专人即报关员办理。

海关总署对报关从业人员制定职业标准和评价规范，报关协会组织开展对报关从业人员的职业技能鉴定和职业水平评价考试，为报关企业选聘报关从业人员提供参考依据，建立起“行业评价、行业认可”的管理机制。

一、进出境货物报关过程

1. 进出境货物分类

根据海关对进出境货物的不同监管要求分为：一般进出口货物、保税货物、特定减免税货物、暂准进出境货物、其他进出境货物。

2. 报关过程

进出境货物报关过程分为前期阶段、货物进出境阶段、后续阶段三个阶段。

（1）前期阶段。货物在进出境之前，向海关办理备案手续的过程。并不是所有的货物都要经过这个阶段，主要适用于：保税货物、特定减免税货物、暂准进出境货物中的展览品，以及其他进出境货物中的部分货物，例如出料加工货物。这些货物在进口之前要向海关办理备案。

（2）进出境阶段。包括4个环节，从进出口货物收发货人来说，程序是：申报、配合查验、缴纳税费、提取或装运货物；从海关的角度来说，所对应的程序就是：审单（决定是否受理申报）、查验、征税、放行。海关审核相关单据，查验货物，征收了应该要征收的税款后，按规定，在报关单上签章，盖完章后，货物的收发货人就可以去提取货物或者装运货物。

结关是指进出口货物收发货人或者其代理人办结了进出境货物的所有手续，货物进入了流通领域，不再受到海关监管的行为。

注意，海关的放行并不意味着结关，对于保税货物、特定减免税货物、暂准进出境货物中的展览品，以及其他进出境货物中的部分货物，海关放行之后至申请核销之前，均属于海关监管范围之内。

（3）后续阶段。向海关申请核销，解除监管；主要包括保税货物、特定减免税货物、暂准进出境货物中的展览品，以及其他进出境货物中的部分货物，根据货物最终的流向，向海关办理核销，解除监管。

二、进出口货物报关程序

报关工作的全部程序主要有：申报、查验、缴税、放行四个环节。

1. 进出口货物的申报

进出口货物的收、发货人或者他们的代理人，在货物进出口时，应在海关规定的期限内，按海关规定的格式填写进出口货物报关单，随附有关的货运、商业单据，同时提供批准货物进出口的证件，向海关申报。

进出口商向海关报关时，需提交以下单证：

（1）进出口货物报关单。一般进口货物应填写一式两份；需要由海关核销的货物，如加工贸易货物和保税货物等，应填写专用报关单一式三份；货物出口后需国内退税的，应另填一份退税专用报关单。

（2）货物发票。要求份数比报关单少一份，对货物出口委托国外销售，结算方式是待货物销售后按实销金额向出口单位结汇的，出口报关时可准予免交。

（3）陆运单、空运单和海运进口的提货单及海运出口的装货单。海关在审单和验货后，在正本货运单上签章放行退还报关员，凭此提货或装运货物。

（4）货物装箱单。其份数同发票，但是散装货物或单一品种且包装内容一致的件装货物可免交。

（5）出口收汇核销单。自 2012 年 8 月 1 日起在全国实施货物贸易外汇管理制度改革，取消核销单。外汇核销从原来以核销单为单位现场逐笔核销，改为以核销系统方式的批量总量核销。报关时，不再需要提供核销单，也不需要预录核销单号。

（6）海关认为必要时，还应交验贸易合同、货物产地证书等。

（7）其他有关单证。包括经海关批准准予减税、免税的货物，应交海关签章的减免税证明，北京地区的外资企业需另交验海关核发的进口设备清单；已向海关备案的加工贸易合同进出口的货物，应交验海关核发的“登记手册”。

2. 进出口货物的查验

进出口货物，除海关总署特准免予查验的以外，都应接受海关查验。查验的目的是核对报关单证所报内容与实际到货是否相符，有无错报、漏报、瞒报、伪报等情况，审查货物的进出口是否合法。海关查验货物，应在海关规定的时间和场所进行。如有特殊理由，事先报经海关同意，海关可以派人员在规定的时间和场所以外查询。

海关查验货物时，要求货物的收、发货人或其代理人必须到场，并按海关的要求负责办理货物的搬移、拆装箱和查验货物的包装等工作。海关认为必要时，可以径行开验、复验或者提取货样，货物保管人应当到场作为见证人。

查验货物时，由于海关关员责任造成被查货物损坏的，海关应按规定赔偿当事人的直接经济损失。赔偿办法：由海关关员如实填写《中华人民共和国海关查验货物、物品损坏报告书》一式两份，查验关员和当事人双方签字，各留一份。双方共同商定货物的受损程度或修理费用（必要时可凭公证机构出具的鉴定证明确定），以海关审定的完税价格为基数，确定赔偿金额。赔偿金额确定后，由海关填发《中华人民共和国海关损坏货物、物品赔偿通知》，当事人自收到通知单之日起，三个月内凭单向海关领取赔款或将银行账号通知海关划拨，逾期海关不再赔偿。赔款一律用人民币支付。

3. 关税的缴纳

根据《海关法》规定，进出口货物的收发货人，进出境物品的所有人，是关税的纳税义务人，同时规定有权经营进出口业务的企业和海关准予注册的报关企业也是法定纳税人。纳税义务人应在海关签发税款缴纳证的次日起（节假日除外）7 日内，向指定银行缴纳税款。逾期不缴纳的，由海关自第 8 日起至缴清税款之日止，按日征收欠缴税款总额的 1‰的滞纳金，对超过 3 个月仍未缴纳税款的，海关可责令担保人缴纳税款或者将货物变价抵缴。必要时，可以通知银行在担保人或者纳税义务人的存款内扣款。若纳税人同海关发生纳税争议，应先缴纳税款，然后自海关填发税款缴纳证之日起 30 天内向海关书面复议。

4. 进出口货物的放行

海关对进出口货物的报关，经过审核报关单据、查验实际货物，并依法办理了征收货物税费手续或减免税手续后，在有关单据上签盖放行章，货物的所有人或其代理人才能提取或装运货物。此时，海关对进出口货物的监管才算结束。另外，进出口货物因各种原因需海关特殊处理的，可向海关申请担保放行。海关对担保的范围和方式均有明确的规定。

三、进出口货物报关期限

《海关法》明确规定了进出口货物的报关期限，并且出口货物报关期限与进口货物报关期限是不同的。

出口货物的发货人或其代理人除海关特许外，必须在装货的 24 小时以前向海关申报。做出这样的规定是为了在装货前给海关以充足的查验货物的时间，以保证海关工作的正常进行。如果在这一规定的期限之前没有向海关申报，海关可以拒绝接受通关申报，出口货物就得不到海关的检验、征税和放行，无法装货运输，从而影响运输单据的取得，甚至导致延迟装运、违反合同。因此，应该及早地向海关办理申报手续，做到准时装运。

进口货物的收货人或其代理人，应当自装载本票货物的交通运输工具申报进境之日起 14 日内，向海关办理进口货物的通关申报手续。如果在法定的 14 日内没有向海关办理申报手续，海关将征收滞报金。滞报金的起收日期为运输工具申报进境之日起的 15 日，转关运输货物为货物运抵指运地之日起的第 15 日，邮运进口货物为收到邮局通知之日的第 15 日；截止日期为海关申报之日。滞报金的每日征收额为进口货物完税价格的 0.5‰，起征点为人民币 50 元，不足人民币一元的部分免予计征。

征收滞报金的计算公式为：进口货物完税价格 ×0.5‰ × 滞报天数。

进口货物的收货人自运输工具申报进境之日起超过三个月未向海关申报的，其进口货物由海关提取变卖处理。所得价款在扣除运输、装卸、存储等费用和税款后，尚有余款的，自货物变卖之日起一年内经收货人申请，予以发还；逾期无人申请的，上缴国库；确属误卸或者溢卸的进境货物除外。

四、一般进出口货物的报关程序

1. 一般进出口货物含义

从海关监管的角度来划分，一般进出口货物是指在货物进出境环节缴纳了应征的进出口税费，并办结了所有必要的海关手续，海关放行后不再进行监管的进出口货物。这里的一般进出口货物是相对于保税货物、特定减免税货物、暂准进出口货物而言的，因为这些货物都需要经过前期和后续的监管阶段。

2. 一般进出口货物特征

（1）在进出境时缴纳进出口税费：一般进出口货物的收、发货人按规定缴纳税费。

（2）进出口时提交相关的许可证：需要提交许可证的，要提交许可证。

（3）海关放行即办理结关手续。

3. 一般进出口货物的报关程序

一般进出口货物报关只有进出境阶段，没有前期和后续阶段，进出口报关的环节有进出口申报、配合查验、缴纳税费、提取或装运货物。

（1）进出口申报。进出口货物应当在规定的地点、期限内向海关进行申报。进口货物应当在进境地海关申报，出口货物应当在出境地海关申报。经收发货人申请，海关同意，进口货物可以在指运地海关申报；出口货物可以在启运地海关申报。保税、特定减免税货物、暂准进境货物，要改变使用目的从而改变货物的性质为一般贸易的时候，报关的地点是向所在地主管海关申报。

进口货物应该在运载进口货物的运输工具进境之日起 14 日内（期限的最后一日是法定节假日或休息日的，顺延到节假日或休息日后的第一个工作日）向海关申报。经海关批准允许集中申报的进口货物，在运输工具申报进境之日起一个月内办理申报。

出口货物，货物运抵海关监管区后、装货的 24 小时以前向海关进行申报。

特殊货物，经电缆、管道或其他方式（网络）进出境的货物，按照海关规定定期申报。

（2）配合查验。货物查验是海关根据国家的法律规定，确定进出境货物的性质、价格、数量、原产地、货物状况等是否与报关填报内容一致的行为。主要检查核实所报货物有无伪报、瞒报、申报不实等走私违规行为，并为海关进行征税、统计、后续管理提供可靠的资料。

海关查验地点，一般在海关监管区或装卸现场；特殊情况海关可以派员到监管区外进行查验。海关以书面形式提前通知，正常工作日查验；特殊情况经申请也可以在其他时间查验。查验方式主要有彻底查验、抽查、外形查验。海关实施查验时，进出口货物的收发货人或代理人应在场，如若不在场，海关可在仓库管理人员等在场的情况下径行开验，并在报告上签字。

进出口货物的收发货人或代理人应配合查验，包括：负责搬运货物、开箱、封箱；回答提问，提供有关单证；如需要做进一步检验、化验或鉴定的货样，收取海关开具的取样清单；确认查验结果，在《海关进出境货物查验记录单》签字。

在查验过程中，因海关工作人员的责任，导致货物损坏的，海关进行赔偿。以下不属于海关赔偿范围的内容：搬运货物、开箱、封箱不慎造成损坏的；易腐、易失效物品在海关正常工作时间内变质失效的；正常磨损；查验之前已经损坏的；不可抗力造成的货物损失等。

注意：正常查验时未提出异议的，过后发现损坏，海关不负责赔偿。

（3）缴纳税费。经海关审核报关单，并查验货物无误后，海关根据申报的货物计算税费，打印纳税缴款书和收费票据。凭海关签发的缴税通知书和收费单据在限定的时间内向指定银行缴纳税费，或在网上进行电子支付。

（4）提取或装运货物 。对于一般进出口货物，海关实行进出境现场放行和货物结关。经上述过程后，海关对进出口货物作出结束海关现场监管的决定，允许进出口货物离开海关监管现场的工作环节。

注意：海关现场放行有两种情况，一种情况是放行即结关；另一种情况是货物放行后进入海关的后期监管，如保税货物、特定减免税货物、暂准进出口货物等。

进口货物收货人或其代理人，凭着加盖“海关放行章”的进口提货凭证提货。出口货物发货人或其代理人凭着加盖“海关放行章”的出口货物装货凭证办理货物出口装运手续。

任务二　报关单的缮制

学习目标

1. 掌握进口货物报关单的填制内容与方法
2. 掌握出口货物报关单的填制内容与方法

任务情境

昆山飞扬食品进出口公司委托上海东方国际货运代理有限公司代理安排托运订舱等事宜，订妥舱位收到配舱回单后，着手向昆山海关办理货物的出口申报手续。

有关资料如下：

- 发票号码：INV007524　　发票日期：2016 年 10 月 26 日
- 合同号：SC009616　　信用证号：AH161475
- 发票金额：14000 欧元　　启运港：上海
- 船名航次：致远轮 VH－0634　　集装箱：1＊20’s BCS795607
- B/L NO.：DR－0954　　H. S. 编码：2008999090
- 装箱：1000 纸箱　　运保费：2000 欧元
- 毛重：5960KGS　　净重：5450KGS

工作任务：根据任务情境缮制出口货物报关单一份。

知识链接

一、进出口货物报关单

进出口货物报关单是由海关总署规定的统一格式和填制规范，由进出口企业或其代理人填制并向海关提交的申报货物状况的法律文书，是海关依法监管货物进出口、征收关税及其他税费、编制海关统计，以及处理其他海关业务的重要凭证。

二、报关单的填制

1. 预录入编号

本栏目填报预录入报关单的编号，预录入编号规则由接受申报的海关决定。

2. 海关编号

本栏目填报海关接受申报时给予报关单的编号，一份报关单对应一个海关编号。

报关单海关编号为 18 位，其中第 1～4 位为接受申报海关的编号（海关规定的《关区代码表》中相应海关代码），第 5～8 位为海关接受申报的公历年份，第 9 位为进出口标志（“1” 为进口，“0” 为出口；集中申报清单 “I” 为进口，“E” 为出口），后9 位为顺序编号。

3. 收、发货人

本栏目填报在海关注册的对外签订并执行进出口贸易合同的中国境内法人、其他组织或个人的名称及编码。编码可选填18位法人和其他组织统一社会信用代码或10位海关注册编码任一项。

填报形式：填写经营单位的中文名称及编码。

填报举例：北京宇都商贸有限公司（1101250756）。

信息来源：一般从所给出的中文资料中查找。

特殊情况下填制要求如下：

（1）进出口货物合同的签订者和执行者非同一企业的，填报执行合同的企业。

（2）外商投资企业委托进出口企业进口投资设备、物品的，填报外商投资企业，并在标记唛码及备注栏注明“委托某进出口企业进口”，同时注明被委托企业的18位法人和其他组织统一社会信用代码。

（3）有代理报关资格的报关企业代理其他进出口企业办理进出口报关手续时，填报委托的进出口企业。

（4）使用海关核发的《中华人民共和国海关加工贸易手册》、电子账册及其分册（以下统称《加工贸易手册》）管理的货物，收、发货人应与《加工贸易手册》的“经营企业”一致。

4. 进口口岸/出口口岸

本栏目应根据货物实际进出境的口岸海关，填报海关规定的《关区代码表》中相应口岸海关的名称及代码。

填报形式：本栏填报“关区代码表”中相应口岸隶属海关的名称及代码。

填报举例：货物由天津新港进境，“进口口岸”栏填：新港海关（0202）。

信息来源：一般从所给出的单据或中文资料中能找到相应的内容。

特殊情况：进口转关运输货物应填报货物进境地海关名称及代码，出口转关运输货物应填报货物出境地海关名称及代码。按转关运输方式监管的跨关区深加工结转货物，出口报关单填报转出地海关名称及代码，进口报关单填报转入地海关名称及代码。

在不同海关特殊监管区域或保税监管场所之间调拨、转让的货物，填报对方特殊监管区域或保税监管场所所在的海关名称及代码。

其他无实际进出境的货物，填报接受申报的海关名称及代码。

5. 进口日期/出口日期

进口日期填报运载进口货物的运输工具申报进境的日期。

出口日期指运载出口货物的运输工具办结出境手续的日期，本栏目供海关签发打印报关单证明联用，在申报时免予填报。

无实际进出境的报关单填报海关接受申报的日期。

本栏目为8位数字，顺序为年（4位）、月（2位）、日（2位）。

填报举例：20150808。

信息来源：一般从所给出的中文资料中查找。

6. 申报日期

申报日期指海关接受进出口货物收发货人、受委托的报关企业申报数据的日期。以电子数据报关单方式申报的，申报日期为海关计算机系统接受申报数据时记录的日期。以纸质报关单方式申报的，申报日期为海关接受纸质报关单并对报关单进行登记处理的日期。

申报日期为8位数字，顺序为年（4位）、月（2位）、日（2位）。本栏目在申报时免予填报。

7. 消费使用单位/生产销售单位

（1）消费使用单位填报已知的进口货物在境内的最终消费、使用单位的名称，包括：

① 自行从境外进口货物的单位。

② 委托进出口企业进口货物的单位。

（2）生产销售单位填报出口货物在境内的生产或销售单位的名称，包括：

① 自行出口货物的单位。

② 委托进出口企业出口货物的单位。

本栏目可选填18位法人和其他组织统一社会信用代码或10位海关注册编码或9位组织机构代码任一项。没有代码的应填报“NO”。

（3）有10位海关注册编码或18位法人和其他组织统一社会信用代码或加工企业编码的消费使用单位/生产销售单位，本栏目应填报其中文名称及编码；没有编码的应填报其中文名称。

填报举例：北京宇都商贸有限公司（1101250756）。

信息来源：一般从所给出的中文资料中查找。

特殊情况：使用《加工贸易手册》管理的货物，消费使用单位/生产销售单位应与《加工贸易手册》的“加工企业”一致；减免税货物报关单的消费使用单位/生产销售单位应与《中华人民共和国海关进出口货物征免税证明》（以下简称《征免税证明》）的“减免税申请人”一致。

8. 运输方式

运输方式包括实际运输方式和海关规定的特殊运输方式，前者指货物实际进出境的运输方式，按进出境所使用的运输工具分类；后者指货物无实际进出境的运输方式，按货物在境内的流向分类。

本栏目应根据货物实际进出境的运输方式或货物在境内流向的类别，按照海关规定的《运输方式代码表》选择填报相应的运输方式。

填报举例：水路运输（或“2”）。

信息来源：一般从所给出的单据或中文资料中查找。

知识链接：运输代码表。

运输方式代码	运输方式名称	运输方式代码	运输方式名称
0	非保税区	2	江海运输
1	监管仓库	3	铁路运输

续表

运输方式代码	运输方式名称	运输方式代码	运输方式名称
4	汽车运输	8	保税仓库
5	航空运输	9	其他运输
6	邮件运输	Z	出口加工区
7	保税区		

特殊情况：

（1）特殊情况填报要求如下：

①非邮件方式进出境的快递货物，按实际运输方式填报。

②进出境旅客随身携带的货物，按旅客所乘运输工具填报。

③进口转关运输货物，按载运货物抵达进境地的运输工具填报；出口转关运输货物，按载运货物驶离出境地的运输工具填报。

④不复运出（入）境而留在境内（外）销售的进出境展览品、留赠转卖物品等，填报“其他运输”（代码9）。

（2）无实际进出境货物在境内流转时，填报要求如下：

①境内非保税区运入保税区货物和保税区退区货物，填报“非保税区”（代码0）；

②保税区运往境内非保税区货物，填报“保税区”（代码7）；

③境内存入出口监管仓库和出口监管仓库退仓货物，填报“监管仓库”（代码1）；

④保税仓库转内销货物，填报“保税仓库”（代码8）；

⑤从境内保税物流中心外运入中心或从中心运往境内中心外的货物，填报“物流中心”（代码W）；

⑥从境内保税物流园区外运入园区或从园区内运往境内园区外的货物，填报“物流园区”（代码X）；

⑦保税港区、综合保税区、出口加工区、珠澳跨境工业区（珠海园区）、中哈霍尔果斯边境合作区（中方配套区）等特殊区域与境内（区外）（非特殊区域、保税监管场所）之间进出的货物，区内、区外企业应根据实际运输方式分别填报，“保税港区/综合保税区”（代码Y），“出口加工区”（代码Z）。

⑧境内运入深港西部通道港方口岸区的货物，填报“边境特殊海关作业区”（代码H）；

⑨经横琴新区和平潭综合实验区（以下简称综合试验区）二线指定申报通道运往境内区外或从境内经二线制定申报通道进入综合试验区的货物，以及综合试验区内按选择性征收关税申报的货物，填报“综合试验区”（代码T）。

⑩其他境内流转货物，填报“其他运输”（代码9），包括特殊监管区域内货物之间的流转、调拨货物，特殊监管区域、保税监管场所之间相互流转货物，特殊监管区域外的加工贸易余料结转、深加工结转、内销等货物。

9. 运输工具名称

本栏目填报载运货物进出境的运输工具名称或编号。填报内容应与运输部门向海关申报的舱单（载货清单）所列相应内容一致。

填报举例：EAST EXPRESS V. 801E（如果题目中给出来 EAST EXPRESS 的船舶编号是78654321，运输工具名称栏另一种填法：78654321 V. 801E）。

信息来源：一般从所给出的单据中查找，极少情况下在中文资料中出现。

特殊情况：

（1）直接在进出境地或采用区域通关一体化通关模式办理报关手续的报关单填报要求如下：

①水路运输：填报船舶编号（来往港澳小型船舶为监管簿编号）或者船舶英文名称。

②公路运输：启用公路舱单前，填报该跨境运输车辆的国内行驶车牌号，深圳提前报关模式的报关单填报国内行驶车牌号 + “/” + “提前报关”。启用公路舱单后，免予填报。

③铁路运输：填报车厢编号或交接单号。

④航空运输：填报航班号。

⑤邮件运输：填报邮政包裹单号。

⑥其他运输：填报具体运输方式名称，例如：管道、驮畜等。

（2）转关运输货物的报关单填报要求如下：

①进口：

A. 水路运输：直转、提前报关填报“@” +16 位转关申报单预录入号（或 13 位载货清单号）；中转填报进境英文船名。

B. 铁路运输：直转、提前报关填报“@” +16 位转关申报单预录入号；中转填报车厢编号。

C. 航空运输：直转、提前报关填报“@” +16 位转关申报单预录入号（或 13 位载货清单号）；中转填报“@”。

D. 公路及其他运输：填报“@” +16 位转关申报单预录入号（或 13 位载货清单号）。

E. 以上各种运输方式使用广东地区载货清单转关的提前报关货物填报“@” +13 位载货清单号。

② 出口：

A. 水路运输：非中转填报“@” +16 位转关申报单预录入号（或 13 位载货清单号）。如多张报关单需要通过一张转关单转关的，运输工具名称字段填报“@”。

中转货物，境内水路运输填报驳船船名；境内铁路运输填报车名（主管海关 4 位关区代码 + “TRAIN”）；境内公路运输填报车名（主管海关 4 位关区代码 + “TRUCK”）。

B. 铁路运输：填报“@” +16 位转关申报单预录入号（或 13 位载货清单号），如多张报关单需要通过一张转关单转关的，填报“@”。

C. 航空运输：填报“@” +16 位转关申报单预录入号（或 13 位载货清单号），如多张报关单需要通过一张转关单转关的，填报“@”。

D. 其他运输方式：填报“@” +16 位转关申报单预录入号（或 13 位载货清单号）。

（3）采用“集中申报”通关方式办理报关手续的，报关单本栏目填报“集中申报”。

（4）无实际进出境的报关单，本栏目免予填报。

10. 航次号

本栏目填报载运货物进出境的运输工具的航次编号。

具体填报要求如下：

（1）直接在进出境地或采用区域通关一体化通关模式办理报关手续的报关单。

①水路运输：填报船舶的航次号。

②公路运输：启用公路舱单前，填报运输车辆的 8 位进出境日期［顺序为年（4 位）、月（2 位）、日（2 位），下同］。启用公路舱单后，填报货物运输批次号。

③铁路运输：填报列车的进出境日期。

④航空运输：免予填报。

⑤邮件运输：填报运输工具的进出境日期。

⑥其他运输方式：免予填报。

（2）转关运输货物的报关单。

①进口：

A. 水路运输：中转转关方式填报“@”＋进境干线船舶航次。直转、提前报关免予填报。

B. 公路运输：免予填报。

C. 铁路运输：“@”＋8 位进境日期。

D. 航空运输：免予填报。

E. 其他运输方式：免予填报。

②出口：

A. 水路运输：非中转货物免予填报。中转货物：境内水路运输填报驳船航次号；境内铁路、公路运输填报 6 位启运日期［顺序为年（2 位）、月（2 位）、日（2 位）］。

B. 铁路拼车拼箱捆绑出口：免予填报。

C. 航空运输：免予填报。

D. 其他运输方式：免予填报。

（3）无实际进出境的报关单，本栏目免予填报。

11. 提运单号

本栏目填报进出口货物提单或运单的编号。

一份报关单只允许填报一个提单或运单号，一票货物对应多个提单或运单时，应分单填报。

具体填报要求如下：

（1）直接在进出境地或采用区域通关一体化通关模式办理报关手续的。

①水路运输：填报进出口提单号。如有分提单的，填报进出口提单号＋“*”＋分提单号。

②公路运输：启用公路舱单前，免予填报；启用公路舱单后，填报进出口总运单号。

③铁路运输：填报运单号。

④航空运输：填报总运单号＋“_”＋分运单号，无分运单的填报总运单号。

⑤邮件运输：填报邮运包裹单号。

（2）转关运输货物的报关单。

①进口：

A. 水路运输：直转、中转填报提单号。提前报关免予填报。

B. 铁路运输：直转、中转填报铁路运单号。提前报关免予填报。

C. 航空运输：直转、中转货物填报总运单号 + “_” + 分运单号。提前报关免予填报。

D. 其他运输方式：免予填报。

E. 以上运输方式进境货物，在广东省内用公路运输转关的，填报车牌号。

②出口：

A. 水路运输：中转货物填报提单号；非中转货物免予填报；广东省内汽车运输提前报关的转关货物，填报承运车辆的车牌号。

B. 其他运输方式：免予填报。广东省内汽车运输提前报关的转关货物，填报承运车辆的车牌号。

（3）采用“集中申报”通关方式办理报关手续的，报关单填报归并的集中申报清单的进出口起止日期［按年（4 位）月（2 位）日（2 位）年（4 位）月（2 位）日（2 位）］。

（4）无实际进出境的，本栏目免予填报。

12. 申报单位

自理报关的，本栏目填报进出口企业的名称及编码；委托代理报关的，本栏目填报报关企业名称及编码。

本栏目可选填 18 位法人和其他组织统一社会信用代码或 10 位海关注册编码任一项。

本栏目还包括报关单左下方用于填报申报单位有关情况的相关栏目，包括报关人员、申报单位签章。

填报举例：北京宇都商贸有限公司（1101250756）。

信息来源：一般从所给出的中文资料中查找。

13. 监管方式

监管方式是以国际贸易中进出口货物的交易方式为基础，结合海关对进出口货物的征税、统计及监管条件综合设定的海关对进出口货物的管理方式。其代码由 4 位数字构成，前两位是按照海关监管要求和计算机管理需要划分的分类代码，后两位是参照国际标准编制的贸易方式代码。

本栏目应根据实际对外贸易情况，按海关规定的《监管方式代码表》选择填报相应的监管方式简称及代码。一份报关单只允许填报一种监管方式。

填报举例：一般贸易（或“0110”）。

信息来源：一般从所给出的单据中查找。

知识链接：监管方式及代码表。

代码	简称	全称
0110	一般贸易	一般贸易
0130	易货贸易	易货贸易
0214	来料加工	来料加工装配贸易进口料件及加工出口货物
0243	来料以产顶进	来料加工成品以产顶进
0245	来料料件内销	来料加工料件转内销
0255	来料深加工	来料深加工结转货物
0258	来料余料结转	来料加工余料结转
0265	来料料件复出	来料加工复出境的进口料件
0300	来料料件退换	来料加工料件退换
0345	来料成品内销	来料加工成品转内销
0420	加工贸易设备	加工贸易项下外商提供的进口设备（不扣减投资总额）

特殊情况：

（1）进口少量低值辅料（即5000美元以下，78种以内的低值辅料）按规定不使用《加工贸易手册》的，填报“低值辅料”。使用《加工贸易手册》的，按《加工贸易手册》上的监管方式填报。

（2）外商投资企业为加工内销产品而进口的料件，属非保税加工的，填报“一般贸易”。

外商投资企业全部使用国内料件加工的出口成品，填报“一般贸易”。

（3）加工贸易料件结转或深加工结转货物，按批准的监管方式填报。

（4）加工贸易料件转内销货物以及按料件办理进口手续的转内销制成品、残次品、未完成品，应填制进口报关单，填报“来料料件内销”或“进料料件内销”；加工贸易成品凭《征免税证明》转为减免税进口货物的，应分别填制进、出口报关单，出口报关单本栏目填报“来料成品减免”或“进料成品减免”，进口报关单本栏目按照实际监管方式填报。

（5）加工贸易出口成品因故退运进口及复运出口的，填报“来料成品退换”或“进料成品退换”；加工贸易进口料件因换料退运出口及复运进口的，填报“来料料件退换”或“进料料件退换”；加工贸易过程中产生的剩余料件、边角料退运出口，以及进口料件因品质、规格等原因退运出口且不再更换同类货物进口的，分别填报“来料料件复出”“来料边角料复出”“进料料件复出”“进料边角料复出”。

（6）备料《加工贸易手册》中的料件结转转入加工出口《加工贸易手册》的，填报“来料加工”或“进料加工”。

（7）保税工厂的加工贸易进出口货物，根据《加工贸易手册》填报“来料加工”或“进料加工”。

（8）加工贸易边角料内销和副产品内销，应填制进口报关单，填报“来料边角料内销”或“进料边角料内销”。

(9) 企业销毁处置加工贸易货物未获得收入，销毁处置货物为料件、残次品的，填报“料件销毁”；销毁处置货物为边角料、副产品的，填报“边角料销毁”。

企业销毁处置加工贸易货物获得收入的，填报为“进料边角料内销”或“来料边角料内销”。

14. 征免性质

本栏目应根据实际情况按海关规定的《征免性质代码表》选择填报相应的征免性质简称及代码，持有海关核发的《征免税证明》的，应按照《征免税证明》中批注的征免性质填报。一份报关单只允许填报一种征免性质。

加工贸易货物报关单应按照海关核发的《加工贸易手册》中批注的征免性质简称及代码填报。

信息来源：一般从所给出的单据中查找。

知识链接：常见的征免性质代码。

征免性质	代码	征免性质	代码
一般贸易	0110	货样广告品 A	3010
易货贸易	0130	货样广告品 B	3039
保税仓库货物	1233	进料边角料复出	0864
保税工厂	1215	进料边角料内销	0844
保税区仓储转口	1234	进料成品内销	0744
边境小额	4019	进料成品退换	4600
补偿贸易	0513	进料对口	0615
出料加工	1427	进料非对口	0715
对台小额	4039		

特殊情况：

(1) 保税工厂经营的加工贸易，根据《加工贸易手册》填报“进料加工”或“来料加工”。

(2) 外商投资企业为加工内销产品而进口的料件，属非保税加工的，填报“一般征税”或其他相应征免性质。

(3) 加工贸易转内销货物，按实际情况填报（如一般征税、科教用品、其他法定等)。

(4) 料件退运出口、成品退运进口货物填报“其他法定”(代码 0299)。

(5) 加工贸易结转货物，本栏目免予填报。

15. 备案号

本栏目填报进出口货物收发货人、消费使用单位、生产销售单位在海关办理加工贸易合同备案或征、减、免税备案审批等手续时，海关核发的《加工贸易手册》《征免税证明》或其他备案审批文件的编号。

一份报关单只允许填报一个备案号。具体填报要求如下：

（1）加工贸易项下货物，除少量低值辅料按规定不使用《加工贸易手册》及以后续补税监管方式办理内销征税的外，填报《加工贸易手册》编号。

使用异地直接报关分册和异地深加工结转出口分册在异地口岸报关的，本栏目应填报分册号；本地直接报关分册和本地深加工结转分册限制在本地报关，本栏目应填报总册号。

加工贸易成品凭《征免税证明》转为减免税进口货物的，进口报关单填报《征免税证明》编号，出口报关单填报《加工贸易手册》编号。

对加工贸易设备之间的结转，转入和转出企业分别填制进、出口报关单，在报关单“备案号”栏目填报《加工贸易手册》编号。

（2）涉及征、减、免税备案审批的报关单，填报《征免税证明》编号。

（3）涉及优惠贸易协定项下实行原产地证书联网管理（如香港 CEPA、澳门 CEPA）的报关单，填报原产地证书代码“Y”和原产地证书编号。

（4）减免税货物退运出口，填报《中华人民共和国海关进口减免税货物准予退运证明》的编号；减免税货物补税进口，填报《减免税货物补税通知书》的编号；减免税货物进口或结转进口（转入），填报《征免税证明》的编号；相应的结转出口（转出），填报《中华人民共和国海关进口减免税货物结转联系函》的编号。

16. 贸易国（地区）

本栏目填报对外贸易中与境内企业签订贸易合同的外方所属的国家（地区）。进口填报购自国，出口填报售予国。未发生商业性交易的填报货物所有权拥有者所属的国家（地区）。

本栏目应按海关规定的《国别（地区）代码表》选择填报相应的贸易国（地区）或贸易国（地区）中文名称及代码。

填报形式：填写国家（地区）的中文名称或代码。

填报举例：美国（或 502）。

信息来源：一般从所给出的单据中查找。

知识链接：主要国家、地区代码表。

国别代码	中文名（简称）	英文名（简称）	国别代码	中文名（简称）	英文名（简称）
101	阿富汗	Afghanistan	114	伊拉克	Iraq
107	柬埔寨	Cambodia	115	以色列	Israel
108	塞浦路斯	Cyprus	116	日本	Japan
109	朝鲜	Korea，DPR	117	约旦	Jordan
110	香港	Hong Kong	118	科威特	Kuwait
111	印度	India	119	老挝	Lao PDR
112	印度尼西亚	Indonesia	120	黎巴嫩	Lebanon
113	伊朗	Iran	121	澳门	Macau

续表

国别代码	中文名（简称）	英文名（简称）	国别代码	中文名（简称）	英文名（简称）
122	马来西亚	Malaysia	134	斯里兰卡	Sri Lanka
123	马尔代夫	Maldives	135	叙利亚	Syrian Arab Republic
124	蒙古	Mongolia	136	泰国	Thailand
125	尼泊尔联邦民主共和国	Nepal，FDR	137	土耳其	Turkey
126	阿曼	Oman	138	阿联酋	United Arab Emirates
127	巴基斯坦	Pakistan	141	越南	Viet Nam
128	巴勒斯坦	Palestine	142	中国	China
129	菲律宾	Philippines	145	哈萨克斯坦	Kazakhstan
130	卡塔尔	Qatar	146	吉尔吉斯斯坦	Kyrgyzstan
131	沙特阿拉伯	Saudi Arabia	147	塔吉克斯坦	Tajikistan
132	新加坡	Singapore	501	加拿大	Canada
133	韩国	Korea，Rep.	502	美国	United States

特殊情况：无实际进出境的，填报“中国”（代码 142）。

17. 启运国（地区）/运抵国（地区）

启运国（地区）填报进口货物起始发出直接运抵我国或者在运输中转国（地）未发生任何商业性交易的情况下运抵我国的国家（地区）。

运抵国（地区）填报出口货物离开我国关境直接运抵或者在运输中转国（地区）未发生任何商业性交易的情况下最后运抵的国家（地区）。

不经过第三国（地区）转运的直接运输进出口货物，以进口货物的装货港所在国（地区）为启运国（地区），以出口货物的指运港所在国（地区）为运抵国（地区）。

经过第三国（地区）转运的进出口货物，如在中转国（地区）发生商业性交易，则以中转国（地区）作为启运/运抵国（地区）。

本栏目应按海关规定的《国别（地区）代码表》选择填报相应的启运国（地区）或运抵国（地区）中文名称及代码。

无实际进出境的，填报“中国”（代码 142）。

18. 装货港/指运港

装货港填报进口货物在运抵我国关境前的最后一个境外装运港。

指运港填报出口货物运往境外的最终目的港；最终目的港不可预知的，按尽可能预知的目的港填报。

本栏目应根据实际情况按海关规定的《港口代码表》选择填报相应的港口中文名称及代码。装货港/指运港在《港口代码表》中无港口中文名称及代码的，可选择填报相应的国家中文名称或代码。

信息来源：一般从所给出的单据中查找。

特殊情况：对于无实际进出境的货物，“装货港”或“指运港”栏应填报“中国境内（代码142）”。

注意事项：“指运港”与“最终目的国”一栏对应，最终目的国、指运港不受中转影响，是出口货物最后要到的地方。

知识链接：主要港口代码表。

港口中文名称	港口英文名称	所属国家/地区	港口代码	国别（地区）符号
喀布尔	KABOL	101	1001	阿富汗
不丹	BHUTAN	104	104	不丹
文莱	BRUNEI	105	105	文莱
拉奇港	PORT LATCHI	108	1028	塞浦路斯
香港	HONGKONG	110	1039	中国香港
滨田	HAMADA	116	1223	日本
阪南	HANNAN	116	1224	日本
日明	HIAGARI	116	1225	日本
响滩	HIBIKINADA	116	1226	日本
东播磨（IHO）	HIGASHIHARIMA	116	1227	日本
姬路	HIMEJI	116	1228	日本
广烟	HIROHATA	116	1229	日本
广岛	HIROSHIMA	116	1230	日本
澳门	MACAU	121	121	中国澳门
新加坡	TANJONG PAGAR	132	1478	新加坡
丹戎彭尤鲁	TANJONG PENJURU	132	1479	新加坡
新加坡	SINGAPORE	132	132	新加坡
普劳梅里茅	PULO BUKOM	132	1474	新加坡
釜山	BUSAN	133	1480	韩国
群山	GUNZAM	133	1481	韩国
仁川	INCHON	133	1482	韩国
马山	MASAN	133	1483	韩国
马里耶尔	MARIAGER	302	1822	丹麦
马斯内多韦尔凯特港	MASNEDOWVAERKET HARB	302	1823	丹麦

19. 境内目的地/境内货源地

境内目的地填报已知的进口货物在国内的消费、使用地或最终运抵地，其中最终运抵地为最终使用单位所在的地区。最终使用单位难以确定的，填报货物进口时预知的最终收货单位所在地。

境内货源地填报出口货物在国内的产地或原始发货地。出口货物产地难以确定的，填报最早发运该出口货物的单位所在地。

本栏目按海关规定的《国内地区代码表》选择填报相应的国内地区名称及代码。

填报形式：国内地区的中文名称或代码。

填报举例：广州高新技术产业开发区（或44013）。

信息来源：一般从所给出的中文资料中查找。

填写技巧：在知道公司海关编码的情况下，可直接填写此编码的前五位。

20. 许可证号

本栏目填报以下许可证的编号：进（出）口许可证、两用物项和技术进（出）口许可证、两用物项和技术出口许可证（定向）、纺织品临时出口许可证。

一份报关单只允许填报一个许可证号。

21. 成交方式

本栏目应根据进出口货物实际成交价格条款，按海关规定的《成交方式代码表》选择填报相应的成交方式代码。

无实际进出境的报关单，进口填报 CIF，出口填报 FOB。

填报举例：CIF（或1）。

信息来源：一般从所给出的单据（多为提单）中查找。

特殊情况：无实际进出境的货物，进口成交方式为 CIF 或其代码，出口成交方式为 FOB 或其代码。

《2010 通则》11 种贸易术语与“成交方式”栏一般对应关系：

发票中的贸易术语	报关单中应填写的成交方式	成交方式代码
CIF、CIP 及 D 组的 3 个贸易术语填	CIF	1
CFR（CNF、C&F）、CPT 填	CFR（CNF、C&F）	2
FCA、FAS、EXW、FOB 填	FOB	3

注：D 组的 3 个贸易术语为：DAT、DAP、DDP。

22. 运费

本栏目填报进口货物运抵我国境内输入地点起卸前的运输费用，出口货物运至我国境内输出地点装载后的运输费用。

运费可按运费单价、总价或运费率三种方式之一填报，注明运费标记（运费标记“1”表示运费率，“2”表示每吨货物的运费单价，“3”表示运费总价），并按海关规定的《货币代码表》选择填报相应的币种代码。

填报举例：

（1）运费率：直接填报运费率的“数值/运费率标记”。

如：运费率为5%，则“运费”栏填：5/1。

（2）运费单价：填报运费“货币代码/运费单价的数值/运费单价标记”。

如：24 美元的运费单价，则“运费”栏填：502/24/2。

（3）运费总价：填报运费“货币代码/运费总价的数值/运费总价标记”。

如：7000 美元的运费总价，则“运费”栏填：502/7000/3。

信息来源：一般从所给出的单据或资料中查找。

特殊情况：运保费合并计算的，运保费填报在“运费”栏中。

23. 保费

本栏目填报进口货物运抵我国境内输入地点起卸前的保险费用，出口货物运至我国境内输出地点装载后的保险费用。

保费可按保险费总价或保险费率两种方式之一填报，注明保险费标记（保险费标记“1”表示保险费率，“3”表示保险费总价），并按海关规定的《货币代码表》选择填报相应的币种代码。

填报举例：

（1）如：保险费率为5%，则“保险费”栏填：5/1。

如：保险费率为3‰，则“保险费”栏填：0.3/1。

（2）如：7000 美元的保险费总价，则“运费”栏填：502/7000/3。

信息来源：一般从所给出的单据或资料中查找。

思考：什么情况下运保费要填写，什么情况下运保费不要填写呢？

提示：海关接受报关时所需要的是突破我国关境的那个时间点的价格，对进口而言即为 CIF 价，对出口而言则为 FOB 价。所以，我们在思考是否要填写此栏目时就要考虑如何从成交方式获得 CIF 或 FOB 价。

比如：（1）成交方式为 CIF 的情况下，对于进口而言恰恰是我们所需要的价格，所以，在这种情况下进口报关单中的运保费都是不需要填写的；而对于出口而言，因为海关所需要的是 FOB 价格，所以运保费均需填写，由公式 CIF－F－I 计算出 FOB 价。

（2）成交方式为 CFR 的情况下，对于进口而言所需要的是 CIF 价格，此时只需要知道 I，便可以由公式 CFR＋I 算得所需要的 CIF 了，所以，在这种情况下进口报关单中的运费为空，而保费栏是需要填写的；对于出口而言，因为海关所需要的是 FOB 价格，从公式 FOB＝CFR－F，可知此时只需要 F 就可以了，所以运费栏需要填写。

（3）成交方式为 FOB 的情况下，对于进口而言所需要的是 CIF 价格，此时需要知道 F 与 I，便可以由公式 CIF＝FOB＋F＋I 算得所需要的 CIF 了，所以，在这种情况下进口报关单中的运保费均需填写；对于出口而言，因为海关所需要的正是 FOB 价格，在这种情况下运保费都是不需要填写的。

24. 杂费

本栏目填报成交价格以外的，按照《中华人民共和国进出口关税条例》相关规定应计入完税价格或应从完税价格中扣除的费用。可按杂费总价或杂费率两种方式之一填报，注明杂费标记（杂费标记“1”表示杂费率，“3”表示杂费总价），并按海关规定的《货币代码表》选择填报相应的币种代码。

应计入完税价格的杂费填报为正值或正率，应从完税价格中扣除的杂费填报为负值或负率。

填报举例：

（1）1.5%的杂费率，则“杂费”栏填：1.5/1。

（2）500 英镑的杂费总价，则“杂费”栏填：303/500/3。

信息来源：一般从所给出的单据或资料中查找。

25. 合同协议号

本栏目填报进出口货物合同（包括协议或订单）编号。未发生商业性交易的免予填报。

26. 件数

本栏目填报有外包装的进出口货物的实际件数。特殊情况填报要求如下：

（1）舱单件数为集装箱的，填报集装箱个数。

（2）舱单件数为托盘的，填报托盘数。

本栏目不得填报为零，裸装货物填报为“1”。

27. 包装种类

本栏目应根据进出口货物的实际外包装种类，按海关规定的《包装种类代码表》选择填报相应的包装种类代码。

信息来源：一般从所给出的单据（多为装箱单）或资料中查找。

知识链接：常见包装种类。

包装种类名称	包装种类名称
木箱（wooden case）	托盘（pallet）
纸箱（carton，CTNS = cartons）	包（bale，BLS = bales）
桶装（drum/barrel/cask/keg/pail）	辆，台（Unit）
散装（bulk）	裸装（Nude/unpacked）
集装箱（container，CTNR = container）	件（package，pkg.）

28. 毛重（千克）

本栏目填报进出口货物及其包装材料的重量之和，计量单位为千克，不足 1 千克的填报为“1”。

29. 净重（千克）

本栏目填报进出口货物的毛重减去外包装材料后的重量，即货物本身的实际重量，计量单位为千克，不足 1 千克的填报为“1”。

30. 集装箱号

本栏目填报装载进出口货物（包括拼箱货物）集装箱的箱体信息。一个集装箱填一条记录，分别填报集装箱号（在集装箱箱体上标示的全球唯一编号）、集装箱的规格和集装箱的自重。非集装箱货物填报为“0”。

填报举例：

在原始单据上找到集装箱号 Container No. 所对应的号是：1 × 20″ TEXU360523120 集装箱的重量一般是在中文的补充说明中来找，假如集装箱自重（tare weight）是 2376，应填制为：TEXU3605231/20/2376。

信息来源：一般从所给出的单据（多为提单）或资料中查找。

特殊情况：

（1）多个集装箱的，第一个集装箱号填报在“集装箱号”栏，其余的依次填报在“备注栏”。

（2）非集装箱货物，填报为“0”。

（3）非实际进出境货物采用集装箱运输的，本栏目免于填报。

31. 随附单证

本栏目根据海关规定的《监管证件代码表》选择填报除本规范第十八条规定的许可证件以外的其他进出口许可证件或监管证件代码及编号。

本栏目分为随附单证代码和随附单证编号两栏，其中代码栏应按海关规定的《监管证件代码表》选择填报相应证件代码；编号栏应填报证件编号。

（1）加工贸易内销征税报关单，随附单证代码栏填写“c”，随附单证编号栏填写海关审核通过的内销征税联系单号。

（2）优惠贸易协定项下进出口货物。

有关优惠贸易协定项下报关单填制要求将另行公告。

填报举例：

如入境货物通关单的编号是：442100104064457，则“随附单据栏”填：“A：442100104064457”。

特殊情况：有两个以上监管证件的，其中一个填在本栏，其他填制在备注栏。

知识链接：常见监管证件代码表。

代码	监管证件名称	代码	监管证件名称
1*	进口许可证	T	银行调运外币现钞进出境许可证
2	两用物项和技术进口许可证	W	麻醉药品进出口准许证
3	两用物项和技术出口许可证	X	有毒化学品环境管理放行通知单
4*	出口许可证	Y*	原产地证明
6	旧机电产品禁止进口	Z	进口音像制品批准单或节目提取单
7*	自动进口许可证	B*	出境货物通关单
8	禁止出口商品	D	出/入境货物通关单（毛坯钻石用）
9	禁止进口商品	E*	濒危物种出口允许证明书
A*	入境货物通关单	F*	濒危物种进口允许证明书
M	密码产品和含有密码技术设备进口许可证	G	两用物项和技术出口许可证（定向）
O*	自动进口许可证（新旧机电产品）	I	精神药物进（出）口准许证
P*	固体废物进口许可证	J	黄金及其制品进出口准许证或批件
Q	进口药品通关单	K*	深加工结转申请表
R	进口兽药通关单	L	药品进出口准许证
S	进出口农药登记证明	a	请审查预核签章

续表

代码	监管证件名称	代码	监管证件名称
c	加工贸易内销征税联系单	t	关税配额证明
e	关税配额外优惠税率进口棉花配额证	v*	自动进口许可证（加工贸易）
q	国别关税配额证明	x	出口许可证（加工贸易）
r	预归类标志	y	出口许可证（边境小额贸易）
s	使用 ITA 税率的商品用途认定证明		

32. 标记唛码及备注

本栏目填报要求如下：

（1）标记唛码中除图形以外的文字、数字。

（2）受外商投资企业委托代理其进口投资设备、物品的进出口企业名称。

（3）与本报关单有关联关系的，同时在业务管理规范方面又要求填报的备案号，填报在电子数据报关单中“关联备案”栏。

加工贸易结转货物及凭《征免税证明》转内销货物，其对应的备案号应填报在“关联备案”栏。

减免税货物结转进口（转入），报关单“关联备案”栏应填写本次减免税货物结转所申请的《中华人民共和国海关进口减免税货物结转联系函》的编号。

减免税货物结转出口（转出），报关单“关联备案”栏应填写与其相对应的进口（转入）报关单“备案号”栏中《征免税证明》的编号。

（4）与本报关单有关联关系的，同时在业务管理规范方面又要求填报的报关单号，填报在电子数据报关单中“关联报关单”栏。

加工贸易结转类的报关单，应先办理进口报关，并将进口报关单号填入出口报关单的“关联报关单”栏。

办理进口货物直接退运手续的，除另有规定外，应当先填写出口报关单，再填写进口报关单，并将出口报关单号填入进口报关单的“关联报关单”栏。

减免税货物结转出口（转出），应先办理进口报关，并将进口（转入）报关单号填入出口（转出）报关单的“关联报关单”栏。

（5）办理进口货物直接退运手续的，本栏目填报《进口货物直接退运表》或者《海关责令进口货物直接退运通知书》编号。

（6）保税监管场所进出货物，在“保税/监管场所”栏填写本保税监管场所编码，其中涉及货物在保税监管场所间流转的，在本栏填写对方保税监管场所代码。

（7）涉及加工贸易货物销毁处置的，填写海关加工贸易货物销毁处置申报表编号。

（8）当监管方式为“暂时进出货物”（2600）和“展览品”（2700）时，如果为复运进出境货物，在进出口货物报关单的本栏内分别填报“复运进境”“复运出境”。

（9）跨境电子商务进出口货物，在本栏目内填报“跨境电子商务”。

（10）加工贸易副产品内销，在本栏内填报“加工贸易副产品内销”。

（11）公式定价进口货物应在报关单备注栏内填写公式定价备案号，格式为：“公式定价” +备案编号+ “@”。对于同一报关单下有多项商品的，如需要指明某项或某几项商品为公式定价备案的，则备注栏内填写应为：“公式定价” +备案编号+ “#” +商品序号+ “@”。

（12）获得《预审价决定书》的进出口货物，应在报关单备注栏内填报《预审价决定书》编号，格式为预审价（P+2位商品项号+决定书编号），若报关单中有多项商品为预审价，需依次写入括号中，如：预审价（P01VD511500018P02VD511500019）。

（13）含预归类商品报关单，应在报关单备注栏内填写预归类R-3-关区代码-年份-顺序编号，其中关区代码、年份、顺序编号均为4位数字，例如R-3-0100-2016-0001。

（14）含归类裁定报关单，应在报关单备注栏内填写归类裁定编号，格式为“c” +四位数字编号，例如c0001。

（15）申报时其他必须说明的事项填报在本栏目。

33. 项号

本栏目分两行填报及打印。第一行填报报关单中的商品顺序编号；第二行专用于加工贸易、减免税等已备案、审批的货物，填报和打印该项货物在《加工贸易手册》或《征免税证明》等备案、审批单证中的顺序编号。

有关优惠贸易协定项下报关单填制要求将另行公告。

加工贸易项下进出口货物的报关单，第一行填报报关单中的商品顺序编号，第二行填报该项商品在《加工贸易手册》中的商品项号，用于核销对应项号下的料件或成品数量。其中第二行特殊情况填报要求如下：

（1）深加工结转货物，分别按照《加工贸易手册》中的进口料件项号和出口成品项号填报。

（2）料件结转货物（包括料件、制成品和未完成品折料），出口报关单按照转出《加工贸易手册》中进口料件的项号填报；进口报关单按照转进《加工贸易手册》中进口料件的项号填报。

（3）料件复出货物（包括料件、边角料），出口报关单按照《加工贸易手册》中进口料件的项号填报；如边角料对应一个以上料件项号时，填报主要料件项号。料件退换货物（包括料件、不包括未完成品），进出口报关单按照《加工贸易手册》中进口料件的项号填报。

（4）成品退换货物，退运进境报关单和复运出境报关单按照《加工贸易手册》原出口成品的项号填报。

（5）加工贸易料件转内销货物（以及按料件办理进口手续的转内销制成品、残次品、未完成品）应填制进口报关单，填报《加工贸易手册》进口料件的项号；加工贸易边角料、副产品内销，填报《加工贸易手册》中对应的进口料件项号。如边角料或副产品对应一个以上料件项号时，填报主要料件项号。

（6）加工贸易成品凭《征免税证明》转为减免税货物进口的，应先办理进口报关手续。进口报关单填报《征免税证明》中的项号，出口报关单填报《加工贸易手册》原出口成品项号，进、出口报关单货物数量应一致。

（7）加工贸易货物销毁，本栏目应填报《加工贸易手册》中相应的进口料件项号。

（8）加工贸易副产品退运出口、结转出口，本栏目应填报《加工贸易手册》中新增的变更副产品的出口项号。

（9）经海关批准实行加工贸易联网监管的企业，按海关联网监管要求，企业需申报报关清单的，应在向海关申报进出口（包括形式进出口）报关单前，向海关申报“清单”。一份报关清单对应一份报关单，报关单上的商品由报关清单归并而得。加工贸易电子账册报关单中项号、品名、规格等栏目的填制规范比照《加工贸易手册》。

34. 商品编号

本栏目填报的商品编号由10位数字组成。前8位为《中华人民共和国进出口税则》确定的进出口货物的税则号列，同时也是《中华人民共和国海关统计商品目录》确定的商品编码，后2位为符合海关监管要求的附加编号。

35. 商品名称、规格型号

本栏目分两行填报及打印。第一行填报进出口货物规范的中文商品名称，第二行填报规格型号。

具体填报要求如下：

（1）商品名称及规格型号应据实填报，并与进出口货物收、发货人或受委托的报关企业所提交的合同、发票等相关单证相符。

（2）商品名称应当规范，规格型号应当足够详细，以能满足海关归类、审价及许可证件管理要求为准，可参照《中华人民共和国海关进出口商品规范申报目录》中对商品名称、规格型号的要求进行填报。

（3）加工贸易等已备案的货物，填报的内容必须与备案登记中同项号下货物的商品名称一致。

（4）对需要海关签发《货物进口证明书》的车辆，商品名称栏应填报“车辆品牌＋排气量（注明cc）＋车型（如越野车、小轿车等）”。进口汽车底盘不填报排气量。车辆品牌应按照《进口机动车辆制造厂名称和车辆品牌中英文对照表》中“签注名称”一栏的要求填报。规格型号栏可填报“汽油型”等。

（5）由同一运输工具同时运抵同一口岸并且属于同一收货人、使用同一提单的多种进口货物，按照商品归类规则应当归入同一商品编号的，应当将有关商品一并归入该商品编号。商品名称填报一并归类后的商品名称；规格型号填报一并归类后商品的规格型号。

（6）加工贸易边角料和副产品内销，边角料复出口，本栏目填报其报验状态的名称和规格型号。

（7）进口货物收货人以一般贸易方式申报进口属于《需要详细列名申报的汽车零部件清单》（海关总署2006年第64号公告）范围内的汽车生产件的，应按以下要求填报：

①商品名称填报进口汽车零部件的详细中文商品名称和品牌，中文商品名称与品牌之间用“/”相隔，必要时加注英文商业名称；进口的成套散件或者毛坯件应在品牌后加注“成套散件”“毛坯”等字样，并与品牌之间用“/”相隔。

②规格型号填报汽车零部件的完整编号。在零部件编号前应当加注“S”字样，并与零部件编号之间用“/”相隔，零部件编号之后应当依次加注该零部件适用的汽车品牌和车型。

汽车零部件属于可以适用于多种汽车车型的通用零部件的，零部件编号后应当加注

"TY"字样，并用"/"与零部件编号相隔。

与进口汽车零部件规格型号相关的其他需要申报的要素，或者海关规定的其他需要申报的要素，如"功率""排气量"等，应当在车型或"TY"之后填报，并用"/"与之相隔。

汽车零部件报验状态是成套散件的，应当在"标记唛码及备注"栏内填报该成套散件装配后的最终完整品的零部件编号。

（8）进口货物收货人以一般贸易方式申报进口属于《需要详细列名申报的汽车零部件清单》（海关总署2006年第64号公告）范围内的汽车维修件的，填报规格型号时，应当在零部件编号前加注"W"，并与零部件编号之间用"/"相隔；进口维修件的品牌与该零部件适用的整车厂牌不一致的，应当在零部件编号前加注"WF"，并与零部件编号之间用"/"相隔。其余申报要求同上条执行。

36. 数量及单位

本栏目分三行填报及打印。

（1）第一行应按进出口货物的法定第一计量单位填报数量及单位，法定计量单位以《中华人民共和国海关统计商品目录》中的计量单位为准。

（2）凡列明有法定第二计量单位的，应在第二行按照法定第二计量单位填报数量及单位。无法定第二计量单位的，本栏目第二行为空。

（3）成交计量单位及数量应填报并打印在第三行。

（4）法定计量单位为"千克"的数量填报，特殊情况下填报要求如下：

①装入可重复使用的包装容器的货物，应按货物扣除包装容器后的重量填报，如罐装同位素、罐装氧气及类似品等。

②使用不可分割包装材料和包装容器的货物，按货物的净重填报（即包括内层直接包装的净重重量），如采用供零售包装的罐头、化妆品、药品及类似品等。

③按照商业惯例以公量重计价的商品，应按公量重填报，如未脱脂羊毛、羊毛条等。

④采用以毛重作为净重计价的货物，可按毛重填报，如粮食、饲料等大宗散装货物。

⑤采用零售包装的酒类、饮料，按照液体部分的重量填报。

（5）成套设备、减免税货物如需分批进口，货物实际进口时，应按照实际报验状态确定数量。

（6）具有完整品或制成品基本特征的不完整品、未制成品，根据《商品名称及编码协调制度》归类规则应按完整品归类的，按照构成完整品的实际数量填报。

（7）加工贸易等已备案的货物，成交计量单位必须与《加工贸易手册》中同项号下货物的计量单位一致，加工贸易边角料和副产品内销、边角料复出口，本栏目填报其报验状态的计量单位。

（8）优惠贸易协定项下进出口商品的成交计量单位必须与原产地证书上对应商品的计量单位一致。

（9）法定计量单位为立方米的气体货物，应折算成标准状况（即摄氏零度及1个标准大气压）下的体积进行填报。

37. 原产国（地区）

原产国（地区）应依据《中华人民共和国进出口货物原产地条例》《中华人民共和

国海关关于执行〈非优惠原产地规则中实质性改变标准〉的规定》以及海关总署关于各项优惠贸易协定原产地管理规章规定的原产地确定标准填报。同一批进出口货物的原产地不同的，应分别填报原产国（地区）。进出口货物原产国（地区）无法确定的，填报“国别不详”（代码 701）。

本栏目应按海关规定的《国别（地区）代码表》选择填报相应的国家（地区）名称及代码。

38. 最终目的国（地区）

最终目的国（地区）填报已知的进出口货物的最终实际消费、使用或进一步加工制造的国家（地区）。不经过第三国（地区）转运的直接运输货物，以运抵国（地区）为最终目的国（地区）；经过第三国（地区）转运的货物，以最后运往国（地区）为最终目的国（地区）。同一批进出口货物的最终目的国（地区）不同的，应分别填报最终目的国（地区）。进出口货物不能确定最终目的国（地区）时，以尽可能预知的最后运往国（地区）为最终目的国（地区）。

本栏目应按海关规定的《国别（地区）代码表》选择填报相应的国家（地区）名称及代码。

39. 单价

本栏目填报同一项号下进出口货物实际成交的商品单位价格。无实际成交价格的，本栏目填报单位货值。

40. 总价

本栏目填报同一项号下进出口货物实际成交的商品总价格。无实际成交价格的，本栏目填报货值。

41. 币制

本栏目应按海关规定的《货币代码表》选择相应的货币名称及代码填报，如《货币代码表》中无实际成交币种，需将实际成交货币按申报日外汇折算率折算成《货币代码表》列明的货币填报。

42. 征免

本栏目应按照海关核发的《征免税证明》或有关政策规定，对报关单所列每项商品选择海关规定的《征减免税方式代码表》中相应的征减免税方式填报。

加工贸易货物报关单应根据《加工贸易手册》中备案的征免规定填报；《加工贸易手册》中备案的征免规定为“保金”或“保函”的，应填报“全免”。

43. 特殊关系确认

本栏目根据《中华人民共和国海关审定进出口货物完税价格办法》（以下简称《审价办法》）第十六条规定，填报确认进出口行为中买卖双方是否存在特殊关系，有下列情形之一的，应当认为买卖双方存在特殊关系，在本栏目应填报“是”，反之则填报“否”：

（1）买卖双方为同一家族成员的；

（2）买卖双方互为商业上的高级职员或者董事的；

（3）一方直接或者间接地受另一方控制的；

（4）买卖双方都直接或者间接地受第三方控制的；

（5）买卖双方共同直接或者间接地控制第三方的；

（6）一方直接或者间接地拥有、控制或者持有对方5%以上（含5%）公开发行的有表决权的股票或者股份的；

（7）一方是另一方的雇员、高级职员或者董事的；

（8）买卖双方是同一合伙企业的成员的。

买卖双方在经营上相互有联系，一方是另一方的独家代理、独家经销或者独家受让人，如果符合前款的规定，也应当视为存在特殊关系。

44. 价格影响确认

本栏目根据《审价办法》第十七条规定，填报确认进出口行为中买卖双方存在的特殊关系是否影响成交价格，纳税义务人如不能证明其成交价格与同时或者大约同时发生的下列任何一款价格相近的，应当视为特殊关系对进出口货物的成交价格产生影响，在本栏目应填报"是"，反之则填报"否"：

（1）向境内无特殊关系的买方出售的相同或者类似进出口货物的成交价格；

（2）按照《审价办法》倒扣价格估价方法的规定所确定的相同或者类似进出口货物的完税价格；

（3）按照《审价办法》计算价格估价方法的规定所确定的相同或者类似进出口货物的完税价格。

45. 支付特许权使用费确认

本栏目根据《审价办法》第十三条规定，填报确认进出口行为中买方是否存在向卖方或者有关方直接或者间接支付特许权使用费。特许权使用费是指进出口货物的买方为取得知识产权权利人及权利人有效授权人关于专利权、商标权、专有技术、著作权、分销权或者销售权的许可或者转让而支付的费用。如果进出口行为中买方存在向卖方或者有关方直接或者间接支付特许权使用费的，在本栏目应填报"是"，反之则填报"否"。

46. 版本号

本栏目适用加工贸易货物出口报关单。本栏目应与《加工贸易手册》中备案的成品单号版本一致，通过《加工贸易手册》备案数据或企业出口报关清单提取。

47. 货号

本栏目适用加工贸易货物进出口报关单。本栏目应与《加工贸易手册》中备案的料件、成品货号一致，通过《加工贸易手册》备案数据或企业出口报关清单提取。

48. 录入员

本栏目用于记录预录入操作人员的姓名。

49. 录入单位

本栏目用于记录预录入单位名称。

50. 海关批注及签章

本栏目供海关作业时签注。

本规范所述尖括号（< >）、逗号（,）、连接符（-）、冒号（:）等标点符号及数字，填报时都必须使用非中文状态下的半角字符。

示范操作

中华人民共和国海关出口货物报关单

预录入编号：　　　　　　　　　　　　　　　　　　海关编号：

收发货人 昆山飞扬食品进出口公司	出口口岸 吴淞海关	出口日期 20161128	申报日期
生产销售单位 昆山飞扬食品进出口公司	运输方式 江海运输	运输工具名称 致远/VH－0634	提运单号 DR－0954
申报单位 上海东方国际货运代理有限公司	监管方式 一般贸易	征免性质 一般征税	备案号

贸易国（地区） 德国	运抵国（地区） 德国		指运港 汉堡	境内货源地 昆山
许可证号	成交方式 CIF	运费 300/2000/3	保费	杂费
合同协议号 SC009616	件数 1000	包装种类 纸箱	毛重（公斤） 5960	净重（公斤） 5450
集装箱号 SBCS795607/20/2280	随附单证 Y			

标记唛码及备注
SKY
SC009616　　　　随附单证号：Y：12340071320
GERMANY
NO. 1－1000

项号	商品编号	商品名称、规格型号	数量及单位	最终目的国（地区）	单价	总价	币制	征免
01	2008999090	葡萄罐头 T06	1000 纸箱	德国	14.00	14000.00	300	照章

特殊关系确认：否　　　　价格影响确认：否　　　　支付特许权使用费确认：否

录入员	录入单位	兹申明对以上内容承担如实申报、依法纳税之法律责任	海关批注及签章
报关人员	申报单位（签章）		

图 8－1　出口货物报关单

能力训练

一、选择题

1. 海关规定进口货物的进口日期是指（　　）。

A. 申报货物办结海关进口手续的日期

B. 向海关申报货物进口的日期

C. 运载货物的运输工具申报进境的日期

D. 所申报货物进入海关监管场地或仓库的日期

2. 我国某进出口公司（甲方）与新加坡某公司（乙方）签订一出口合同，合同中订明，甲方向乙方出售5000件衬衫，于2017年4月10日在上海装船，途经香港运往新加坡。在签订合同时甲方得知乙方还要将该批货物从新加坡运往智利。根据上述情况填写报关单时，以下哪种填写正确（　　）。

A. 运抵国（地区）为“香港”，最终目的国（地区）为“新加坡”

B. 运抵国（地区）为“新加坡”，最终目的国（地区）为“智利”

C. 运抵国（地区）为“香港”，最终目的国（地区）为“智利”

D. 运抵国（地区）为“智利”，最终目的国（地区）为“智利”

3. 大连盛凯公司（0903535020）委托辽宁省机械设备进出口公司（0801914031）与日本三菱重工签约进口工程机械，并委托大连外运公司代理报关，在填制进口报关单时，“经营单位”栏应为（　　）。

A. 大连盛凯公司0903535020

B. 辽宁省机械设备进出口公司0801914031

C. 大连盛凯公司

D. 大连外运公司

4. 我国某出口加工区内的企业从香港购进台湾产的薄型尼龙布一批，加工成女式服装后，经批准运往区外内销，该批服装向海关申报出区时，其原产国应申报为（　　）。

A. 香港　　B. 台湾　　C. 中国　　D. 国别不详

5. 以下不是报关单位的是（　　）。

A. 国际货物运输代理公司

B. 报关企业

C. 经海关批准在海关临时注册登记的船舶代理企业

D. 在海关注册登记的经营转关运输货物境内运输业务的某承运人

6. 取得报关单位资格的法定要求是（　　）。

A. 是对外贸易经营者　　B. 是境内法人或其他组织

C. 经海关注册登记　　D. 有一定数量的报关员

7. 下列企业单位中不属报关单位的是（　　）。

A. 经海关批准，在海关临时注册登记的中国科学院

B. 在海关注册登记的代理报关业务的企业

C. 经海关批准，在海关临时注册登记的接受捐赠的单位

D. 在海关注册登记，受加工贸易经营企业的委托，开展保税加工业务的企业

8. 进出口货物收发货人在办理报关业务时，向海关递交的纸质报关单必须加盖本（　　）。

A. 公司财务章　　B. 公司人事章

C. 公司的公章　　D. 公司在海关备案的报关专用章

9. 在以下进出口货物中，不属于一般进出口货物的是（　　）。

A. 不批准保税的寄售代销贸易货物　　B. 救灾捐赠物资

C. 外国驻华商业机构进出口陈列用的样品　　D. 随展览品进境的小卖品

10. 由委托企业委托，以委托人的名义办理报关业务的行为，这种报关方式叫（　　）。

A. 直接代理报关　　B. 间接代理报关　　C. 自理报关　　D. 跨关区报关

二、判断题

1. 一般进出口货物也称为一般贸易货物，是指在进出境环节缴纳了应征的进出口税费并办结了所有必要的海关手续，海关放行后不再进行监管，可以直接进入生产和流通领域的进出口货物。（　　）

2. 来料加工保税进口料件不得串换。（　　）

3. 对于因毁坏而不能复运出境的进境展览品，海关根据毁坏程度估价征税；对于丢失或被窃的进境展览品，海关按照进口同类货物征收进口税。（　　）

4. 报关单位必须在取得对外贸易经营权并依法在海关注册登记后，才能办理报关手续。（　　）

5. 英国生产的产品，中国某公司自新加坡购买，从新加坡起运经香港转运至中国，填写报关单时起运地为香港。（　　）

三、制单操作题

请根据以下资料填写出口报关单：

上海华达利家具（中国）有限公司（3190940094）从国外购进一批牛皮用于加工制造皮沙发，加工成沙发后（属于法定检验检疫）于2017年4月18日出口，生产、发货单位与经营单位相同，手册号C23257402884，该货列手册第5项，运费5%，外汇核销单号码：29/1837117；法定计量单位：个；由上海宝丰联报关有限公司向上海吴淞（2202）申报。出境货物通关单编号为：310300104195876。

资料一：

华达利家具（中国）有限公司　企业编码：3190940094　CONTRACT NO：K597028

INVOICE

NO. HK0316　　Date：APR. 16，2017

Sold to：

LAAUSER DESIGN PTE LTD

639 ZHONGHUAN ROAD MANSION

#12 –508 HONGKONG

S/C：　K597028　Terms：D/P
Ship Per：　DANU BHUM　VOY：S009
From SHANGHAI to LUXEMBOURG via HONGKONG

DESCRIPTION	QUANITY	U/PRICE	AMOUNT（USD）
LEATHER FURNITURE	皮沙发	USD300/PC	USD 78000

HS CODE：94016100
CPT HONGKONG
CONT NO：OOLU5083793（1*40）TARE WEIGHT 5189
OOLU5216324（1*40）TARE WEIGHT 5028
OOLU5069060（1*40）TARE WEIGHT 5276
B/L NO：LU92412316

HUADALI FURNITURE LTD.
Signed by ________

资料二：

PACKING LIST

Sold to：
LAAUSER DESIGN PTE LTD
639 ZHONGHUAN ROAD MANSION
#12 - 508 HONGKONG

PROFORMA INVOICE：KS97028

MARKS	DESCRIPTION	QTY	N. W	G. W
N/M	LEATHER FURNITURE	1PCS	37KGS	37 KGS

PAKAGES：OOLU5083793/287353（1*40）（ITEM1—85 PACKED INTO THIS CONTAINER）
OOLU5216324/287487（1*40）（ITEM86—170 PACKED INTO THIS CONTAINER）
OOLU5069060/287495（1*40）（ITEM171—260 PACKED INTO THIS CONTAINER）

TOTAL：　260PCS　9620KGS　9620 KGS

TERMS：CPT HONGKONG

HUADALI FURNITURE LTD.
Signed by ________

中华人民共和国海关出口货物报关单

预录入编号：　　　　　　　　　　　　　　　　　　　　　　　　　　海关编号：

收发货人	出口口岸	出口日期	申报日期	
生产销售单位	运输方式	运输工具名称	提运单号	
申报单位	监管方式	征免性质	备案号	
贸易国（地区）	运抵国（地区）	指运港	境内货源地	
许可证号	成交方式	运费	保费	杂费
合同协议号	件数	包装种类	毛重（公斤）	净重（公斤）
集装箱号	随附单证			
标记唛码及备注 随附单证号：				
项号商品编号商品名称、规格型号数量及单位最终目的国（地区）单价总价币制征免				
特殊关系确认：	价格影响确认：	支付特许权使用费确认：		
录入员	录入单位	兹申明对以上内容承担如实申报、依法纳税之法律责任	海关批注及签章	
报关人员	申报单位（签章）			

项目九 保险单

任务一 投保单的缮制

学习目标

掌握出口货物投保单的填制内容与方法

任务情境

在完成托运手续确认船期后，昆山飞扬食品进出口公司的李莉即着手填写海运货物投保申请单，向中国人保财险股份有限公司江苏省分公司提出投保要求。有关资料如下：

发票号码：INV007524	发票日期：2016 年 10 月 26 日
合同号：SC009616	信用证号：AH161475
发票金额：14000 欧元	启运港：上海
船名航次：致远轮 VH－0634	集装箱号码：SBCS795607
B/L NO.：DR－0954	H. S. 编码：2008999090

工作任务：单证员根据任务情境、信用证及相关资料缮制海运货物投保单。

知识链接

一、投保单内容

投保申请单（简称投保单）一般是保险公司根据不同险种事先设计内容格式，由投保人根据贸易、运输、货物的实际情况（如采用信用证方式，还需按来证要求）进行填写。投保单是保险公司作为风险衡量、保费计算、合同订立（出保单）的依据。

二、投保单的填制

1. 发票号码（Invoice No.）

此栏填写对应的商业发票的号码。

2. 被保险人名称（Name Insured）

在大多数情况下，此栏填写出口商的英文名称，并且不需要填写地址。有时候，某些信用证或合同会要求填写进口商的名称，保险公司也能照办。

3. 唛码标记（Marks & Numbers）

此栏有两种填写方法：一是直接填写唛码标记，要和发票、提单等其他单证上填写的一致，另一种是填写 AS PER INV. NO. ×××，中文意思是根据发票号码×××。在实务中，后一种填写方法占了绝大多数。

4. 包装件数（Quantity）

此栏填写出口货物的包装件数，而不是发票上的计量计价数量。

5. 物品名称（Description of Goods）

此栏填写出口货物的名称。根据《UCP 600》的要求，货物名称可以用大品名或统称，只要不和信用证或合同上名称矛盾即可。

6. 保险金额（Insured Amount）

此栏按照信用证或合同的要求，填写加成后的金额，注意不能忘记币制（与合同金额相同的币制），一般情况下也没有小数，而是采用“进一法”进上去。

7. 装载运输工具（Per conveyance）

此栏留空可以，因为提前投保时尚不知船名、航次、飞机航班号、火车车次等内容，待保险单到手、货物出运后，由出口公司添加上去。

但是如果投保时已经知道船名航次、飞机航班号或火车车次，就可以填写上去。例如海运出口，船名航次是 ZHENGHUA 007，就填写 SS. ZHENHUA V. 007。

8. 启运日期（Date of Commencement）

此栏有两种填写方法。一是直接填写装运日期。因为投保是在货物装运之前，尚不知货物装运日期，所以另一种普遍采用的填写方法是：AS PER B/L，中文意思是：根据提单。

注意的是，如果货物不是采用船舶运输出口的，则不能这样填写，而要填写实际飞机或火车、卡车的启运日期。

9. 赔款偿付地点（Loss if any Payable at）

一般情况下，此栏填写货物的目的港（地）。如果信用证或合同有特别的要求，比如要求填写进口国，保险公司也能照办。

有时候，信用证或者合同会要求在此处显示万一货物出险，保险公司赔偿的货款的币制，英文是这样的：IN THE SAME CURRENCY OF THE DRAFTS，出口商须在此栏内明示，保险公司是能够照办的。

10. 运输路线（Voyage）

此栏有三项内容：启运港（地）（From）、中转港（地）（Via）和目的港（地）（To）。如果货物是直达的，中转港（地）（Via）就留空不填，只填写启运港（地）（From）和目的港（地）（To）。如果货物是经过中转的，则三项内容都要填写。

注意的是，这三项内容必须与提单上显示的一致。

11. 投保险别（Conditions）

此栏按照信用证或合同的要求填写。

12. 特别要求（Additional Conditions）

此栏一般情况下可以留空，如果信用证或合同规定要在保险单上显示什么内容，则要填写在此栏内。

13. 保险单的正本份数

按照目前保险公司的实务惯例，此栏中文处填两份，英文处对应填阿拉伯数字2。

14. 申请人（投保人）（Applicant）

此栏由出口商盖章。

15. 投保日期（Date）

此栏日期应该早于提单日期，但在发票日期之后。在实务中，也有和发票日期同一天的，或者和提单日期同一天。保险公司一般把投保日期作为保险单的出单日期。

示范操作

货物运输保险投保单

APPLICATION FORM FOR CARGO TRANSPORTATION INSURANCE

投保单号：

<table>
<tr><td colspan="4">被保险人（INSURED）KUNSHAN FLY FOOD IMPORT & EXPORT CORP.</td><td colspan="2">组织机构代码</td></tr>
<tr><td colspan="4">投保人（APPLICANT）KUNSHAN FLY FOOD IMPORT & EXPORT CORP.</td><td colspan="2">组织机构代码</td></tr>
<tr><td colspan="2">联系电话（TEL）
86－512－69952810</td><td colspan="2">传真（FAX）
86－512－69952813</td><td colspan="2">地址（ADRESS）NO. 18，HUBIN ROAD，KUNSHAN，CHINA</td></tr>
<tr><td colspan="3">合同号（CONTRACT NO.）SC009616</td><td colspan="3">提单号（B/L NO.）DR－0954</td></tr>
<tr><td colspan="3">信用证号（L/C NO.）
AH161475</td><td colspan="3">赔款偿付地点（CLAIM PAYABLE AT）HAMBURG GERMANY</td></tr>
<tr><td colspan="2">发票金额（INVOICE AMOUNT）
EUR14000. 00</td><td colspan="2">价格条件（PRICE CONDITION）
CIF</td><td colspan="2">投保加成（PLUS）
10%</td></tr>
<tr><td>标记
MARKS & NOS.
AS PER INVOICE NO.</td><td>包装与数量
QUANTITY</td><td colspan="3">保险货物项目
DESCRIPTION OF GOODS</td><td>保险金额
AMOUNT INSURED</td></tr>
<tr><td>SKY
SC009616
GERMANY
NO. 1－1000</td><td>1000CARTONS</td><td colspan="3">CANNED GRAPES</td><td>EUR15400. 00</td></tr>
<tr><td colspan="4">启运日期 NOV. 28，2016
DATE OF COMMENCEMENT</td><td colspan="2">运输工具 ZHIYUAN
PER CONVEYANCE</td></tr>
<tr><td colspan="6">自 FROM SHANGHAI　　经 VIA　　到 TO HAMBURG</td></tr>
<tr><td colspan="6">投保险别（PLEASE INDICATE THE CONDITIONS &/OR SPECIAL COVERAGES）
TO BE COVERED BY SELLER AGAINST ALL RISKS AND WAR RISK.

显示保单正本份数（NUMBERS OF THE ORIGINAL POLICY）：（3）</td></tr>
</table>

图9－1 货物运输保险投保单

请如实告知下列情况：（如是在［ ］中打√）
1. 货物包装　袋装/箱装［√］　散装/裸装［ ］　冷藏［ ］　捆扎［ ］　罐装［ ］
2. 集装箱种类　普通［√］　开顶［ ］　框架［ ］　平板［ ］　冷藏［ ］
3. 运输工具　海轮［√］　飞机［ ］　火车［ ］　汽车［ ］　内河船［ ］　驳船［ ］
4. 船舶资料　船级＿＿＿＿＿　建造年月＿＿＿＿＿

保险人（保险公司）提示

请您仔细阅读保险条款，尤其是黑体字标注部分的条款内容，并听取保险公司业务人员的说明，如对保险公司业务人员的说明不明白或有异议的，请在填写本投保单之前向保险公司业务人员进行询问，如未询问，视同已经对条款内容完全理解并无异议。

投保人声明

投保人及被保险人兹声明所填上述内容（包括投保单及投保附件）属实。

本人已经收悉并仔细阅读保险条款，尤其是黑体字部分的条款内容，并对保险公司就保险条款内容的说明和提示完全理解，没有异议，申请投保。

投保人签章：　　**投保日期：2016 年 11 月 18 日**

以下内容由保险公司填写

协议编号［ ］　代理点编号［ ］　费率［ ］　免赔［ ］
客户代码［ ］　共保信息［ ］　回分情况［ ］
最低保费［ ］　结算币种［ ］　经办人［ ］

图 9－1　货物运输保险投保单（续）

任务二　保险单的缮制

学习目标

掌握出口货物保险单的填制内容与方法。

任务情境

在完成托运手续确认船期后，昆山飞扬食品进出口公司的李莉即着手填写海运货物投保申请单，向中国人保财险股份有限公司江苏省分公司提出投保要求。有关资料如下：

发票号码：INV007524	发票日期：2016 年 10 月 26 日
合同号：SC009616	信用证号：AH161475
发票金额：14000 欧元	启运港：上海
船名航次：致远轮 VH－0634	集装箱号码：SBCS795607
B/L NO.：DR－0954	H. S. 编码：2008999090

工作任务：单证员根据任务情境、信用证及相关资料缮制海运货物保险单一份。

知识链接

一、保险单内容

保险单（简称投保单）一般是保险公司根据不同险种事先设计内容格式，由投保人根据贸易、运输、货物的实际情况（如采用信用证方式，还需按来证要求）进行填写。投保单是保险公司作为风险衡量、保费计算、合同订立（出保单）的依据。

二、保险单的填制

1. 保险公司名称（name of insurance company）

此栏应根据信用证和合同要求相应的保险公司去办理保险单据。如来证规定“INSURANCE POLICY IN DUPLICATE BY PICC”，PICC 即中国人民保险公司，即信用证要求出具由中国人民保险公司出具的保险单。

2. 保险单据名称（name）

此栏按照信用证和合同填制。如来证规定“INSURANCE POLACY”，即要求出示保险单而非保险凭证。

3. 发票号码（Invoice No.）

此栏填写投保货物的商业发票号码。

4. 保险单号次（Policy No.）

由保险公司编列。

5. 被保险人（Insured）—— 又称为“抬头人”。

（1）被保险人通常填写出口人名称，并由出口人作空白背书，以表示保险权益的转让。

（2）如信用证规定被保险人为受益人以外的某公司或某银行，保险单应直接打该公司或银行名称。受益人不背书。

（3）如信用证要求保险单做成“TO ORDER”，应在被保险人栏照打“TO ORDER”并由受益人背书。

（4）如果信用证规定保险单背书给特定方，如：endorsed to order of opening bank，则在此栏填出口商，并在背面背书，注明 claims，if any，payable to order of ××××（特定方）。

6. 标记（Marks & Nos.）

指唛头，应与发票和提单相符。如无唛头，可填“N/M”，如果唛头内容太多，也可填“As per Invoice No. ×××（如×××号发票）”。

7. 包装及数量（Quantity）

与提单相同，填写总包装件数。以重量计价的包装货，应注明包装件数和计价重量。

8. 保险货物项目（Description of Goods）

与提单相同，可填写货物的统称。

9. 保险金额（Amount Insured）

保险金额简称“保额”，是指保险人对被保险人负担损失补偿或给付约定的最高金额。它是计收保险费的基础。

填写小写金额，如“USD200.00”。

保险货币应与信用证一致，托收方式下应与合同货币一致。

保险金额加成百分比应严格按信用证或合同规定掌握。如无具体规定，应按 CIF 或 CIP 价格的 110% 投保。

保险金额一般不要辅币，小数点后尾数一律要向上进位为整数。例如：发票金额为 USD1507.30，加一成投保，保险金额为 USD1507.30×110% = USD1658.03，则进位后保险金额应为 USD1659.00。

通常如发票含有佣金时，无论是否扣佣均应按毛额投保，而含有折扣的，则应按扣除折扣后的净额投保。

10. 总保险金额（Total Amount Insured）

填写大写累计保险金额，如“SAY U. S. DOLLARS TWO HUNDRED ONLY”。大小写金额需保持一致。

11. 保费（Premium）和费率（Rate）

这两栏通常不注明具体数字而分别注明“As arranged”（按约定）。

12. 运载工具（Per Conveyance S. S）

海运方式下填写船名和航次，如“Huanghe V. 113”。

铁路运输填写“By Railway”或加上车号，如“Wagon No. 12345”。

航空运输填写“By Air”。

邮包运输填写“By Parcel Post”。

13. 开航日期：（Sailing on or about）

此栏填写提单的签发日期，或简单填写 AS PER B/L。

14. 起讫地点（From…To…）

在“From”之后填写装运港名称，“To”之后填写目的港名称，并与运输单据相符。

如需转船，应在目的港后加注“W/T at ×××（转船港名称）”，如“From Shantou to London W/T at HongKong”。

15. 承保险别（Conditions）

应按 L/C（托收方式下按合同）中有关保险险别的条款填写，注意除险别外还要有保险险别适用的文本及其生效日期。

例：COVERING ALL RISKS AND WAR RISK AS PER CIC DATED 1/1/1981。

有时在开始处还要加上：FOR 110% INVOICE VALUE。

16. 保险单的份数

如果信用证无明确规定保险单的份数时，保险公司一般出具一套三份正本的保险单。

17. 赔付代理人（Agent）

由保险公司指定，一般是在货物的进口地。

18. 赔付地点（Claim Payable at）

本栏目包括保险赔款支付地点和赔付的货币两项内容。

1）应根据信用证（托收项下按合同）规定填写。如信用证（或合同）未作规定时，赔付地点应填目的港（地）名称，币别可不填列。

2）如信用证规定了赔偿地点，保单应照打。例如："Claims, if any, are payable in Japan in USD." 赔付地在日本，货币为 USD。"INSURANCE CLAIMS PAYABLE AT A THIRD COUNTRY GERMANY"，赔付地为 GERMANY。

19. 出单日期和地址（Dated, at）

保单的出单日期不应晚于提单日期，出单地点为保险公司所在地。

20. 保险公司签章（Authorized Signature）

由保险公司或其代理人签章。

21. 背书（Endorsement）

按信用证（托收项下按合同）规定作空白背书或记名背书手续。

示范操作

中国人民保险公司苏州市分公司

The People's Insurance Company of China

PICC

Suzhou Branch

总公司设于北京　　一九四九年创立

Head Office Beijing　　Established in 1949

货物运输保险单

CARGO TRANSPORTATION INSURANCE POLICY

发票号码　　保险单号次

Invoice No. INV007524　　No.

中国人民保险公司（发下简称本公司）

This Police of Insurance witnesses that The People's Insurance Company of China (hereinafter called "The Company")

根据

at the request of　KUNSHAN FLY FOOD IMPORT & EXPORT CORP.

（以下简称被保险人）的要求，由被保险人

(hereinafter called the "Insured") and in consideration of the agreed premium

向本公司缴付约定的保险费，按照本保险单

paying to the Company by the Insured, Undertakes to insure the undermentioned

承保险别和背面所载条款与下列特款承保

Goods in transportation subject to the conditions of this Policy as per Clauses

下述货物运输保险，特立本保险单。

printed overleaf and other special clauses attached hereon.

图 9－2　货物运输保险单

标　记 Marks & Nos	包装及数量 Quantity	保险货物项目 Description of Goods	保险金额 Amount Insured
SKY SC009616 GERMANY NO. 1 - 1000	1000CARTONS	CANNED GRAPES	EUR15400. 00

总保险金额：**SAY EURO FIFTY THOUSAND AND FOUR HUNDRED ONLY**

Total Amount Insured

保费　　　　　费率　　　　　　　　　装载运输工具

Premium　as arranged　Rate　as arranged　Per conveyance S. S　ZHIYUAN

开航日期　　　　　　　　自　　　　　　　　至

Sig on or abt　AS PER B/L　From　SHANGHAI. CHINA　To　HAMBURG

承保险别　投保一切险和战争险，按照中国人民保险公司1981年1月1日生效的有关海洋货物运输条款为准。

Conditions　ALL RISKS AND WAR RISKS AS PER AND SUBJECT TO THE RELEVANT DCEAN MARINE CARGO CLOUSES OF THE PEOPLE' s INSURANCE COMPANY OF CHINA DATED 1/1, 1981.

所保货物，如遇出险，本公司凭本保险单及其他有关证件给付赔款。

Claims, if any, Payable On, surrender of this Policy together with other relevant documents.

所保货物，如发生本保险单项下负责赔偿的损失事或事故，应立即通知本公司下述代理人查勘。

In the event of accident whereby loss or damage may result in a claim under this policy immediate notice applying for survey must be given to the company' s Agent as mentioned hereunder.

中国人民保险公司

THE PEOPLE' s INSURANCE CO. OF CHINA

赔款偿付地点

Claim payable at　HAMBURG IN EUR

图9-2　货物运输保险单（续）

能力训练

一、选择题

1. 在海运货物保险业务中，共同海损是属于（　　）。

A. 全部损失的一种　　B. 部分损失的一种

C. 单独海损的一种　　D. 推定海损的一种

2. 仓至仓条款（　　）。

A. 出口人负责交货责任起讫的条款　　B. 承运人负责交货责任起讫的条款

C. 保险人负责交货责任起讫的条款　　D. 进口人负责交货责任起讫的条款

3. 在保险人所承保的海上风险中，雨淋、渗漏属于（　　）。

A. 自然灾害　　B. 意外事故　　C. 一般外来风险　　D. 特殊外来风险

4. 在海运过程中，被保险物被海盗劫持造成的损失属于（　　）。

A. 实际全损　　B. 推定全损　　C. 共同海损　　D. 单独海损

5. 船舶搁浅时，为使船舶脱险而雇用驳船强行脱浅所支出的费用，属于（　　）。

A. 实际全损　　B. 推定全损　　C. 共同海损　　D. 单独海损

6. 某海贸公司出口茶叶5公吨，在海运途中遭受暴风雨，海水涌入舱内，致使一部分茶叶发霉变质，这种损失属于（　　）。

A. 实际全损　　B. 推定全损　　C. 共同海损　　D. 单独海损

7. 战争、罢工风险属于（　　）。

A. 自然灾害　　B. 意外事故　　C. 一般外来灾害　　D. 特殊外来风险

8. 我公司按CIF条件出口棉花300包，货物在海运途中因货舱内水管渗漏，致使50包棉花遭水渍受损，在投保下列哪种险别时，保险公司负责赔偿（　　）。

A. 平安险　　B. 水渍险　　C. 战争险　　D. 一切险

9. 我公司按FOB进口一批玻璃器皿，在运输途中的装卸、搬运过程中，部分货物受损。要得到保险公司赔偿，我公司应该投保（　　）。

A. 平安险　　B. 一切险　　C. 破碎险　　D. 一切险加破碎险

10. 根据现行伦敦保险协会《海运货物保险条款》的规定，采用“一切风险减除外责任”的办法表示的险别是（　　）。

A. ICC（A）　　B. ICC（B）　　C. ICC（C）　　D. ICC（D）

二、判断题

1. 共同海损要由受益各方根据获救利益大小按比例分摊。（　　）

2. 出口茶叶在装运途中，最大的问题就是怕串味，因此，保险时应该投保串味险。（　　）

3. 船舶失踪达到半年以上可作推定全损处理。（　　）

4. 单独海损是由承保风险所直接造成的被保险货物的部分损失。（　　）

5. 共同海损是部分海损中的一种。（　　）

三、制单操作题

请根据以下资料制作保险单一份：

已知资料（1）：SALES CONTRACT

Date：FEB. 18，2015　　Contract No.：NJT090218　　Signed at：Nanjing，China

The Seller：NANJING JINLING TEXTILE CO.，LTD.

Address：　UNITA　18/F，JIHLINGTOWER，NO. 118JIHLINGROAD，NANJING，CI－IINA

The Buyer：DEXICA SUPERMART S. A.

Address：BOULEVARD PACHEC0 44，B－1000 BRUSSELS，BELGIUM

This Sales Contract is made by and between the Sellers and the Buyers，whereby the sellers agree to sell and buyers agree to buy the under－mentioned goods according to the terms and conditions stipulated below：

Commodity：Girls garmentsQuantity：10800PCS

Unit Price：CIF Brussels EUR5. 00/PCAmount：EUR54000. 00

10% more or less in quantity and amount are acceptable.

Packing：IN CARTON　　Shipping Mark：N/M

Time of Shipment：Within 30 days after receipt of L/C.

From NINGBO PORT CHINA to BRUSSELS，BELGIUM

Transshipment and Partial Shipment：Allowed.

Insurance：to be effected by the Seller for 110% of full invoice value covering all risks up to port of destination and war risks included with claim payable at destination.

Terms of Payment：By 100% Irrevocable Letter of Credit in favor of the Sellers to be available by sight draft to be opened and to reach China before APRIL1，2009 and to remain valid for negotiation in China until the 21 days after the foresaid Time of Shipment. L/C must mention this contract number L/C advised by BANK OF CHINA JIANGSU BRANCH. ALL banking Charges outside China are for account of the Buyer.

The Seller	The Buyer
NANJING 3INLING TEXTILE CO.，LTD.	DEXICA SUPERMART S. A.
钟山	ALICE

已知资料（2）：

1. 装运信息：指定 APL 承运，装期 2015. 04. 19；船名 PRINCESS：航次 V. 018。
2. 装箱资料：合计 108 箱，装入 1 ×20″集装箱。
3. 商业发票号：NJT090218 –09，签发日期 2015 年 4 月 10 日。
4. 信用证号：CMKK9180205。

中国人民保险公司苏州市分公司

The People's Insurance Company of China

PICC

Suzhou Branch

总公司设于北京　　一九四九年创立

Head Office Beijing　　Established in 1949

货物运输保险单

CARGO TRANSPORTATION INSURANCE POLICY

发票号码　　保险单号次

Invoice No.　　No.

中国人民保险公司（发下简称本公司）

This Police of Insurance witnesses that The People's Insurance Company of China（hereinafter called "The Company"）

根据

at the request of

（以下简称被保险人）的要求，由被保险人

（hereinafter called the "Insured"）and in consideration of the agreed premium

向本公司缴付约定的保险费，按照本保险单

paying to the Company by the Insured, Undertakes to insure the undermentioned
承保险别和背面所载条款与下列条款承保
Goods in transportation subject to the conditions of this Policy as per Clauses
下述货物运输保险，特立本保险单。
printed overleaf and other special clauses attached hereon.

标　记 Marks & Nos	包装及数量 Quantity	保险货物项目 Description of Goods	保险金额 Amount Insured

总保险金额：**SAY**
Total Amount Insured

保费 Premium	费率 Rate	装载运输工具 Per conveyance S. S
开航日期 Sig on or abt	自 From	至 To

承保险别　投保一切险和战争险，按照中国人民保险公司 1981 年 1 月 1 日生效的有关海洋货物运输条款为准。
Conditions

所保货物，如遇出险，本公司凭本保险单及其他有关证件给付赔款。
Claims, if any, Payable On, surrender of this Policy together with other relevant documents.
所保货物，如发生本保险单项下负责赔偿的损失或事故，应立即通知本公司下述代理人查勘。
In the event of accident whereby loss or damage may result in a claim under this policy immediate notice applying for survey must be given to the company's Agent as mentioned hereunder.

中国人民保险公司
THE PEOPLE's INSURANCE CO. OF CHINA

赔款偿付地点
Claim payable at

项目十　制单结汇

任务一　装运通知与受益人证明

学习目标

1. 掌握装运通知的填制内容与方法
2. 掌握受益人证明的填制内容与方法

任务情境

昆山飞扬食品进出口公司李莉女士与德国天空海外贸易公司 MARS 先生就出口一批葡萄罐头达成协议并签订合同，2016 年 11 月 28 日货物全部装船完毕并出运，李莉开始办理制单结汇工作，其中信用证需要装运通知与受益人证明。

工作任务：单证员根据信用证及相关资料完成装运通知与受益人证明。

知识链接

一、装运通知

装运通知（Shipping Advice）是卖方应买方的要求，在出口货物装运完毕后，及时通过传真方式或其他方式，向买方（进口方）或进口商指定的保险公司、报关公司发出的关于货物已装运的详细通知，以便进口商及时办理保险、申请进口许可和安排接收货物及办理清关等事宜。

装运通知以英文制作，无统一格式，内容一定要符合信用证的规定，一般只提供一份。没有特别规定时，装运通知应发给进口商（信用证项下，发给开证申请人）。

在以 FOB、CFR 价格条件下，装货后发出装运通知是合同的一项要件。如因没有发出装运通知，致使收货人未能及时投保，则该货物的丢失、损害由发货人负责赔偿。

装运通知的内容一般有订单或合同号、商品名称和数量、总值、唛头、载货船舶名称、装运口岸、开航日期等。在实际业务中，应根据信用证的要求和对客户的习惯做法，将上述项目适当地列明在电文中。

一般而言，装运通知可以不签署，但是如果信用证规定 “beneficiary certified copy of shipping advice”，那么受益人必须在该通知上进行签字盖章。

二、受益人证明

受益人证明（Beneficiary's certificate），是由受益人签发的证实某件事实的单据。

常见的有寄单寄样证明，产品制造方面的证明，环保、人权方面如：非童工、非狱工制造、非木质包装的证明等，用以说明出口商已履行了合同义务，（信用证项下）已按开证申请人要求办理某项工作或证实某件事，并达到了进口商的要求和其进口国的有关规定。

收益人证明一般包括如下几项内容。

1. 单据名称

单据名称位于单据正上方，可根据来证要求确定具体名称。如："Beneficiary's Certificate"（受益人证明）、"Beneficiary's Statement"（受益人声明），或"Beneficiary's Declaration"（受益人申明）。

2. 出证日期

按照实际签发日期填写。一般而言，需与所证明的内容相匹配，根据需证实的内容而定，但必须在信用证规定的范围内。

3. 抬头人

一般都填写笼统的抬头人。即"TO WHOM IT MAY CONCERN"致有关人士。

4. 事由

一般填写发票号或合同号。

5. 证明文句

此项内容必须对应于信用证要求填写。

6. 受益人名称及签章

受益人证明一般不分正副本。若来证要求正本，可在单据名称正下方打上"Original"字样。证明的右下方必须有受益人即出口公司签章，才能生效。

有的信用证规定出口商需要提供一些补充说明货物品质、包装情况、货物产地等信息的证明，为受益人已经做的某些行为出具证明。例如：

关于货物吊牌的证明文句：We certify that each item is labeled "made in China"。

有的国家规定进口货物不能使用木质包装，出口商需要出具非木质包装证明，以使进口货物顺利清关。

关于非木质包装的文句：We certify that no solid wood material used in the packing。

示范操作

昆山飞扬食品进出口公司
KUNSHAN FLY FOOD IMPORT & EXPORT CORP.
NO. 18, HUBIN ROAD, KUNSHAN, CHINA

SHIPPING ADVICE

MESSRS: SKY OVERSEAS TRADING CO. LTD.
100 RHINE ROAD HAMBURG GERMANY

INV NO.: INV007524
DATE: OCT. 26, 2016
S/C NO.: SC009616
L/C NO.: AH161475

DEAR SIRS:

WE HEREBY INFORM YOU THAT THE GOODS UNDER THE ABOVE MENTIONED CREDIT HAVE BEEN SHIPPED. THE DETAILS OF THE SHIPMENT ARE STATED BELOW.

COMMODITY: CANNED GRAPES
NO. OF CTNS: 100CARTONS
TOTAL G. W: 960KGS
OCEAN VESSEL: ZHIYUAN VH-0634
DATE OF DEPARTURE: NOV. 28, 2016
B/L NO: DR-0954
PORT OF LOADING: SHANGHAI
DESTINATION: HAMBURG

SHIPPING MARKS:
SKY
SC009616
GERMANY
NO. 1-1000

WE HEREWITH CERTIFY THIS MESSAGE TO BE TURE AND CORRECT.

KUNSHAN FLY FOOD IMPORT & EXPORT CORP.
AUTHORIZED SIGNATURE

图 10-1 货物装运通知单

KUNSHAN FLY FOOD IMPORT & EXPORT CORP.
NO. 18, HUBIN ROAD, KUNSHAN, CHINA
TEL: 86-512-69952810 FAX: 86-512-69952813

BENEFICIARY's CERTIFICATE
NOV. 28, 2016 到 DEC. 02, 2016 之间的某一天都可以

INV NO.: INV007524 或者 L/CNO.: AH161475
DATE: OCT. 26, 2016 DATE: OCT. 26, 2016

TO WHOM IT MAY CONCERN:

WE HEREBY CERTIFYTHAT ONE SET OF COPIES OF SHIPPING DOCUMENTS HAS BEEN SENT TO APPLICANT WITHIN 5 DAYS AFTER SHIPMENT.

KUNSHAN FLY FOODSUZHOU XINYANG GARMENTS IMPORT &EXPORT CORPORATION
李莉

图 10-2 受益人证明

任务二　汇票、本票与支票

学习目标

1. 掌握汇票的填制内容与方法
2. 熟悉本票与支票的内容

任务情境

在货物全部装船出运后，昆山飞扬食品进出口公司的李莉即着手办理制单结汇工作，其中信用证需要出具汇票。

工作任务：单证员根据任务情境、信用证及相关资料缮制好汇票。

知识链接

一、汇票

汇票（Bill of Exchange 或者 Draft）是一个人向另一个人签发的，要求见票时或在将来的固定时间，或可以确定的时间，对某人或其指定的人或持票人支付一定金额的无条件的书面支付命令。

汇票属于资金单据，可以代替货币进行转让或流通。因此，汇票是一种重要的有价证券。

为防止丢失，汇票一般一式两份，两张正本，即 First Exchange 和 Second Exchange，两张正本汇票具有同等效力。但付款人付一不付二，付二不付一，即先到先付。

（一）汇票的内容

Bill Of Exchange

No.

Exchange for ____1____　　　　Beijing，China，____2____

At ____3____ sight of this FIRST of Exchange（the SECOND of the same tenor and date being unpaid），pay to the Order of ________4________

The sum of ________5________

Drawn under ________6________

Value received and charge to account

To ____________7____________

____________8____________

图 10－3　汇票

1. 票据的名称

汇票必须表明“汇票”（Bill of Exchange or Draft）字样。

2. 无条件的支付命令

汇票中必须要有无条件支付委托的文句，不能将其他行为的履行或事件的发生作为其先决条件。

如果汇票上规定有如“如果某公司交付的货物符合合同规定，即支付其金额 10000 美金”“于货物抵达目的地后付款”等附加条件或限制，则该汇票无效。

但是，汇票加注出票条款是用以表明汇票的起源交易，例如“按某号信用证开立”“按某合同装运货物”等，并不构成支付的附加或限制条件。

如：Drawn under SHIPMENT OF 330 CARTONS COTTON TEATOWELS AS PER S/C NO. ST303（托收项下的汇票）。

Drawn under NATIONAL PARIS BANK L/C NO. TH2003 DATED AUG. 28，2005（信用证项下的汇票）。

3. 确定金额

汇票金额要用文字大写和数字小写分别表明。如果文字和数字不符，按照《英国票据法》《日内瓦统一法》的规定，应以文字为准。实际做法多为退票，经过修改后再提示付款。

我国《票据法》规定：“票据金额以中文大写和数码同时记载的，两者必须一致，两者不一致的，票据无效。”

4. 付款人名称

付款人就是受票人，在汇票上是以“To…”开头的文句。

5. 收款人名称

我国《票据法》规定，收款人名称是汇票必须记载的事项，否则无效。即我国的汇票必须是记名汇票。

汇票收款人的记载方式（抬头写法）：

（1）限制性抬头。“pay × × Co. only”“pay × × Co. not transferable”，这种汇票不能以背书方式转让。

（2）指示性抬头。“pay × × Co. or order”/“pay to the order of × × Co”，这种汇票可以经过背书转让。

（3）持票人或来人抬头。“pay bearer”/“pay holder”，这种汇票不需背书即可转让。我国《票据法》规定，凡签发持票人或来人抬头的汇票无效。

6. 出票日期

我国《票据法》规定，汇票应该记载出票日期，其作用有：决定票据的有效期；决定付款到期日；判定出票人的行为能力。

7. 付款到期日

我国《票据法》规定：汇票上记载付款日期应当清楚、明确；未记载付款日期的视为见票即付。

（1）汇票付款日期的记载形式主要有以下五种：

①见票即付：at sight。

②定日付款：on Nov. 15，2015。于 2015 年 11 月 15 日付款。

③出票日后定期付款：at 30 days after date of the draft，出票日期后 30 天付款。

④见票日后定期付款：at 30 days after sight，见票后 30 天付款。

⑤运输单据出单日期后定期付款：at 30 days after date of B/L，提单签发后 30 天付款。

（2）计算到期日的方法：

算尾不算头：例如，见票日为 3 月 15 日，付款期限为见票日后 30，则应从 3 月 16 起算 30 天，到期日为 4 月 14 日（当天不算）。

为日历月，以月为单位计算付款期限的，指日历上的月份，不考虑每月的具体天数，若到期月无相同日，则以该月最后一天为到期日。例如，见票日为 1 月 31 日，见票后 1 个月、2 个月、3 个月付款，到期日分别为 2 月 28 日、3 月 31 日、4 月 30 日。遇到假日则顺延。

8. 出票地点和付款地点

我国《票据法》未将出票地点和付款地点作为必要项目，汇票上未记载出票地点的，出票人的营业场所、住所或经常居住地为出票地。

9. 出票人签章

我国《票据法》规定，汇票上必须有出票人的签章。

（二）汇票的分类

根据出票人不同分为：银行汇票和商业汇票。

根据承兑人不同分为：银行承兑汇票和商业承兑汇票。

根据付款时间不同分为：即期汇票和远期汇票。

根据有无随附货运单据分为：光票和跟单汇票。

根据使用地区的不同分为：国内汇票和涉外汇票。

二、本票

（1）本票是出票人签发的，承诺自己在见票时无条件支付确定的金额给收款人或持票人的票据。简言之，本票是出票人对受款人承诺无条件支付一定金额的票据。

（2）本票的当事人：出票人和受款人。

（3）本票的必备内容：

①表明本票的字样。

②无条件支付的承诺。

③确定的金额。

④收款人名称。

⑤出票日期。

⑥出票人签章。

（4）本票的种类。本票可分为商业本票和银行本票。由工商企业或个人签发的称为商业本票或一般本票。由银行签发的称为银行本票。商业本票有即期和远期之分。银行本票则都是即期的。在国际贸易结算中使用的本票，大都是银行本票。有的银行发行见票即付、不记载收款人的本票或是来人抬头的本票，它的流通性与纸币相似。我国所指的本票仅指银行即期本票，工商企业和个人不能签发本票。

三、支票

（1）支票（Cheque 或 Check）是以银行为付款人的即期汇票，即存款人对银行的无条件支付一定金额的委托或命令。出票人在支票上签发一定的金额，要求受票的银行于见票时立即支付一定金额给特定人或持票人。

（2）支票的当事人：出票人、付款人、收款人。

（3）出票人在签发支票后，应负票据上的责任和法律上的责任。前者是指出票人对收款人担保支票的付款。后者是指出票人签发支票时，应在付款银行存有不低于票面金额的存款。如存款不足，支票持有人在向付款银行提示支票要求付款时，就会遭到拒付。这种支票叫作空头支票。开出空头支票的出票人要负法律上的责任。

示范操作

BILL OF EXCHANGE

No. INV007524

Exchange for EUR 14000. 00 Beijing, China, NOV. 29, 2016

At *** sight of this FIRST of Exchange (the SECOND of the same tenor and date being unpaid), pay to the Order of BANK OF CHINA, KUNSHAN BRANCH

The sum of SAY EURO FOURTEEN THOUSAND ONLY

Drawn under COMMERZBANK

L/C NO. AH161475 DATED 161026

To COMMERZBANK

KUNSHAN FLY FOOD IMPORT & EXPORT CORP.

图 10－4 汇票

PROMISSORY NOTE

GBP5, 150. 00 London, April 16 2015

On the 15th June, 2015 (fixed by the Promissory Note)

We promise to pay N. Y. C. CO or order the sum of FIVE THOUSAND ONE HUNDRED AND FIFTY PONDS STERLING ONLY.

For and on behalf of

Sithers Johnson

Sithers Johnson Ltd.

图 10－5 本票

Cheque for US $ 60 000. 00 New York, June 16, 2015

Pay to the order of United Trading Corp. The sum of U. S. DOLLAR SIXTY THOUSAND ONLY. To. Midland Bank New York

For ABC Corporation

(Signed)

图 10－6 支票

任务三　根据信用证审单

学习目标

1. 熟悉信用证业务下审单的原则
2. 掌握信用证业务下审单的方法

任务情境

在货物出口两天后，昆山飞扬食品进出口公司的李莉完成了信用证所要求的所有单据，并交给了她的部门经理王峰，请问接下来王峰经理要如何审核这些单据呢？审核单据应该注意哪些事项？

工作任务：请根据情境资料，审核相关单据。

知识链接

一、信用证项下审单原则

1. 单证一致（Documents Comply with Credit Terms）

单证一致，即出口方所提供的所有单据要严格符合进口方开证银行所开信用证的要求，或者说出口方制作和提供的所有与本项货物买卖有关的单据，与进口方申请开立的信用证对单据的要求完全吻合，没有矛盾。

2. 单货一致（Documents Comply with the goods）

所谓单货一致，就是说从订舱单、装货单、关单、大幅收据、舱单、提单、提货单等所有的流转单证与托运货物要实际相符，在何时何地都应品名相符，数量一致。为了做到这一点，在我们出口货物时一定要严格核对，而对于进口商品，则需要我们卸货时仔细核对。

3. 单单一致（Documents Comply with documents）

单单一致是指受益人提交的信用证中要求的各种单据之间必须在表面上相符，单据相互之间互相补充，并且与商业发票及货运单据的内容、文字相一致，不能彼此矛盾。否则就被认为是单单不符，开证申请人即有可能据此拒绝赎单付款。

二、信用证业务下审单注意事项

（1）单据的种类、份数与信用证要求是否相符。

（2）汇票、发票上的金额是否一致，与信用证规定的最高金额相比是否超额，与议付行寄单回函所列金额是否一致。

（3）单据中对货名、规格、数量、包装等描述是否与信用证要求相符。

（4）货运单据的出单日期及内容是否与信用证相符。

（5）货运单据及保险单据等其他单据的背书是否有效。

三、信用证业务下各单据审核要点

1. 海运提单的审核要点

（1）提单是否可转让（NEGOTIABLE），同时是否有承运人的具体名称并经承运人或承运人代理签署。

（2）提单上的文字如有更改时，提单上是否有提单签署人的签字或签发提单公司的签章。

（3）提单的抬头人是否按证要求进行填写，如是“TO ORDER”或“TO ORDER OF SHIPPER”的，出口（发货）人是否有效背书。

（4）提单的抬头人和被通知人的名称、地址是否与信用证规定相符。

（5）价格条件为“CFR”或“CIF”时，运费栏是否注明的是“FREIGHT PRE-PAID”；如价格条件为“FOB”，运费栏注明的是否“FREIGHT TO COLLECT”。

（6）提单的日期是否迟于信用证上规定的最迟装运日期。

（7）提单的提示日期是否迟于提单签发日后21天（信用证有其他规定者按其规定）。

（8）商品栏记载的商品是否与信用证列明的商品一致。

（9）装运港与卸货港名称是否正确。

（10）提单上是否有说明货物瑕疵的不良批注，或货装舱面（ON DECK）字样（如有不应接受）。

（11）提单所载件数、唛头、号码、重量及船名等是否与发票、包装单及重量单上所载完全相符（货物可用总名称描述，但不得与其他单据的货物名称有抵触）。

（12）提单上的发货人是否与信用证受益人一致。

2. 保险单的审核要点

（1）保险单的签发是否有其负责人签名。

（2）保险单的种类、正本份数是否与信用证规定相符并提交银行。

（3）被保险人是否与信用证规定相符（通常为信用证受益人）。

（4）保险单是否可转让，并由被保险人背书。

（5）投保的险别是否与信用证规定相符。

（6）投保的是否是货物全程运输。

（7）投保金额、货币是否符合信用证规定，金额大小写是否一致。

（8）装运船名、航程、装运港、启运日期等记载是否与提单一致。

（9）列明投保货物名称、数量、唛头等是否与提单、发票及其他单据一致。

（10）是否列明赔款地点、支付赔款代理行及支付币别（信用证无规定时，应以货运抵达目的地为赔款地点）。

（11）保险单生效日期是否没晚于货物单据上的装货、发货、承运日期。

3. 发票审核要点

（1）发票的开票人是否是信用证规定的受益人（可转让信用证除外），是否与汇票的出票人为同一人。

（2）发票的抬头人是否是信用证开证申请人。

（3）发票的开票日期不应迟于汇票的出票日期，也不应迟于信用证的议付有效期。

（4）商品名称、规格、单价、包装、价格条款、合同号码等的货物描述是否与信用证规定相符。单价乘以数量是否与发票总金额相符。分记 FOB 价、运费、保险费时，三档金额相加是否与发票总金额相符。

（5）发票金额是否与汇票金额一致，且没超过信用证规定金额。

（6）信用证金额、单价及商品的数量的掌握是否正确（证中“约”字是否正确掌握10%以内）。

（7）唛头、号码、货名、装运日期、启运地等是否与提单或其他单据相符。

（8）发票所列合同号码、发票日期、份数等是否与信用证要求相符。

（9）经修改更正的发票是否有出票人签章。

4. 汇票审核要点

（1）汇票是否正副本两份，是否与信用证的规定一致。

（2）金额的大小写是否相符，支取的金额是否与信用证规定相符（一般应为发票金额）。

（3）汇票付款人填写是否正确（在信用证业务下，汇票付款人应为开证行，不应是开证申请人）。

（4）出票日期是否在信用证有效期限内。

（5）出票条款是否正确，即它是否按信用证条款规定填写（信用证无规定时，是否按习惯注明开证行名称、信用证号码及开证日期）。

（6）出票人、抬头人（受款人）及付款人的名称、地址是否正确无误（出票人通常为出口人，抬头人通常为议付行，付款人为开证银行）。

（7）出票人是否为信用证受益人和受让人，出票人名称是否与信用证所载名称相符并由其负责人签章。

（8）受款人是否为出票人指示抬头（Pay to the order of drawer），汇票是否由出票人背书。

（9）付款期限是否与信用证规定相符。

能力训练

一、选择题

1. 装运通知是进口商办理进口货物保险的依据，在下列贸易术语（　　）条件下，装运通知最为重要。

A. FOB　　B. CFR　　C. CIF　　D. CFP

2. 装运通知的缮制过程中，制作和发出日期不能超过（　　）约定的时间。

A. 发票　　B. 信用证　　C. 海运提单　　D. 合同

3. 装运通知的缮制过程中，除信用证另行规定外，制作和发出日期常见是以小时为准的情况是（　　）。

A. with 24/48 hours　　B. With 2 days after shipment

C. with 3 days after shipment date　　D. with 5 days after shipment

4. 在以 FOB、CFR 价格条件下，装货后发出装运通知是合同的一项要件。如因没有发出装运通知，致使收货人未能及时投保，则该货物的丢失、损害由（　　）负责赔偿。

A. 发货人　　B. 保险公司　　C. 进口商　　D. 运输公司

5. 目前国际结算中最重要的支付工具是（　　）。

A. 汇票　　B. 支票　　C. 现金　　D. 本票

6. 如果信用证规定汇票的期限为 15 DAYS AFTER THE BILL OF LADING DATE，提单日期为 JANUARY 3，2016，则根据《国际银行标准实务》（ISBP），汇票的到期日应为（　　）。

A. 2016 年 1 月 18 日　　B. 2016 年 1 月 17 日

C. 2016 年 1 月 21 日　　D. 2016 年 1 月 24 日

7. 以下关于背书人的说法错误的是（　　）。

A. 对受让人而言，所有背书人及原出票人都是他的后手

B. 背书人对其后手承担票据付款或承兑的保证责任

C. 证明前手签字真实性

D. 背书的受让人即为被背书人

8. 一张汇票规定见票后 60 天付款，而持票人于 9 月 28 日提示承兑，则付款到期日为（　　）。

A. 11 月 28 日　　B. 11 月 27 日　　C. 11 月 26 日　　D. 11 月 29 日

9. 以下英文与中文翻译正确的是（　　）。

A. BILL OF EXCHANGE：本票　　B. PROMISSORY NOTE：承兑汇票

C. ACCEPTANCE；承兑　　D. CHEQUE/CHECK：背书

10. 某银行签发一张汇票，以另一家银行为付款人，这张汇票是（　　）

A. 商业汇票　　B. 跟单汇票　　C. 银行承兑汇票　　D. 银行汇票

二、判断题

1. 合格的汇票遭拒付时，持票人有权向背书人和出票人追索。（　　）

2. 票据是一种流通证券，所有票据的转让都必须经过背书手续。（　　）

3. 如果持票人未在规定时效内提示票据，则丧失对前手的追索权。（　　）

4. 背书人对票据所负的责任与出票人相同，但对其后手没有担保责任。（　　）

5. 空白背书的汇票凭交付而转让，交付者可不负背书人责任。（　　）

三、制单操作题

根据相关资料，缮制汇票。

FROM：INDUSTRIAL BANK OF JAPAN，FUKUOKA

TO：BANK OF CHINA，ZHEJIANG HUZHOU BRANCH

DOC. CREDIT NUMBER	*20：16 - 10 - 042
DATE OF ISSUE	31C：160105
EXPIRY	*31D：DATE160228 PLACE CHINA
APPLICANT	*50：PEGASUS GARDEN PRODUCTS LTD.，

		1 -6 -8TENJIN CHUO - KU FUKUOKA JAPAN
BENEFICIARY	*59：	ANJI GARDEN PRODUCTS IMP. AND EXP. CO. , LTD 27RENMIN ROAD，ANJI ZHEJIANG，CHINA
AMOUNT	*32B：	CURRENCY USD AMOUNT8265. 00
AVAILABLE WITH/BY	*41D：	ANY BANK IN CHINABY NEGOTIATION
DRAFT AT …	42C：	AT SIGHT FOR FULL INVOICE VALUE
DRAWEE	*42D：	INDUSTRIAL BANK OF JAPAN，FUKUOKA
LATEST DATE OF SHIP.	44C：	160213
DESCRIPT. OF GOODS	45A：	WOODENGARDEN PRODUCTS AS PER S/C NO 15AGP1201 DATED 01 DEC. , 2015FOB SHANGHAI
PRESENTATION PERIOD	48：	WITHIN 15 DAYS AFTER THE DATE OF SHIPMENT BUTWITHIN THE VALIDITY OF THE CREDIT

补充资料：

发票号码：16AGP3029　　发票日期：2016 年 2 月 2 日

提单号码：SHYZ162234　　提单日期：2016 年 2 月 12 日

BILL OF EXCHANGE

No.

Exchange for　　Beijing，China，

At sight of this FIRST of Exchange（the SECOND of the same tenor and date being unpaid），pay to the Order of

The sum of

Drawn under

L/C NO. DATED

To

项目十一 进出口收付汇核销

任务一 出口收汇核销与出口退税

学习目标

掌握出口收汇以及退税流程

任务情境

昆山飞扬食品进出口公司李莉女士与德国天空海外贸易公司 MARS 先生就出口一批葡萄罐头达成协议并签订合同，11 月 25 日办妥运输及报关等手续，11 月 28 日货物全部装船完毕并出运。

工作任务：单证员根据任务情境、合同及相关资料，向地方主管部门办理出口收汇核销与出口退税。

知识链接

一、出口收汇

出口收汇（Export proceeds），是指企业在货物出口后的一定期限内向当地外汇管理部门办理收汇核销，证实该笔出口价款已经收回或按规定使用。出口收汇制度是国家在 1991 年 1 月 1 日起建立的，对企业出口、报关、收汇整个过程实行跟踪的监测管理制度。整个过程以出口收汇核销单为主线。

二、知识扩展

2012 年，国家外汇管理局、海关总署和国家税务总局联合颁布《关于货物贸易外汇管理制度改革的公告》（国家外汇管理局公告 2012 年第 1 号），决定自 2012 年 8 月 1 日起在全国范围内实施货物贸易外汇管理制度改革，并相应调整出口报关流程、简化出口退税凭证。其内容主要包括：

首先，全面改革货物贸易外汇管理方式，简化贸易进出口收付汇业务办理手续和程序。外汇局取消货物贸易外汇收支的逐笔核销，改为对企业货物流、资金流实施非现场总量核查，并对企业实行动态监测和分类管理。

其次，调整出口报关流程；取消出口收汇核销单，企业办理出口报关时不再提供核销单。

最后，自 2012 年 8 月 1 日起报关出口的货物，企业申报出口退税时不再提供出口收汇核销单；税务部门参考外汇局提供的企业出口收汇信息和分类情况，依据相关规定，审核企业出口退税。

三、出口退税

1. 出口退税含义

出口货物退税（或者免税，Export Rebates），简称出口退税，其基本含义是指对出口货物退还其在国内生产和流通环节实际缴纳的增值税、消费税。出口货物退税制度，是一个国家税收的重要组成部分。出口退税主要是通过退还出口货物的国内已纳税款来平衡国内产品的税收负担，使本国产品以不含税成本进入国际市场，与国外产品在同等条件下进行竞争，从而增强竞争能力，扩大出口的创汇。

出口退税专用

海关出口货物报关单

预录入编号：020000001　　　　海关编号：

收发货人 德国华鑫国际贸易有限公司 2200010215	出口口岸 汉堡海关	出口日期 2016-08-15	申报日期 2016-08-15
生产销售单位 德国华鑫国际贸易有限公司 2200010215	运输方式 江海运输	运输工具名称 TBA	提运单号 COBL0000161
申报单位 德国华鑫国际贸易有限公司 2200010215	监管方式 一般贸易(0110)	征免性质 一般征税(101)	备案号
贸易国(地区) 英国(303)	运抵国（地区） 英国(303)	指运港 利物浦(1966)	境内货源地
许可证号	成交方式 FOB	运费 [ ]/[ ]/[ ]	保费 [ ]/[ ]/[ ]
		杂费 [ ]/[ ]/[ ]	
合同协议号 01	件数 10	包装种类 纸箱	毛重(千克) 135
		净重(千克) 125	
集装箱号	随附单证		
标记唛码及备注 N/M			

项号	商品编号	商品名称、规格型号	数量及单位	最终目的国(地区)	单价	总价	币制	征免
1	0401200000	牛奶 每箱24盒，每盒500毫升	10 箱	英国(303)	25.049	250.49	美元(502)	照章征税

图 11－1　报关单（出口退税联）样本

录入员　录入单位	兹申明对以上内容承担如实申报、依法纳税之法律责任	海关批注及签章
报关人员　希瑞娜	申报单位（签章）	

图 11－1　报关单（出口退税联）样本（续）

2. 出口退税申报流程

（1）登录外贸企业出口退税申报系统和出口退税网，通过系统维护进行企业信息设置。

（2）通过退税系统完成出口明细申报数据的录入、审核。

（3）取得增值税发票后，在发票开票日期 30 天内，在“发票认证系统”或国税局进行发票信息认证。

（4）通过退税系统完成进货明细申报数据的录入、审核。

（5）通过系统中“数据处理”的“进货出口数量关联检查”和“换汇成本检查”后生成预申报数据。

（6）网上预申报和察看预审反馈。

（7）在申报系统中录入单证备案数据。

（8）预审通过后，进行正式申报，把预申报数据确认到正式申报数据中。

（9）打印出口明细申报表、进货明细申报表、出口退税申报汇总表各 2 份；并生成退税申报软盘，软盘中应该有 12 个文件，并在生成好的退税软盘上写上企业的名称和海关代码。

（10）准备退税申报资料，到退税科正式申报退税（需要在出口日期算起 90 天内进行正式申报）。

（11）税款的退还。税务局得到退税的批复之后，会将数据上传到税网，同时系统自动发送电子邮件。企业看到后，可以到“数据管理”—“退税批复”栏目中查看。

任务二　进口付汇核销流程及单据缮制

学习目标

1. 掌握进口付汇核销流程及单证流转操作
2. 掌握进口付汇核销程序以及进口付汇核销单的内容及缮制要求
3. 能依据背景材料熟练缮制进口付汇核销单

任务情境

2015 年 12 月 16 日，天津德顺贸易公司（单位代码：13438589－8）从日本进口服装后，填制编号为00492425的进口付汇核销单，向省外汇局申请付汇核销，付款银行为中行江苏省分行。此次收汇金额为1728600日元，全部以购汇方式支付，属正常付汇。天津德顺贸易公司在核销时，需要哪些单证？

资料如下：

合同号：EM1023B　进口批件号：20313768 预计到货日期：15/12/12

报关单号：00492425 报关日期：2015年12月15日

工作任务：单证员根据背景资料，完成进口付汇核销。

知识链接

一、进口付汇核销

进口付汇核销是以付汇的金额为标准，核对是否有相应的货物进口到国内或有其他证明抵冲付汇的一种事后管理措施。实施进口付汇制度，主要是为了配合国家的外汇管理政策，通过“电子底账＋联网核查”的方式，防止不法企业伪造报关单或者利用报关单进行重复付汇，通常用于外汇、银行、企业；主要数据有进口报关单、银行核注结案信息等。

二、进口付汇核销流程

1. 取得进出口经营权

从事货物进出口或者技术进出口的对外贸易经营者，应当向国务院对外贸易主管部门或者其委托的机构办理备案登记，办理完进出口权手续后方可正常开展对外贸易活动。

2. 办理电子口岸IC卡

中国电子口岸是由中国海关会同其他各部委共同开发的公众数据中心和数据交换平台，向企业提供利用互联网办理报关、付汇核销、出口退税、进口增值税联网核查、网上支付等实时在线业务，IC卡、读卡器以及Oracle Lite软件是企业登录中国电子口岸网进行相关进出口业务操作必需的工具，企业在从事进出口活动之前需要办理好。

3. 申办“名录”

进口单位应持以下单据正本及复印件到所在地外汇局申请进入“对外付汇进口单位名录”。

（1）对外经济贸易部门赋予企业进口经营权的批件。

（2）工商行政管理部门制发的营业执照。

（3）技术监督部门颁发的企业法人代码证书。

外汇局审核无误后，为进口单位办理“对外付汇进口单位名录”手续。

4. 进口付汇核销备案

企业申请付汇核销备案时，应提供盖有法人章的备案申请函、进口合同（正本）及相应的特定商品登记证明，并根据不同的备案类别提供对应商业单据及有关证明和单证，按照有关要求填写备案表，经所在地外汇管理局审核无误后加盖“进口付汇核销专用章”后备案生效。

5. 办理开证或购付汇手续

在核销备案手续完成后，进口商应及时办理信用证开证或购付汇手续，提交进口付汇核销单、进口付汇备案表、进口合同、发票等一系列所需单据。

6. 核销报审

进口单位应当在有关货物进口报关后一个月内向外汇管理局办理核销报审手续。在办理核销报审时，对已到货的，进口单位应当将正本《进口货物报关单》等核销单证附在相应核销单后，并如实填写《贸易进口付汇到货核销表》；对未到货的，填写《贸易进口付汇未到货核销表》。

三、进口付汇核销单

进口付汇核销单是由国家外汇管理局监制、保管和发放，进口单位和银行填写，银行凭以为进口单位办理贸易进口项下的进口付汇和报核的凭证。根据《国际收支统计申报办法实施细则》，进口核销单既用于贸易项下进口售付汇核销，又用于国际收支申报统计。

1. 进口付汇核销单的内容及缮制

进口付汇核销单的内容及缮制要求如下：

（1）印单局代码。本栏目的填写已印制核销单的六位外汇局代码。

（2）核销单编号。本栏目由各印制核销单的外汇局自行填写。

（3）单位代码。本栏目根据国家技术监督局颁发的组织机构代码填写。

（4）单位名称。本栏目填写进口付汇单位全称。

（5）所在地外汇局名称。本栏填写付汇单位所在地外汇局名称。

（6）付汇银行名称。本栏填写办理进口付汇银行的名称，通常为进口地银行。

（7）收汇人国别。本栏填写该笔对外付款的实际收款人常驻国家，即出口国家。

（8）交易编码。本栏的填写应根据本笔对外付汇交易的性质对应国家外汇管理局国际收支交易编码填写，编码主要有以下内容：

0101	一般贸易	0109	来料加工装配进口的设备
0102	国家间、国际组织无偿援助和赠送的物资	0111	租赁贸易
0103	华侨、港澳台同胞、外籍华人捐赠物资	0112	免税贸易
0104	补偿贸易	0113	出料加工
0105	来料加工装配贸易	0114	易货贸易
0106	进料加工装配贸易	0115	外商投资企业进口供加工内销的料、件
0107	寄售代销贸易	0116	其他
0108	边境小额贸易	0117	预付货款

（9）交易附言。本栏是付款人对该笔对外付款用途的描述，可不填写。

（10）对外付汇币种。本栏应按币种的英文缩写填写，如：USD。

（11）对外付汇总额。本栏填写付款人申请的实际付款总额，应用阿拉伯数字填写。

（12）购汇金额。本栏填写付款人申请的实际付款金额中向银行购买外汇直接对外支付的金额，应用阿拉伯数字填写。

（13）现汇金额。本栏填写付款人申请的实际付款金额中，直接从外汇账户中支付的金额，应用阿拉伯数字填写。

（14）其他方式金额。填写付款人除购汇和现汇以外对外支付的金额，包括跨境人民币交易以及记账交易项下交易的金额，应用阿拉伯数字填写。

（15）人民币账号。如所付款项是从银行购得的外汇，则在此栏填写进口单位用于购汇的人民币账户的账号。

（16）外汇账号。如所付款项是从现汇账户中支出，则在此栏填写现汇账户的账号。

（17）付汇性质。本栏应选择适当的付汇性质打“√”，需要注意的是，除“正常付汇”之外的各付汇性质在标注“√”时，均须对应填写备案表编码。通常备案表编码位于该栏目下方。

（18）结算方式。本栏应选择适当的结算方式打“√”，需要注意的是，若结算方式为“货到付汇”时，应同时填写对应“报关单号”“报关单币种”“报关日期”“金额”。

（19）申报号码。申报号码共 22 位，第一至第六位为地区标识码、第七至第十位为银行标识码、第十一和第十二位为金融机构顺序号、第十三至第十八位为该笔贸易进口付汇的付汇日期或该笔对外付汇的申报日期，最后四位为银行营业部门的当日业务流水码。本栏由银行填写。

（20）其他各栏。均应按栏目提示对应填写。

2. 进口付汇核销单样式

印单局代码：　　　　　　　　　　　　　　　　　　核销单编号：

单位代码	单位名称	所在地外汇局名称
付汇银行名称	收汇人国别	交易编码
收款人是否在保税区： □ 是　　□ 否	交易附言	

对外付汇币种　　对外付汇金额

其中：购汇金额　　现汇金额　　其他方式金额

人民币账号　　外汇账号

付　汇　性　质

□ 正常付汇

□ 不在名录　　□ 90 天以上信用证　　□ 90 天以上托收　　□ 异地付汇

□ 90 天以上到货　　□ 转口贸易　　□ 境外工程使用物资　　□ 真实性审查

备案表编号

图 11－2　贸易进出付汇核销单（代申报单）

<table>
<tr><td>预计到货日期　／　／</td><td colspan="2">进口批件号</td><td>合同/发票号</td></tr>
<tr><td colspan="4">结　算　方　式</td></tr>
<tr><td colspan="4">信用证　90 天以内□　90 天以上□　承兑日期　／　／　付汇日期　／　／　期限　天</td></tr>
<tr><td colspan="4">托收　90 天以内□　90 天以上□　承兑日期　／　／　付汇日期　／　／　期限　天</td></tr>
<tr><td rowspan="2">汇
款</td><td colspan="3">预付货款□　货到付汇（凭报关单付汇）□　付汇日期　／　／</td></tr>
<tr><td colspan="3">报关单号　报关日期　／　／　报关单币种　金额
报关单号　报关日期　／　／　报关单币种　金额
报关单号　报关日期　／　／　报关单币种　金额
（若报关单填写不完，可另附纸）</td></tr>
<tr><td colspan="4">其他□　付汇日期　／　／</td></tr>
<tr><td colspan="4">以下由付汇银行填写
申报号码：
业务编号：　审核日期：　／　／　（付汇银行签章）</td></tr>
</table>

图 11－2　贸易进出付汇核销单（代申报单）（续）

能力训练

一、选择题

1. 出口退税行政处罚的类型包括（　　）。

A. 罚款　　B. 没收非法所得

C. 取消进出口经营权　　D. 停止出口退税权

2. 出口货物退税（免税）凭证、资料应当保存（　　），但是，法律、法规另有规定除外。

A. 3 年　　B. 5 年　　C. 10 年　　D. 15 年

3. 某公司自营出口一货物，下列哪种证明不能由其主管国税机关出具（　　）。

A. 《补办出口货物报关证明》　　B. 《补办货物核销单证明》

C. 《出口货物退运已办结税务证明》　　D. 《补办代理出口货物证明》

4. 某公司发生下列哪种情形，税务机关不需要及时结清出口退税（　　）。

A. 变更银行账号　　B. 公司破产

C. 公司解散　　D. 停止一定期限的出口退税权

5. 某外贸公司在因破产而进行注销税务登记前应当先办理下列哪种证照的注销（　　）。

A. 工商营业执照　　B. 进出口资格证　　C. 机构代码证　　D. 退税认定

6. 对通过海关监管仓出口的货物，可凭海关签发的（　　）及其他规定的凭证，按现规定办理出口货物退（免）税。

A. 出口备案清单　　B. 出口货物报送单（出口退税专用）

C. 进口货物备案清单　　D. 外汇核销单

7. 援外企业必须在批准使用援外优惠货款（基金）之日起（　　）内办理退税登记手续。

A. 30 日　　B. 15 日　　C. 60 日　　D. 一个月

8. 审查进口单位的进口到货报审和未到货报审，并在（　　）个工作日内将报审表录入计算机。

A. 1　　B. 3　　C. 5　　D. 10

9. 企业在办理下列付汇或开立信用证业务时，无须办理备案手续（　　）。

A. 开立即期信用证

B. 信用证开立日期距最迟装运日期超过 90 天（不含 90 天）

C. 办理 90 天以上（不含 90 天）承兑交单的承兑业务

D. 提单签发日期距付汇日期超过 90 天（不含 90 天）的付汇交单业务

10. 实施进口付汇制度，主要是为了配合国家的外汇管理政策，通过（　　）方式，防止不法企业伪造报关单或者利用报关单进行重复收汇，常用于外汇、银行以及企业。

A. 纸质底账　　B. 电子底账

C. 联网核查　　D. 电子底账以及联网核查

二、判断题

1. 出口退税的主要目的是增强企业国际市场竞争能力。（　　）

2. 所有的企业出口的货物均享受出口退税。（　　）

3. 出口收汇是指企业在货物出口后在一定期限内向当地外汇管理部门办理收汇核销，证实该笔货款已经收回并按规定使用。（　　）

4. 进口付汇核销要以汇付的金额为标准。（　　）

5. 进口付汇核销流程首先是取得进出口的经营权。（　　）

三、制单操作题

根据资料缮制进口付汇核销单。

2015 年 12 月 16 日，天津德顺贸易公司（单位代码：13438589 – 8）从日本进口服装后，填制编号为 00492425 的进口付汇核销单，向省外汇局申请付汇核销，付款银行为中行江苏省分行。此次收汇金额为 1728600 日元，全部以购汇方式支付，属正常付汇。

资料如下：

合同号：EM1023B　　进口批件号：20313768　　预计到货日期：15/12/12

报关单号：00492425　　报关日期：2015 年 12 月 15 日

单位代码	单位名称	所在地外汇局名称
付汇银行名称	收汇人国别	交易编码
收款人是否在保税区： 是 □　　否 □	交易附言	

对外付汇币种　　　　对外付汇金额
其中：购汇金额　　　　现汇金额　　　　其他方式金额
人民币账号　　　　外汇账号

付　汇　性　质

正常付汇 □
不在名录 □　　90 天以上信用证 □　　90 天以上托收 □　　异地付汇 □
90 天以上到货 □　　转口贸易 □　　境外工程使用物资 □　　真实性审查 □
备案表编号

预计到货日期　/　/	进口批件号	合同/发票号

结　算　方　式

信用证　90 天以内 □　90 天以上 □　承兑日期　/　/　付汇日期　/　/　期限　天

托收　90 天以内 □　90 天以上 □　承兑日期　/　/　付汇日期　/　/　期限　天

汇款
预付货款 □　　货到付汇（凭报关单付汇）□　　付汇日期　/　/
报关单号　　报关日期　/　/　　报关单币种　　金额
报关单号　　报关日期　/　/　　报关单币种　　金额
报关单号　　报关日期　/　/　　报关单币种　　金额
（若报关单填写不完，可另附纸）

其他 □　　付汇日期　/　/

以下由付汇银行填写

申报号码：
业务编号：　　审核日期：　/　/　　（付汇银行签章）

项目十二　汇付与托收

任务一　汇付

学习目标

1. 掌握汇付的种类及其业务程序
2. 掌握电汇单据的缮制
3. 掌握电汇的实际应用

任务情境

上海银川公司与日本大兴公司签订了一份购货合同，合同规定用电汇支付货款，单证员李霞凭合同书与有关证明材料向中国光大银行上海分行申领并填写《贸易进口付汇核销单》（代申报单）。

工作任务：单证员根据相关资料办理进口付汇业务。

知识链接

一、汇付的含义

汇付（remittance），又称汇款，指订立商务合同后，进口人（汇款人）通过银行向出口人（收款人）汇寄款项的做法。

二、汇付的当事人

汇付方式主要涉及四个基本当事人，即汇款人、汇出行、收款人和汇入行。

（1）汇款人（Remitter），即付款人，在国际贸易结算中通常是进口人、买卖合同的买方或其他经贸往来中的债务人。

（2）收款人（Payee），通常是出口人、买卖合同中的卖方或其他经贸往来中的债权人。

（3）汇出行（Remitting Bank），是接受汇款人的委托或申请，汇出款项的银行，通常是进口人所在地的银行。

（4）汇入行（Receiving Bank），又称解付行（Paying Bank），是接受汇出行的委托解付款项的银行，汇入行通常是汇出行在收款人所在地的代理行。

三、汇付的种类及其业务程序

汇付方式下，汇款人委托汇出行办理汇款时，通常先开具汇款申请书，写明收款人的名称、地址、汇款金额、汇款方式等内容。汇出行接受委托以后，即有义务按照申请书的指示，通知汇入行将款项解付给收款人。

汇付有电汇、信汇和票汇三种方式。从具体流程和应用上看，每一种方式各有其特点。

1. 电汇（Telegraphic Transfer，T/T）

电汇业务中，汇款人将应汇出款项交汇出行，并填写汇款申请书。汇出行根据汇款申请，拍发加押电报、电传或SWIFT给另一国的代理行或分行（汇入行），通知汇入行付款。汇入行核对密押以证实该电文确为汇出行所发，并缮制电汇通知书，通知收款人取款，收款人在收取款项后出具收据作为收妥汇款的凭证。汇入行解付汇款后，将付讫借记通知书寄给汇出行进行转账，一笔汇款业务得以完成。电汇费用较高，但交款迅速，在对外贸易业务中广泛使用。

2. 信汇（Mail Transfer，M/T）

信汇是以航空信函向汇入行发出付款委托的一种汇款形式。信汇具有费用低廉的优点，但收款时间长，因而在业务中较少使用。随着SWIFT的广泛应用，信汇、电传（电报）汇款方式将逐渐被其取代。

汇款人向汇出行提出申请，并交款付费给汇出行，取得信汇回执。汇出行把信汇委托书邮寄汇入行，委托汇入行解付汇款，汇入行凭以通知收款人取款。收款人取款时须在“收款人收据”上签字或盖章，交给汇入行，汇入行凭以解付汇款，同时将付讫借记通知书寄给汇出行，从而使双方的债权债务得到清算。

电汇和信汇业务流程如图12－1所示。

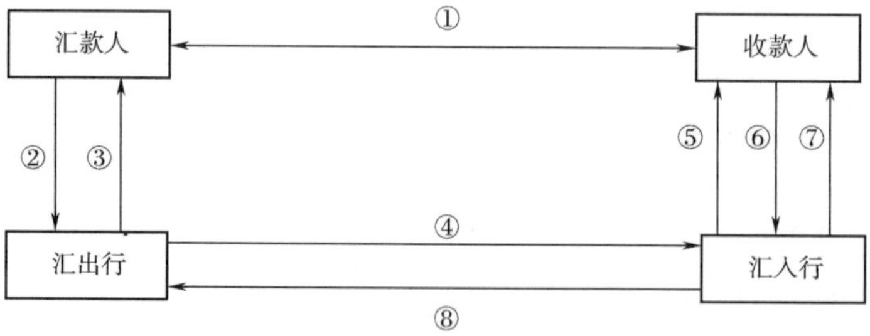

图12－1　电汇和信汇业务流程

步骤详情：

（1）汇款人和收款人约定采用电汇/信汇方式汇款；

（2）汇款人向当地银行提交电汇/信汇申请书并交款付费；

（3）汇出行向汇款人签发回单；

（4）汇出行向汇入行发出电汇/信汇委托书；

（5）汇入行向收款人发取款通知书；

（6）收款人凭取款通知书到汇入行取款；

（7）汇入行向收款人付款；

（8）汇入行向汇出行发出付讫通知。

3. 票汇（Remittance by Bank's Demand Draft，D/D）

票汇业务中，汇款人填写票汇申请书，将款项和手续费交给汇出行，汇出行依要求开立银行汇票（或银行本票）后将票据交汇款人，由其自行或通过邮局将票据交给收款人。同时，汇出行将票汇通知书寄给汇入行，待收款人（或持票人）凭票据到汇入行取款时，汇入行经核对无误后，即解付票款并通知汇出行。

在票汇实务中，汇款人可申请银行出具汇票或本票，也可自行出具支票或商业本票。如票据上指定的付款行不在收款人所在地，收款人须将收到的票据交给一家当地银行，委托该银行代为收款。

具体的业务流程如图 12－2 所示。

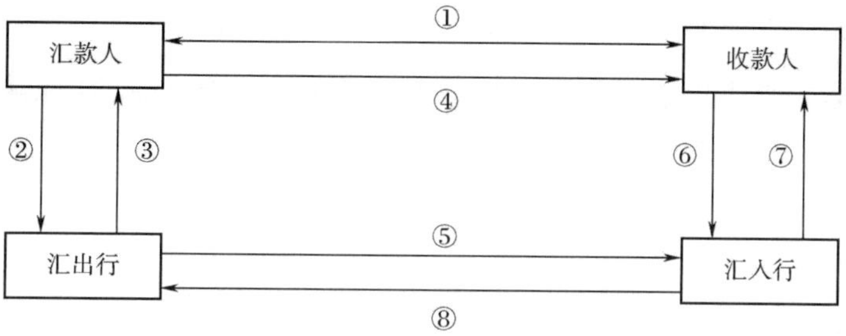

图 12－2　票汇业务流程

步骤详情：

（1）汇款人和收款人约定采用票汇方式汇款；

（2）汇款人向当地银行提交票汇申请书并交款付费；

（3）汇出行向汇款人签发银行汇票；

（4）汇款人将银行汇票转交收款人；

（5）汇出行签发票汇通知书给指定的汇入行；

（6）收款人凭银行汇票到汇入行取款；

（7）汇入行向收款人付款；

（8）汇入行向汇出行发出付讫通知。

无论采用电汇、信汇还是票汇，所使用的结算工具（汇款委托书或票汇通知书）的传送方向与资金的流动方向相同，均属顺汇。但三种汇款方式也有不同之处，如在汇款速度上，电汇最快，最受收款人欢迎；从操作手续上看，票汇相对简单，最受银行欢迎；而信汇因在速度上较慢，手续多，因而目前已极少使用。

四、汇付的特点

汇付方式用于国际贸易结算中，具有以下几个特点。

1. 商业信用

银行仅凭汇款人的指示转移相关款项，不负责传递单据，更不承担任何付款或担保责任。预付货款项下，出口人是否及时交货、所交货物是否符合合同的约定；进口人是否全额、及时付款，全凭买卖双方的商业信用，因此存在商业风险。因此，在采用该付款方式之前，应该事先调查对方资信情况。

2. 资金负担不平衡

预付项下，卖方可利用预付款备货、装货，减轻自行垫付资金的负担。货到付款项下，进口人可收货后甚至可在出售货物后支付货款。

3. 手续简便、费用低廉

汇付方式因方便快捷而受到相互信任的贸易方或跨国公司内部母、子公司之间交易者的青睐。此外，在支付小额交易的货款、订金及一些贸易从属费用时也常常使用该付款方式。

五、电汇单据的缮制

（1）任务情景中李霞申请《贸易进口付汇核销单》需要准备的单据如下：

①《中国光大银行上海分行汇出汇款申请书》；

②《中国光大银行上海分行购买外汇申请书》；

③《贸易进口付汇核销单》（代申报单）；

④货物进口合同；

⑤海关报关单（预付货款时不需提供）；

⑥银行要求的其他资料。

（2）《贸易进口付汇核销单》的填写。

本书项目十一对此单据的填写已详细讲解，本章不再赘述。

实训操作：请学生根据所提供的单据信息，完成进口付汇核销单的填写。

上海银川公司单证员李霞填写进口付汇核销单（代申报单），向中国光大银行上海分行做预付款前的网上申报。补充资料：单位代码 00001123 - 8，人民币账号：10473968571289，外汇账号：62212801077635。

DAXING TRADE CO., LTD

300 - 310 SKURAMAJI OSAKA JAPAN

SALES COMFIRMATION

TEL：(021) 71273608　　S/C NO：DXY090712

FAX：(021) 71273609　　DATE：2015 - 05 - 03

TO Messrs：YINCHUAN TOY IMPORT & EXPORT TRADE CORPORATION

210 NANJING ROAD SHANGHAI CHINA

Dear sirs,

We hereby confirm having sold to you the following goods on terms and conditions as specified below:

图 12 - 3　销售确认书

SHIPPING MARKS	NAME OF COMMODITY AND SPECIFICATIONS, PACKING	QUANTITY	UNIT PRICE	TOTAL AMOUNT
D. X. Y DXY090712 OSAKA C/NO. 1 – 60	PLUSH TOY ART NO. 88 ART NO. 44 PACKED IN ONE CARTON OF 100PCS EACH	2000PCS 2000PCS TOTAL： 4000PCS	USD0. 22 USD0. 22 CFR OSAKA	USD440. 00 USD440. 00 TOTAL： USD880. 00

LOADING PORT：OSAKA PORT
DESTINATION：BEILUN PORT
TIME OF SHIPMENT：LATEST DATE OF SHIPMENT JUN. 31，2015
PARTIAL SHIPMENT：PROHIBITED
TRANSSHIPMENT：PROHIBITED
INSURANCE：BY THE BUYER
TERMS OF PAYMENT：T/T IN ADVANCE

THE BUYER：李霞　　　　THE SELLERS：HEDE

（盖章）　　　　（盖章）

图 12 –3　销售确认书（续）

<table>
<tr><td>单位代码</td><td>单位名称</td><td>所在地外汇局名称</td></tr>
<tr><td>付汇银行名称</td><td>收汇人国别</td><td>交易编码</td></tr>
<tr><td>收款人是否在保税区：
□ 是　　□ 否</td><td>交易附言</td><td></td></tr>
<tr><td colspan="3">对外付汇币种　　对外付汇金额
其中：购汇金额　　现汇金额　　其他方式金额
人民币账号　　外汇账号</td></tr>
<tr><td colspan="3">付　汇　性　质
□ 正常付汇
□ 不在名录　□ 90 天以上信用证　□ 90 天以上托收　□ 异地付汇
□ 90 天以上到货　□ 转口贸易　□ 境外工程使用物资　□ 真实性审查
备案表编号</td></tr>
</table>

图 12 –4　进口付汇核销单（代申报单）

预计到货日期　/　/		进口批件号			合同/发票号		
结　算　方　式							
信用证	90 天以内□	90 天以上□	承兑日期　/　/		付汇日期　/　/		期限　天
托收	90 天以内□	90 天以上□	承兑日期　/　/		付汇日期　/　/		期限　天
汇款	预付货款□	货到付汇（凭报关单付汇）□			付汇日期　/　/		
	报关单号 报关单号 报关单号 （若报关单填写不完，可另附纸）	报关日期　/　/ 报关日期　/　/ 报关日期　/　/		报关单币种 报关单币种 报关单币种	金额 金额 金额		
其他□		付汇日期　/　/					
以下由付汇银行填写 申报号码： 业务编号：　　审核日期：　/　/　　（付汇银行签章）							

图 12－4　进口付汇核销单（代申报单）（续）

（3）填写购买外汇申请书。

①进口付汇核销单号：填写付汇核销单的编号。

②银行编号：售汇银行编号。

③用汇金额：合同金额。

④根据以下规定填写：如所付款项是从现汇账户中支出，则在“外汇账号”栏填写该现汇账户的账号；如所付款项是从银行购得的外汇，则在“人民币账号”栏填写其用于购汇的人民币账户的账号。

⑤用汇单位（人）：购买外汇的企业。

⑥购汇请凭以下有效文件：在需要的文件前面括号里打“√”。

⑦折合美元：按照购买日汇率折算的美元金额。

任务二　托收

学习目标

1. 掌握托收的当事人及业务流程
2. 掌握托收的种类、特点及应用注意事项

任务情境

上海银川公司与日本大兴公司签订了一份购货合同，原先合同规定用电汇支付货款，

现买卖双方欲以托收作为支付方式。

工作任务：单证员根据相关资料完成托收业务。

知识链接

一、托收的含义和性质

1. 托收含义

《托收统一规则》（国际商会第 522 号出版物）第 2 条规定：托收意指银行根据所收到的指示处理金融单据或商业单据，以便取得付款或承兑，或者凭付款或承兑交付单据，或者按其他条款和条件交单。根据该定义，托收是银行根据债权人的指示向债务人取得付款或承兑，或者在取得付款或承兑（或其他条件）时交付单据的付款方式。

2. 托收的性质和作用

银行在托收业务中只提供服务，不提供信用，货款能否收回取决于进口商的信誉。因此，托收属于商业信用。而且，由于货物已先期运出，一旦遭拒付，对出口人来说，存在极大的风险。托收项下出口人向进口人提供信用和资金融通，可以达到吸引客户、调动其经营积极性、扩大出口及提高产品竞争力的目的。

二、托收的当事人

托收主要涉及四个当事人，即委托人、付款人、托收行和代收行。

委托人（consignor），是委托银行办理托收业务的一方，在国际贸易实务中，出口人开具汇票，委托银行向国外进口人（债务人）收款。

付款人（payer，drawee），是银行根据托收指示书的指示提示单据的对象。托收业务中的付款人，即商务合同中的买方或债务人。

托收行（remitting bank），又称寄单行，指受委托人的委托办理托收的银行，通常为出口人所在地的银行。

代收行（collecting bank），是指接受托收行委托，向付款人收款的银行，通常是托收行在付款人所在地的联行或代理行。

三、托收的方式

根据《托收统一规则》，委托人通过银行向付款人提示要求其付款的单据可以分为两大类：第一类是金融单据，指汇票、本票、支票或其他用于取得付款的类似凭证；第二类是商业单据，指发票、运输单据、物权单据或其他类似单据，或者一切不属于金融单据的其他单据。在此基础之上，国际商会按照托收是否随附单据，又可以分为光票托收和跟单托收两种。

1. 光票托收

光票托收是指出口商只开立汇票，不随附货运单据的托收，主要用于小额样品、货款尾数及其他费用的收付。

2. 跟单托收

跟单托收是指出口商将汇票连同货运单据一起交给银行委托其代收货款。根据付款交单的条件不同，可分为付款交单和承兑交单。

（1）付款交单（Documents against Payment，D/P）：出口人的交单以进口人的付款为条件。付款交单按照支付时间不同可分为即期付款交单和远期付款交单两种。

即期付款交单（D/P at sight）：进口人见票时立即付款，才能换取货运单据并凭以提货。

远期付款交单（D/P after sight）：进口人见票时在远期汇票上承兑，待汇票到期时，买方付款换取货运单据。

（2）承兑交单（Documents against Acceptance，D/A）：出口人的交单以进口人的承兑为条件，即进口人承兑汇票后可换取货运单据，待汇票到期时再付款。

四、托收业务流程

1. 托收业务步骤

（1）买卖双方在国际货物买卖合同中明确规定以托收方式支付货款。

（2）卖方按合同规定备货、装运，然后制作汇票，备妥有关单据。

（3）卖方填写托收申请书，连同货运单据、汇票等送交托收行，委托其向买方收款。

（4）托收行审查托收申请书及所附单据，以确定申请书内容是否明确，项目是否齐全，单据的种类和份数是否与申请书所列的相符。审核无误后，托收行出具回单给卖方，作为托收行接受委托的凭证及收妥托收单据的收据。

（5）托收行选择卖方应买方请求而提名的银行作为代收行。如卖方未提名，托收行可视具体情况选择付款人所在国的银行作为代收行。

（6）托收行根据托收申请书填制托收委托书，然后将托收委托书连同卖方递交的汇票和所附单据一次或分次寄往代收行请其代为收款。

（7）代收行核对单据无误、审查托收委托书并愿意接受后，发回单给托收行，作为代收行接受委托的凭证。

（8）代收行填制代收通知书，通知买方并向其提示票据或单据，要求其验单付款或承兑。

（9）买方接到通知后到银行审核单据。如单据不符合同规定，买方可表示拒付，并说明拒付的理由，列明单据不符点，以便代收行及时通过托收行转告委托人，等待委托人做出进一步的指示；如单据合格，则买方应向代收行付款或承兑，代收行依托收委托书的指示将单据交给买方。

（10）代收行收款后，按托收委托书的指示将相关款项划拨托收行账户，并通知托收行款已收妥。

（11）托收行收款后，按托收申请书的指示贷记卖方账户，并通知对方。

（12）买方提货后，如发现货物不符，可凭有关单据向相关责任方索赔，若归咎于承运人的失误，可凭运输单据向承运人索赔；若属保险公司的承保责任，可凭保险单向保险公司索赔；若系包装不良，卖方难辞其责，可凭到货检验证书和买卖合同向卖方索赔。

2. 托收业务流程（图 12－5）

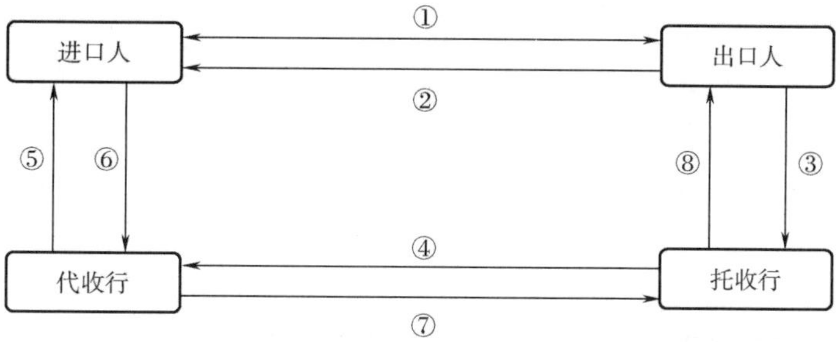

图 12－5　托收业务流程

步骤说明：

（1）进出口双方订立国际货物买卖合同，约定以托收方式结算；

（2）出口人发货、制单；

（3）出口人填写托收申请书，向托收行提出托收申请，托收行审查托收申请书及托收单据；

（4）托收行选定代收行后，填写托收委托书，委托代收行代为收款；

（5）代收行审查托收委托书及有关单据，决定是否接受委托；接受委托后通知进口人并向其提示有关单据；

（6）进口人验单、付款/承兑和领取单据；

（7）代收行通知托收行款已收妥，并将款项划拨托收行账户；

（8）托收行将款项交给出口人。

能力训练

一、选择题

1. 汇付支付方式下，制作单据的主要依据是（　　）。

A. 信用证　　B. 发票　　C. 合同　　D. 提单

2. 以下关于汇付表述正确的是（　　）。

A. 汇款人通过银行将款项交付给收款人的方式

B. 属于银行信用

C. 一种保证收款人收到款项的方式

D. 一种逆汇方式

3. 英文缩写为 D/D 的是（　　）。

A. 信汇　　B. 电汇　　C. 票汇　　D. 汇票

4. 属于汇付活动当事人的是（　　）。

A. 委托人　　B. 汇出行　　C. 解付行　　D. 索偿行

5. 通过汇出行开立的银行汇票的转移实现货款支付的汇付方式是（　　）。

A. 电汇　　B. 信汇　　C. 票汇　　D. 银行转账

6. 接受汇出行的委托将款项解付给收款人的银行是（　　）。

A. 托收银行　　B. 汇入行　　C. 代收行　　D. 转递行

7. 在汇付方式中，能为收款人提供融资便利的方式是（　　）。

A. 信汇　　B. 票汇　　C. 电汇　　D. 远期汇款

8. 英文缩写为 T/T 的是（　　）。

A. 信汇　　B. 电汇　　C. 票汇　　D. 汇票

9. 下列不适于汇付的特点是（　　）。

A. 商业信用　　B. 资金负担不平衡

C. 手续简单且费用低廉　　D. 银行信用

10. 对外贸易业务中广泛使用的汇付种类是（　　）。

A. 电汇　　B. 信用证　　C. 票汇　　D. 信汇

二、判断题

1. 票汇是汇付的一种方式，属于商业信用，故使用商业汇票。（　　）
2. 信汇、电汇和托收业务中的结算工具与资金流向相同，故均属于顺汇。（　　）
3. 汇付支付方式中，付款速度最快的是电汇。（　　）
4. 最受银行欢迎的汇付方式是信汇。（　　）
5. 汇付按照支付时间的不同，可以分为电汇、信汇和票汇三种形式。（　　）

三、制单操作题

请根据以下信息完成购汇申请书的填写。

上海银川公司的李霞申领到了《贸易进口付汇核销单》后，根据贸易项下汇款所需的单据清单，填写《光大银行上海分行购买外汇申请书》，向光大银行上海分行购汇以支付货款。相关资料：李霞电话号码：（021）71273608；美元兑人民币汇率 1∶6.97；外币资金划入银行名称：日本京都银行名古屋分行，外币资金划入银行账号：867872366490。

中国光大银行买入外汇申请书

2015 年 5 月 14 日　编号：

<table>
<tr><td>单位名称</td><td colspan="3"></td></tr>
<tr><td>单位地址</td><td></td><td>联系人及电话</td><td></td></tr>
<tr><td colspan="2">本单位申请按市价买入外汇，金额为（大写）</td><td>小　写</td><td></td></tr>
<tr><td>折人民币金额</td><td></td><td>人民币资金划扣账号</td><td></td></tr>
<tr><td>外币资金划入银行名称</td><td></td><td>外币资金划入银行账号</td><td></td></tr>
<tr><td>收款单位名称</td><td colspan="3"></td></tr>
</table>

购汇用途及商业单据名称	用途：贸易进口付汇 商业单据：进口合同、进口付汇核销单、形式发票
银行审批意见 经手人（签字） 审批单位（印章） 年　月　日	我单位同意本业务按照国家外汇管理局规定执行，如果我单位违反规定，将对此给贵行造成的一切经济损失负赔偿责任。我单位保证所提供的有关资料，证明文件真实、完整、有效。由于本单位错误填写申请书或因其他原因，而造成不能购汇延误的，损失由我单位自行承担。 申请单位印签 年　月　日

项目十三 其他常见单据

任务一 船舶相关证明

学习目标

1. 掌握船舶相关证明单据的含义及作用
2. 掌握相关单据的填制要求

任务情境

昆山飞扬食品进出口公司李莉女士与德国天空海外贸易公司 MARS 先生就出口葡萄罐头一批达成协议并签订合同，2016 年 11 月 28 日货物全部装船完毕并出运，李莉开始办理制单结汇工作，其中信用证规定提供英国劳合社船级证明。

工作任务：单证员根据信用证及相关资料完成船舶的相关证明。

知识链接

船舶证明文件（Certificate of Container Vessel），进口商或银行在合同/信用证中规定货物须装集装箱船并出具相应证明的，可由受益人自行制作并加盖有关签发人的图章，也可在运输单据上加以注明。船舶证明一般包括船龄证明、船级证明和船籍证明。

一、船龄证明

有些国家/地区来证规定装载货物的船舶的船龄不得超过 15 年，受益人必须要求船代或船公司出具载货船只的船龄证明书（Certificate to evidence the ship is not over 15 years old 或 is under 15 years of age），这样的要求主要目的在于禁止使用老龄船，保护货物运输安全。

二、船籍证明

船籍证明（Certificate of Registry ），一般用于证明船舶所属国籍。

三、船级证明

船级证明（Confirmation of Class），有的信用证规定提供英国劳合社船级证明，如 “Class certificate certifying that the shipment is made by a seaworthy vessel which are classified

100 A1 issued by Lloyds or equivalent classification society"，劳合社的船级符号为 LR，标志 100A1，100A 表示该船的船体和机器设备是根据劳氏规范和规定建造的，1 表示船舶的装备如船锚、锚链和绳索等处于良好和有效的状态，对这样的要求我们通常应予以满足。国际上著名的船级社有英国劳合社、德国船级社（GL）、挪威船级社（DNV）、法国船级社（BV）、日本海事协会（NK）、美国船级社（ABS）等。

示范操作

Cosco company Export Chinese CANNED GRAPES Vessel
Address：××× ROAD Email：Cosco. com

Vessel Name & Voyage No. ：
VICTORY Vessel VH－0634
B/L No：
DR－0954
Date：
20161128

CERTIFICATE

WE CERTIFY THAT：

1. THE AGE OF VESSEL FOR EXPORTINGCANNED GRAPES（Vessel Name & Voyage No. ：VICTORY Vessel VH－0634）IS NOT OVER 15 YEARS OLD .
2. THE VESSEL（Vessel Name & Voyage No. ：VICTORY VesselVH－0634）ARE ALLOWED TO ENTER INTO THE PORTS OF CANNED GRAPES IMPORTER's COUNTRY.

Cosco company Export Chinese CANNED GRAPES Vessel
AS CARRIER
（Stamp and/or Signature）

（Note：this is a template of shipping certificate for international trade）

图 13－1　船公司证明模板

任务二　空运、公路与铁路运输单据

学习目标

1. 掌握各种运输方式下的主要单据
2. 掌握各类单据的填制注意事项

任务情境

上海银川公司与日本大兴公司签订了一份售货合同，合同规定运输方式为航空运输，并且合同采用 CIP 贸易术语，上海银川公司应该准备哪些运输单据，单据包含哪些内容，以及填制这些单据应该注意哪些事项？

工作任务：单证员根据情境材料，填制单据，办妥航空运输相关事宜。

知识链接

一、航空运单

航空运单（air waybill，AWB）是航空运输公司及其代理人（即承运人）签发给托运人表示已收妥货物并接受托运的货物收据。航空运单也是承运人与托运人之间签订的运输契约，不仅应有承运人或其代理人签字，还必须有托运人签字。航空运单还可以作为核收运费的依据和海关查验放行的基本依据。但是它不同于提单，不能凭以提取货物，也不能背书转让，必须做成记名抬头。

（一）航空运输承运人

由于航空运输的承运人有两类：航空运输公司和航空货运代理公司，因此航空运单主要分为两类：一是由航空运输公司签发的航空运单，又叫主运单（MAWB，master air waybill），如我国中国民航签发的空运单；另一种是航空货运代理公司签发的航空运单。两类运单的内容基本相同，法律效力相当，对于托运人或发货人而言，只是承担货物运输责任的当事人不同。

（二）航空运单及其填制要点

航空运单正本一式三份，分三种不同颜色：蓝色的交托运人，绿色的承运人保存，粉红色的随货同行，在目的地交收货人。副本至少六份，有需要还可增加份数，分别发给代理人、目的港、第一、第二、第三承运人和用作提货收据。副本除提货收据为黄色，其余均为白色。

参考样单如图 13－2 所示。

航空运单与海运提单类似，也有正面、背面条款之分，不同的是航空公司也会有自己独特的航空运单格式。但航空公司所使用的航空运单大多借鉴 IATA 所推荐的格式，差别不大，在此介绍一下主要栏目的内容及填写规则。

（1）Shipper's Name and Address，托运人姓名和地址：填写托运人的全名，地址填写国家名称、城市、街道的名称、门牌号码、邮政编码和电话号码。收货人的姓名要与其有效身份证件相符，地址要详细，邮政编码和电话号码要清楚准确。

（2）Shipper's Account Number，托运人账号：根据承运人的需要，填写托运人账号。

（3）Consignee's Name and Address，收货人姓名及地址：填写收货人的全名，地址填写国家名称、城市、街道的名称、门牌号码、邮政编码和电话号码。收货人的姓名要与其有效身份证件相符，地址要详细，邮政编码和电话号码要清楚准确。因货运单不能转让，此栏内不可填写“TO ORDER”字样。

（4）Consignee's Account Number，收货人账号：根据承运人的需要，填写收货人账号。

航空货运单

999 | |　　　　　　　　　　　　　　　　　　　　999—

Shipper's Name and Address	Shipper's Account Number	NOT NEGOTIABLE 中国民航 CAAC AIR WAYBILL AIR CONSIGNMENT NOTE ISSUED BY: THE CIVIL AVIATION ADMINIASTRATION OF CHINA BEIJING CHINA
		Copies 1, 2 and 3 of this Air Waybill are originals and have the same validity.
Consignee's Name and Address	Consignee's Account Number	It is agreed that the goods described herein are accepted in apparent good order and condition (except as noted) for carriage SUBJECT TO THE CONDITIONS OF CONTRACT ON THE REVERSE HEREOF. THE SHIPPER'S ATTENTION IS DRAWN TO THE NOTICE CONCERNINC CARRIER'S LIMITATION OF LIABILITY. Shipper may increase such limitation of liability by declaring a higher value for carriage and paying a supplemental charge if required. ISSUING CARRIER MAINTAINS CARGO ACCIDENT LIABILITY INSURANCE
Issuing Carrier's Agent Name and City		Accounting Information
Agent's IATA Code	Account No.	
Airport of Departure (Addr. of First Carrier) and Requested Routing		

to	By First Carrier	Routing and Destination	to	by	to	by	Currency	CHGS Code	WT/NAL PPD	WT/NAL COLL	Other PPD	Other COLL	Declared Value for Carriage	Declared Value for Customs

Airport Destination	Flight/Date	For Carrier Use only	Flight/Date	Amount of Insurance	INSURANCE if carrier offers insurance, and such insurance is requested in accordance with conditions on reverse here of, indicate amount to be insured in figure in box marked amount of insurance.

Handling Information

(for USA only) Those commodities licensed by U.S. for ultimate destination...Diversion contray to U.S. law is prohibited.

No. of Pieces RCP	Gross Weight	Kg Lb	Rate Class Commodity Item No.	Chargeable Weight	Rate Charge	Total	Nature and Quantity of Goods (incl. Dimensions or Volume)

Prepaid	Weight Charge	Collect	Other Charges
	Valuation Charge		AWA: 50
	Tax		
	Total Other Charges Due Agent		Shipper certifies that the particulars on the face hereof are correct and that insofar as any part of the consignment contains dangerous goods, such part is properly described by name and is in proper condition for carriage by air according to the applicable Dangerous Goods Regulations.
50			
	Total Other Charges Due Carrier		…………………… Signature of Shipper or his Agent
Total Prepaid		Total Collect	
Currency Conversion Rates		CC Charges in Dest. Currency	…………………… Executed on (date)　at (place)　Signature of Issuing carrier or its Agent
For Carrier's use only at Destination		Charges at Destination	Total Collect Charges　　999—

图 13－2　航空货运单

（5）Issuing Carrier's Agent Name and City，代理人名称和城市：填写制单代理人的名称及其所在的城市，应清楚、详细。

（6）Agent's IATA Code，代理人的 IATA 代号：在 NON - CASS 系统区，必须填写 IATA 七位数字的代号；在 CASS 系统区，还应填写三位数字的地址代码及检查号。

（7）Account No.，代理人账号：根据承运人的需要，填写代理人账号。

（8）Airport of Departure，始发站机场：填写货物始发站的机场的名称，应填写英文全称，不得简写或使用代码。

（9）Account Information，结算注意事项：填写与结算有关的注意事项。

a. 以现金或者支票支付货物运费，应予注明。

b. 以旅费证支付货物运费，仅限于作为货物运输的行李，填写旅费证的号码及应支付的金额，填写"客票及行李票"号码、航班、日期等。

c. 以政府提单支付货物运费，填写政府提单的号码。

d. 因无法交付而退回始发站的货物，在新的货运单的此栏内填写原货单号码。

To，至：填写目的站或者第一中转站机场的 IATA 三字代码。

By First Carrier，第一承运人：填写第一承运人的全称或者 IATA 两字代码。

To，至：填写目的站或者第二中转站机场的 IATA 三字代码。

By，填写第二承运人的全称或者 IATA 两字代码。

To，至：填写目的站或者第三中转站机场的 IATA 三字代码。

By，填写第三承运人的全称或者 IATA 两字代码。

（10）Currency，币种：填写始发站所在国家的货币的三字代码（由国际标准化组织，即 ISO 规定）。除（33A）至（33D）栏以外，货运单上所有货物运费均应以此币种表示。

（11）CHGS Code，付款方式：填写货物运费的支付方式。

表 13－1　付款方式类型汇总表

CA，Partial Collect Credit－Partial Prepaid Cash	部分到付信用卡－部分预付现金
CB，Partial Collect Credit－Partial Prepaid Credit	部分到付信用卡－部分预付信用卡
CC，All Charges Collect	全部货物运费到付
CG All Charges Collect by GBL	全部货物运费到付政府提单
CP，Destination Collect Cash	目的站到现金
CX，Destination Collect Credit	目的站到付信用卡
NC，Charge	免费
PC，Partial Prepaid Cash—Partial Collect Cash	部分预付现金－部分到付现金
PD，Partial Prepaid Credit—Partial Collect Cash	部分预付信用卡－部分到付现金
PG，All Charges Prepaid by GBL	全部货物运费预付政府提单
PP，All Charges Prepaid by Cash，	全部货物运费预付现金
PX，All Charges Prepaid by Credit	全部货物运费预付信用卡

（12）WT/VAL，航空运费/声明价值附加费的付款方式：航空运费和声明价值附加

费必须同时全部预付或者到付，并在相应的栏目“PPD”（预付）、“COLL”（到付）内填写“X”。

（13）Other，其他费用的付款方式：栏内的其他费用必须同时全部预付或者到付，依次栏内的其他费用必须同时全部预付或者到付，并在相应的栏目“PPD”“COLL”内填写“X”。

（14）Declared Value for Carriage，供运输用声明价值：填写托运人向承运人办理货物声明价值的金额。托运人未办理货物声明价值，必须填写“NVD”（No Value Declaration）字样。

（15）Declared Value for Customs，供海关用声明价值：填写托运人向海关申报的货物价值。托运人未办理此声明价值，必须填写“NCV”（No Value Declaration）字样。

（16）Airport of Destination，目的站机场：填写货物目的站机场的名称，应填写英文全称，不得简写或使用代码。如有必要，填写该机场所属国家、州的名称或城市的全称。

（17）Requested Flight/Date，航班/日期：填写托运人已经定妥的航班/日期。

（18）Amount of Insurance，保险金额：中国民航不代理国际货物的保险业务，此栏填写“NIL”或者“×××”等字样。

（19）Handling Information，储运事项：填写货物在仓储和运输过程中所需要注意的事项。

①对于危险物品，填写“详见随附货运单的危险物品申报单”或者“危险物品—但不需危险物品申报单”或者“仅限货机”等。

②对于危险物品中包含有非危险物品，填写危险物品的件数。

③填写货物标志、数码以及货物包装方式等。

④填写除地址栏以外的其他在目的站的被通知人的名称、地址以及联系方式等。

⑤填写随附货运单的文件的名称。

⑥填写需要作特殊说明的其他情况。

但必须注意，这些事项应不能超过承运人的仓储、运输能力。

（20）SCI，海关信息：填写海关信息，仅在欧盟国家之间运输货物时使用。

（21）No. Of Pieces，RCP，件数/运价点：填写货物的件数，如果所使用的货物运价种类不同时，应分别填写，并将总件数填写在此处。如果货物运价系分段相加运价，将运价组成点（运价点）的IATA三字代码填写在件数下面。

（22）Gross Weight，毛重：与件数相对应，填写货物的毛重，如果分别填写时，将总毛重填写在此处栏内。

（23）Kg/Lb，毛重的计量单位：填写货物毛重的计量单位，“K”或者“L”分别表示“千克”或者“磅”。

（24）Rate Class，运价种类：填写所采用的货物运价种类代号，如表13－2所示。

表 13-2　货物运价种类代码对应表

运价种类代码		运价种类代码	
M—minimum charge	最低运费	S—class rate surcharge	附加等级运价
N—normal rate	普通货物标准运价	R—class rate reduction	附减等级运价
Q—quantity rate	重量分界点运价	U—unit load device basic charge or rate	集装货物基础运价
C—specific commodity rate	指定商品运价		

(25) Commodity Item No.，商品代号：应根据下列情况分别填写。

使用指定商品运价时，填写指定商品代号。

使用等级货物运价时，填写所适用的普通货物运价的代号及百分比数。填写“R”（表示附减等级运价）：“S”（表示附加等级运价）。

根据从低原则使用重量分界点运价时，填写重量分界点运价代号及分界点重量。

(26) Chargeable Weight，计费重量：填写据以计收航空运费的货物重量。

(27) Rate/Charge，费率：填写所适用的货物运价。

(28) Total，航空运费：填写根据货物运价和货物计费重量计算出的航空运费额。如果分别填写时，将航空运费总额填写在内。

(29) Nature and Quantity Goods，货物品名及数量（包括尺寸或体积）：填写货物的具体名称及数量。货物品名不得填写表示货物类别的统称，如：不能填写电器、仪器、仪表等；鲜活易腐物品、活体动物等不能作为货物品名。托运人托运危险物品应填写其标准学术名称。作为货物运输的行李应填写其内容和数量，或随附装箱清单。

填写每件货物的外包装尺寸或体积，单位分别用厘米和立方米表示，货物尺寸按其外包装的长×宽×高×件数的顺序填写。

根据承运人的要求，填写有关服务代号。

(30) Other Charges，其他费用：填写其他费用的项目名称和金额。在始发站发生的其他费用，应全部预付或者到付；也可以填写在运输过程中或目的站发生的其他费用，应全部预付或者到付，未在此栏内列明的其他费用；其他费用可以用下列代码表示（表 13-3）。

表 13-3　其他费用代码汇总表

其他费用代码		其他费用代码	
AC—animal container	动物容器费	IN—insurance premium	代办保险手续费
AS—assembly service fee	集中货物服务费	MA—miscellaneous due agent	代理人收取的杂项费
AW—air waybill fee	货运单费	LA—live animal	活体动物处理费
CD—clearance and handling destination	目的站办理海关手续和处理费	MC—miscellaneous due carrier	承运人收取的杂项费

续表

其他费用代码		其他费用代码	
CH—clearance and handling	始发站办理海关手续和处理费	MO— miscellaneous	杂项费，如牛栏、马厩的租用费
DB—disbursement fee	代垫付款手续费	MZ—miscellaneous due issuing carrier	制单承运人收取的杂项费
FC—charge collect fee	货物运费到付手续费	PK—packaging	货物包装费
GT—government tax	政府税	PU—pick up	货物提取费
RA—dangerous goods fee	危险物品处理费	SD—surface charge destination	目的站地面运输费
SO—storage origin	始发站仓储费	SR—surface charge origin	始发站地面运费
SU—storage destination	目的站仓储费	TR—transit	过境费
TX—taxes	税款	UH—ULD handling	集装设备处理费

在相应的其他费用代号后加“C”表示该项费用由承运人收取，加“A”表示该项费用由代理人收取。

(31) Weight Charge，航空运费：填写航空运费总额，可以预付或者到付，根据付款方式分别填写。

(32) Valuation Charge，未声明价值附加费：填写按规定收取的声明价值附加费，可以预付或者到付，根据付款方式分别填写。

(33) Tax，税款：填写按规定收取的税款额，可以预付或者到付，根据付款方式分别填写，但是，必须同时全部预付或者同时全部到付。

(34) Total Other Charges Due Agent，交代理人的其他费用总额：填写交代理人的其他费用总额，可以预付或者到付，根据付款方式分别填写。

(35) Total Other Charges Due Carrier，交承运人的其他费用总额：填写交承运人的其他费用总额，可以预付或者到付，根据付款方式分别填写。

根据承运人的要求，填写应收取的有关费用额，可以预付或者到付，付款方式分别填写。

(36) Total prepaid，全部预付货物费用的总额：合计的预付货物运费的总额。

(37) Total Collect，全部到付货物费用的总额：合计的到付货物运费的总额。

(38) Signature of Shipper or his Agent，托运人或其代理人签字、盖章：由托运人或其代理人签字、盖章。

(39) Executed on (date)，填开日期：填写货运单的填开日期，年、月、日。

(40) at (place)，填开地点，到付货物运费：填写货运单的填开地点。

(41) Signature of Issuing or its Agent，制单承运人或其代理人签字、盖章：由填制货运单的承运人或其代理人签字、盖章。

（42）For Carrier’s Use only at Destination，仅限在目的站由承运人填写。

（43）Currency Conversion Rates，汇率：目的地国家的币种和汇率。

（44）CC Charge in Dest. Currency，到付货物运费：填写根据汇率到付货物运费换算成的金额。

（45）Charges at Destination，目的站其他费用额：填写在目的站发生的货物运费额。

（46）Total Collect Charge，填写合计金额。

（47）Reference Number，证明编号：填写托运人、代理人和承运人均认可的某些证明的编号。

（48）at（place），提取货物地点：填写收货人提取货物的地点。

（49）on（date/time），提取货物时间：填写收货人提取货物的日期（时间）。

（50）Signature of Consignee or his Agent，收货人或其代理人签字：由收货人签字。

二、公路运单

（一）公路运单含义

公路运单，是一份运输合同，是承运人收到货物的初步证明以及后期的交货凭证。公路运单必须标明承运人名称，并由承运人或其具名代理人签署，或以签字、印戳或批注表明货物收讫、接管并承运，以及据以保证交付货物的单据。

（二）公路运单的主要内容及填制要求

（1）发货人的名称和详细地址，必须与信用证保持一致。

（2）收货人的名称和详细地址，必须与信用证保持一致，且必须做成记名抬头，不允许指示抬头或空白抬头。

（3）承运人的名称和详细地址。

（4）货物接管地点、日期，以及指定的交货地点。

（5）货物品名、包装方法，如属危险品，应注明其性质。

（6）货物件数、特征标注和号码。

（7）货物毛重、体积或其他计量单位表示的货物数量。

（8）与运输有关的费用，包括运费、附加费、关税、保险费等。

（9）办理海关手续和其他手续必需的托运人的资料信息。

（10）是否允许转运的说明，同前述单据填写，根据《UCP 600》规定，只要全程运输由同一运输单据涵盖，公路运单可以表明货物将要或可能被转运。即使信用证禁止转运，表明将要或者可能发生转运的公路运单仍可接受。

（11）发货人负责支付的费用。

（12）货物价值。

（13）发货人关于货物保险给予承运人的指示。

（14）交付承运人的单据清单。

（15）运输起止期限。

（16）运单的签发时间和地点。

三、铁路运单

（一）铁路运单含义

铁路运单，和前述公路运单十分相似，是一份运输合同的证明，是承运人收到货物的初步证据和交货凭证。单据由承运人或其具名代理人签署，或以签字、印戳或批注表明货物收讫、接管并承运，以及据以保证交付货物的单据。

（二）铁路运单的主要内容及填制注意事项

（1）单据名称。

（2）发货人的名称和详细地址，必须与信用证保持一致。

（3）收货人的名称和详细地址，必须与信用证保持一致。

（4）承运人的名称和详细地址。

（5）货物接管地点、日期，以及指定的交货地点。

（6）货物品名、包装方法，如属危险品，应注明其性质。

（7）货物件数、特征标注和号码。

（8）货物毛重、体积或其他计量单位表示的货物数量。

（9）与运输有关的费用，包括运费、附加费、关税、保险费等。

（10）办理海关手续和其他手续必需的托运人的资料信息。

（11）是否允许转运的说明，同前述单据填写，根据《UCP 600》规定，只要全程运输由同一运输单据涵盖，铁路运单可以表明货物将要或可能被转运。即使信用证禁止转运，表明将要或者可能发生转运的铁路运单仍可接受。

（12）发货人负责支付的费用。

（13）货物价值。

（14）发货人关于货物保险给予承运人的指示。

（15）交付承运人的单据清单。

（16）运输起止期限。

（17）运单的签发时间和地点。

任务三　集装箱运输单据

学习目标

1. 掌握集装箱运输的进出口程序
2. 掌握集装箱运输所涉及的主要单据

任务情境

上海瑞星进出口公司与朝鲜新奇进出口贸易公司签订一份售货合同，合同中规定运输方式采用集装箱运输，贸易术语采用 CPT，你作为上海瑞星的工作人员，应该准备哪些运输单据？

工作任务：单证员根据情境材料，填制单据，办妥集装箱运输相关事宜。

知识链接

一、集装箱运输程序

（一）出口程序

1. 订舱

发货人（或其代理人）应根据贸易合同或信用证条款规定，在货物托运前一定时间（口头或书面）向船公司或船代申请订舱。船公司或船代根据自己的运力、航线等具体情况决定是否接受。

2. 接受托运申请

如船公司或船代接受发货人或货代订舱申请，则在双方议定船名、航次等信息后，以在给发货方的场站收据副本（海关联单）上盖章表示确认，并着手编制订舱清单（按船舶、航次），然后分送集装箱码头（或内陆港站）堆场、集装箱货运站，据以安排空箱及货物交接。

3. 发放空箱

除货主使用自备箱外，通常整箱货由发货人凭船方签署的提箱单到指定的码头（或内陆港站）的堆场领取（提走空箱），并办理设备交接单（IN）手续。拼箱货使用的空箱由双方议定的交接货物的集装箱货运站负责领取。

4. 拼箱货装箱

发货人将货物（不足一整箱且以原来形态）交至集装箱货运站，由货运站根据订舱清单、场站收据和船方的其他指示负责装箱、加封并制作装箱单，然后将重箱运至码头堆场。

5. 整箱货交接

发货人负责装箱并将已加海关封志的整箱货运至码头（内陆港站）堆场，堆场业务员根据订舱清单、场站收据及装箱单验收货物，在场站收据上签字后退还给发货人。

6. 换取提单

发货人签署的场站收据向集装箱运输经营人或其代理人换取提单后到银行结汇。

7. 装船运出

码头装卸区根据装船计划，将出运的集装箱调整到前方堆场，待船舶到港后装船出运。

（二）进口程序

1. 做好卸船准备

在船舶抵达目的港前，启运港船代要将有关单证、资料寄、传给目的港船代。目的港船代应及时通知各有关方（港口装卸、三检、堆场、收货人等）做好卸船准备，船代应制作交货记录。

2. 卸船拆箱

一般集装箱从船上卸下后，要先放在码头（或由集装箱运输经营人办理保税手续后继续运至内陆港站）堆场。整箱货将准备交付给收货人，拼箱货由堆场转到集装箱货运站，拆箱分拨后准备交付。船代将交货记录中的到货通知书寄送收货人。

3. 收货人付费换单

收货人接到货运通知单后，在信用证贸易下应及时向银行付清所有款项后，取得有关单证（正本提单等）；并凭提单和到货通知书向船代换取交货记录其余手续（提货单等）。

4. 交付货物

整箱货物交付在集装箱堆场进行；拼箱货交付在集装箱货运站进行。堆场和货运站应凭海关放行的提货单，与收货人结清有关费用（保管费、再次搬运费、滞期费、拆箱费）后交付货物并由双方签署交货记录。由于整箱货是连同集装箱一起提取的，故整箱货提货时应办理设备交接单（OUT）手续。

5. 还箱

收货人从堆场提取的重箱运到自己的仓库拆箱后，应将空箱尽快运回堆场，凭设备交接单办理还箱手续。

二、集装箱运输各方业务

（一）集装箱运输中的货方业务

（1）签订贸易合同。

（2）备货。

（3）订舱和提取空箱。发货人按贸易合同规定的装运期向承运人提出订舱申请，在承运人接受后制作场站收据。如货物是由发货人自行装箱的整箱货，发货人凭承运人（或船代）签发的提箱单到指定堆场提取空箱并办理设备交接单手续。

（4）报关。发货人凭场站收据、出口许可证等单证向海关申报，海关同意放行在场站收据上加盖放行章。

（5）货物装箱交运。对发货人自行装箱整箱货，发货人负责货物装箱、制作装箱单，并在海关加封后凭场站收据、装箱单、设备交接单、出口许可证、衡量、特种货物清单等单证将重箱送至集装箱堆场（码头或内陆港站堆场）交运，取得堆场签署的场站收据正本。对于拼箱货，发货人凭场站收据、出口许可证、特种货物清单等单证将货物运至指定的集装箱货运站交运，并取得货运站签署的场站收据正本。

（6）投保。出口货物若以 CIF 或 CIP 或类似的价格条件成交，发货人应负责办理投保手续并支付保险费。

（7）交付运费，换取提单和结汇。在预付运费情况下，发货人应在支付全部运费后凭场站签署的场站收据正本向承运人（或船代）换取提单；如运费到付的，则可凭已签署的场站收据正本直接换取提单。

取得提单正本后，附上贸易合同及信用证上规定的必要单据，即可与银行结汇。

（8）向收货人发出装船通知。在以 FOB、CFR、FCA 和 CPT 等价格条件成交时，发货人在货物装船后有向收货人发出装船通知的义务，以便收货人及时对货物投保。

（二）收货人（进口方）业务

（1）签署贸易合同，申请开证。

（2）租船订舱。在以 FOB、FCA 等价格条件成交的货物，收货人有租船订舱的责任。订舱后收货人有义务将船名、装船期等通知发货人。

（3）投保。对以 FOB、CFR、FCA、CPT 等价格条件成交的货物，收货人（进口方）有责任投保和支付保险费用。

（4）支付货款、取单。开证行收到启运地银行寄来的全套运输单据后，收货人必须向开证行支付货款（或开信托收据）才能领取全套单证（提单正本等）。

（5）换取提货单（交货记录）。收货人凭正本提单及到货通知书向承运人（或船代）换取提货单（交货记录）并付清全部费用。

（6）报关。

（7）提货及还箱。

（8）货损索赔。收货人在提货时发现货物与提单（装箱单）不符时，应分清责任及时向有关责任方（发货人、承运人、保险公司）提出索赔，并提供有效单据和证明。

（三）船公司出口货运业务

（1）掌握货源情况。与无船承运人协议价格。

（2）集装箱调配。

（3）接受托运及接受货物。接受托运申请在订舱单或场站收据上签章。如需空箱办理空箱交接单手续。

CY 接货一般由船公司委托堆场接受；CFS 接货一般由集装箱货运站作为船公司的代理人接受；在 DOOR 接货一般由船公司或其代表接货，并安排接货地至码头堆场的内陆运输。

接受货物后，启运港船公司或船代要及时签发提单。

（4）装船。

（5）制作、寄送有关单证。

（四）船公司进口货运业务

（1）接受各装船港寄送的单据，做好卸船准备。

A. 从装船港船代处取得有关单证。

B. 根据单证制作完整的卸船计划，包括船舶预计到港计划，卸船计划，集装箱码头堆场安置、保管、交货计划，拆箱、分类计划等，并将计划通知有关的执行人。

C. 根据货物舱单、集装箱号码单、提单副本、特殊货物表等向海关及有关方面办理进口卸货申请、集装箱暂时进口、保税运输、危险品申报等手续。

（2）制作和寄送有关单证。

A. 船舶预计到港通知书。向收货人或通知人寄送通知书说明货物情况和船舶预计到港日期。

B. 交货通知书（交货记录）。交货通知书是船舶抵港时间、卸船计划和时间确定后，船公司或船代通知收货人具体交付时间的单据（交货记录第一联）。一般先电话通知，然后寄送书面通知。

（3）卸船。

（4）签发提货单。船公司或船代根据收货人出具的交货通知、正本提单或与银行共同出具的担保书（正本提单未到时），并在结清到付运费和其他费用后，签发提货单。

（5）交货。

三、集装箱运输所涉及的主要单据

集装箱运输单证是集装箱运输过程中有关各方（包括收发货方及其代理人、运输经营人及其代理人、实际承运人、港口、场站、监管部门等）责任、权利、义务协调和转移的凭证和证明。

一般认为由两大类组成：一类是进出口运输单证；另一类是向口岸各监管部门申报所用的单证。

1. 设备交接单（Equipment Interchange Receipt）

设备交接单是集装箱进出港口、场站时用箱人或运箱人与管箱人或其代理人之间交接集装箱及设备的凭证。

它既是管箱人发放/回收集装箱或用箱人提取/还回集装箱的凭证，也是证明双方交接时集装箱状态的凭证和划分双方责任、义务和权利的依据。

此单通常由管箱人（租箱公司或代理人、船公司或其他类型的集装箱经营人等）签发给用箱人，用箱人据此向场站领取或送还集装箱及设备。

分进场（IN）和出场（OUT）两种。

三联：箱管单位留底联，码头或堆场联和用箱人、运箱人联。

2. 装箱单（Container Load Plan，CLP）

装箱单是详细记载每一集装箱内所装货物的名称、数量、包装种类、标志等货运资料和积载情况的单证，是集装箱运输中记载箱内货物详细情况的唯一单证。此单以箱为单位制作，由装箱人填制并经装箱人签署后生效。

3. 场站收据（Dock Receipt，D/C）

场站收据是由承运人发出的证明已收到托运货物并开始对货物负责的凭证。

场站收据一般是在托运人口头或书面订舱，与船公司或船代达成货物运输的协议，船代确认订舱后由船代交托运人或货代填制，在承运人委托码头堆场、集装箱货运站或内陆站收到整箱货或拼箱货后签发生效，托运人或其代理人可凭场站收据向船代换取已装船提单或待装船提单。

四、集装箱提单（Container Bill of Lading，B/L）

集装箱提单是集装箱运输下的主要运输单证。

适用于集装箱运输的提单有两类：一类是港－港的海运提单；另一类是内陆－内陆的多式联运提单。不论哪一类提单，其法律效力和作用与传统提单都是相同的。

为了适应集装箱运输的需要，其正面内容除了与传统海运提单相同外，还增加了收货地点、交货地点、交接方式、集装箱号、封志号等内容。

由于集装箱交接一般都不在船边，集装箱提单一般是待装船提单。为了与信用证要求一致，集装箱提单一般增加装船备忘录栏，以便必要时加上“已装船”批注使之成为已装船提单。

集装箱提单制作（填制）时，应注意在箱数或件数栏内，既要填写集装箱数，又要填写箱内所装货物件数。否则发生灭失、损害时只能以箱作为一个理赔单位。对于拼箱货件数表示方法与传统提单相同，但应填写交接方式（CFS/CY 或 CY/CFS、CFS/CFS 等），使同一箱内的所有货物记载在同一箱号及封志号下。

与一般海运提单一样，集装箱提单正面和背面都印有提单条款，而且有相当多的内容与一般海运提单和格式相同，只是为了集装箱运输的实际需要，对某些条款的内容做了修改，增加了一些新条款。

一般正面条款说明货物在使用集装箱运输下所签发的提单性质和作用，由“确认条款、承诺条款和签署条款”组成。

确认条款——表明负责集装箱运输的人，是在货物“外表状况良好、铅封完整”下接受货物，并以同样的状况交货，并说明签发给货物托运人的提单是一张收货待运提单。

承诺条款——表明承运人承认提单是运输合同成立的证明，承诺按照提单条款的规定承担义务并享受权利，而且也要求托运人承诺接受提单条款制约的条款。

签署条款——表明由谁签发提单，以及正本提单签发的份数。普通船提单都列明有船长签署的规定，尽管在实际上提单并非由船长签发。现行的集装箱提单一般都列入船公司的名字，而且不管由谁签发提单，都仅是“代表承运人”签字，或者“仅以代理人身份”签字。

集装箱提单与海运提单背面条款主要区别有以下几种。

（一）承运人的责任期限

集装箱运输条件下，承运人除了在装船港的集装箱码头堆场接收货物外，有时接收地点是离港口较远的内陆货运站，以及发货人的工厂、仓库。这样普通提单中对承运人责任期限就不适用了，因此，一般都规定为“从收到货物时起到交付货物时止”，以替代普通提单下的“钩到钩原则”。

（二）舱面（甲板）货选择权条款

现行海上运输法规定：只有在根据航海习惯可装在甲板上运输或事先经货主同意并在提单上加注“装载甲板运输”字样两种情况下，承运人可将货物在甲板运输，否则将构成违反合同行为，各种法规、合同中给予承运人的一切抗辩理由、责任限制、免责事项等均无效，承运人必须承担由此造成的一切损失的赔偿责任。

而由于集装箱运输本身的特殊性，一般在集装箱提单中规定了舱面（甲板）货选择条款：承运人有权将集装箱货物装载在甲板下（舱内）或甲板上（舱面）运输，而无须征得货方同意和通知货方。货物无论装载在甲板上或甲板下，对包括共同海损在内的所有情况，都视作甲板下（舱内）装载。

（三）承运人赔偿责任限制

承运人的赔偿责任限制一般是指承运人对每一件或每一货损单位负责赔偿的最高限额。不同运输方式由于风险程度不同有很大差别。

集装箱运输下，承运人收到的只是一个外表良好、铅封完整的集装箱，至于里面装载什么货、多少件数，承运人只能从有关单证上获悉。显然，如果以一个集装箱作为一个计费单位，而不考虑内装件数，按《海牙规则》规定的每单位不超过100英镑的责任限制，对于集装箱来说太低，为此《维斯比规则》做了修改，对集装箱、托盘或类似的装运工具或包装作如下规定：

如在提单中已载明这种工具内的货物件数或单位数，则按载明的件数或单位数赔偿，否则，这种载运工具及其内装的货物则作为一件或一个单位赔偿。如果集装箱、托盘或类似的装运工具为货主所有，赔偿时也作为一件。

（四）一些制约托运人的责任条款

1. 发货人装箱、计数条款（或不知条款）

整箱交货的情况下，承运人对箱内货物即使有怀疑也无适当方法检验，《海牙规则》规定，这种情况下承运人可以拒绝在提单上载明箱内货物的详细情况，但这会影响提单的流通。因此，为了便于提单流通和最大限度达到免责目的，集装箱提单中在如实记载箱内货物详情的同时，背面条款中又保留了发货人装箱、计数条款（或不知条款），内容一般为：

如本公司承运的集装箱是由发货人或其代理人装箱并加封的，则本提单正面所列内容（有关货物的重量、尺码、件数、标志、数量等）本公司均不知悉。

但实际中如货主能够举证说明承运人明知货物详情且订上不知条款的，承运人仍不能免责。

2. 铅封完整交货条款

提单中这一规定是承运人在集装箱外表良好、铅封完整的情况下收货、交货，就可以认为承运人已完成货物运输并解除其所有责任。

仅限于整箱交货使用。

3. 货物检查权条款

是指承运人有权但没有义务在掌管货物期间的任何时候，将集装箱开箱检验、核对，如发现货物全部或部分不适于运输，承运人有权对该货物放弃运输或由托运人支付附加费用后继续完成运输，或存放在岸上或水上遮蔽或露天场所，而且这种存放可视为按提单交货，承运人责任终止。

该条款使承运人对箱内有所怀疑或发现积载不正常时有启封检查权利而不必征得托运人同意。但在操作中，对货主自装的集装箱启封检查时一般需征求货主同意并由货主支付费用。

4. 海关启封检查条款

《国际集装箱海关公约》规定，海关有权对集装箱货物开箱检查。因此集装箱提单中一般都规定：如海关当局因检查箱内货物对集装箱启封检查并重新加封，由此而造成或引起的各种货物灭失、损害及其他后果，承运人概不负责。但实际操作中，承运人对这种情况应做详细记录并保留证据以免除责任。

5. 发货人对货物内容正确性负责条款

集装箱提单中记载的货物内容，或由发货人填写，或其代理人根据发货人提供的托运文件填写。提单一般规定承运人接受货物即可视为发货人已向承运人保证其在提单中提供的货物内容准确无误。如属于危险货物，还应说明其危险性。如发货人提供内容不准确或不当造成货损或其他损害，发货人应对承运人负责。即使已发生提单转让也不例外。

6. 承运人运价本

由于篇幅限制，集装箱提单上无法将有关集装箱运输的术语、交接办法、计费方法、费率、禁运规定等内容全部列出。各公司一般以承运人运价本形式将这些条款装订成册对外提供。

在集装箱提单条款中规定，有关的承运人运价本是提单的组成部分，运价本与提单内容发生矛盾时，以提单为准。

五、交货记录（Delivery Record）

交货记录是集装箱运输经营人把货物交付给取货人或其代理人时，双方共同签署的证明货物已经交付及货物交付时情况的单证。同时，它也证明运输经营人对货物责任已告终止。

能力训练

一、选择题

1. 公路运单属于（　　）。

A. 运输合同　　B. 托运单　　C. 货物收据　　D. 物权凭证

2. AWB 是指（　　）。

A. 海运提单　　B. 托运单　　C. 航空运单　　D. 公路运单

3. 下列哪项不属于运输单据（　　）。

A. 海运提单　　B. 航空运单　　C. 公路运单　　D. 商业发票

4. 下列不属于集装箱出口运输程序的是（　　）。

A. 订舱　　B. 接受托运申请　　C. 换取提单　　D. 还箱

5. 集装箱运输所涉及的单据不包括（　　）。

A. 商业发票　　B. 设备交接单　　C. 装箱单　　D. 场站收据

6. WT/VAL 的正确解释是（　　）。

A. 航空运费与声明价值附加费　　B. 供海关用声明价值

C. 保险金额　　D. 供运输用声明价值

7. 下列哪项属于集装箱运输的提单（　　）。

A. 港－内陆的多式联运　　B. 港－港的海运提单

C. 海洋运输　　D. 内陆运输

8. CLP 的正确解释是（　　）。

A. 商业发票　　B. 设备交接单　　C. 装箱单　　D. 海运提单

9. 下列属于集装箱运输的货方业务（　　）。

A. 备货　　B. 报关　　C. 提货以及还箱　　D. 租船订舱

10. 下列不属于海运提单（　　）。

A. 货物收据　　B. 物权凭证　　C. 运输契约证明　　D. 托运凭证

二、判断题

1. 采用非信用证收汇，投保单上的被投保人应填出口商。(　　)

2. 托运单是办理托运的凭证，是承运人接受订舱并安排舱位、调拨装货器材、组织装运、转运、联运的作业依据。(　　)

3. 国际货物运输具有国际性、危险性、电子化的特点。(　　)

4. 国际货物运输是指国家与国家之间的货物运输。(　　)

5. 国际货物运输的主体只是承运人、进出口货物收发货人两个。(　　)

三、实训操作题

我国某外贸公司与某国A商签订一项出口合同，付款条件为D/P45天付款。当汇票及所附单据通过托收行寄抵进口地代收行，A商及时在汇票上履行了承兑手续。货物抵达目的港时，由于用货心切，A商出具信托收据向代收行借得单据，先行提货转售。汇票到期时，A商因经营不善，失去偿付能力，代收行以汇票付款人拒付为由通知托收行，并建议由我贸易公司直接向A商索取货款。对此，你认为我国外贸公司应该如何处理?

参考文献

［1］鲁丹萍．国际贸易单证与实务［M］．北京：清华大学出版社，2009.

［2］刁宇凡，童馨．外贸单证操作实务［M］．北京：电子工业出版社，2012.

［3］中国国际贸易学会商务专业培训考试办公室．进出口货物贸易单证实务［M］．北京：中国商务出版社，2012.

［4］杨玉真．外贸单证实务与实训［M］．北京：电子工业出版社，2013.

［5］广银芳．外贸单证制作实务：第 2 版［M］．北京：清华大学出版社，2014.

［6］姚大伟．国际商务单证理论与实务：第 4 版［M］．上海：上海交通大学出版社，2014.

［7］舒兵．外贸单证实务：第 2 版［M］．北京：化学工业出版社，2015.

［8］缪华昌，冯志强，陈华北．国际贸易实务［M］．北京：中国轻工业出版社，2017.

［9］季琼，王瑞华．外贸单证实务［M］．北京：中国人民大学出版社，2015.

［10］章安平．外贸单证操作［M］．北京：机械工业出版社，2015.

［11］缪东玲．国际贸易单证实务与实验：第 2 版［M］．北京：电子工业出版社，2016.

［12］章安平，牟群月．外贸单证操作实训［M］．北京：清华大学出版社，2016.

［13］报关职业能力训练及水平测试系列教材编委会．报关业务技能［M］．北京：中国海关出版社，2016.

［14］黄秀丹．外贸单证实务［M］．北京：电子工业出版社，2017.

［15］王楠．外贸单证实务［M］．北京：对外经济贸易大学出版社，2015.